JN083024

最終講義

挑戦の果て

桑原武夫、貝塚茂樹、清水幾太郎、遠山 啓、
芦原義信、家永三郎、猪木正道、梅棹忠夫、
江藤 淳、木田 元、加藤周一、中嶋嶺雄、日野原重明

角川文庫
24179

目次

凡例

一、本書は、現在までのおよそ半世紀の間に実施された最終講義（いずれも故人のもの）から、学問分野を問わず十三を選んだものである。いずれも「退官記念」「最終講義」「最後の講義」等、著者本人がそれと自認していたものに限った。

一、掲載順序は、著者の生没年にかかわらず講義が実施された編年順とし、明らかになっている日時と場所を各章末に記した。

一、底本は巻末に一覧を付した。なお収録にあたっては、誤字脱字ほか明らかに加除・修正が必要な部分のみ、諸本を校合のうえ適宜正した。

一、底本記載のものに加え、難読と思われる語句にのみ、小社基準に則り適宜振り仮名を補った。

一、本文中には、「精神病院」「ニグロ」といった、現在の人権意識や国際感覚からみて不適切な表現がある。著者が故人であること、また、扱っている題材の歴史的状況および、それを踏まえた著者の記述を正しく理解するためにも底本のままとした。

人文科学における共同研究

桑原武夫

〔概説〕仏文学者である桑原の貴重な研究経験として、人文科学における「共同研究」に当事者として関わってきた具体的な歴史と今後の可能性を語る。彼がかつて所属していた東北大学の法文学部は、文学・法学・経済学が入り交じった学部であった。そこでの多様な分野の研究者との交流は、後に携わることになる共同研究の無意識的な準備運動であったと述懐する。異動先の京都大学の人文科学研究所では、初代所長の安部健夫が当初から各所員への共同研究を義務づけることを構想しており、共同研究が業績をあげえたのはこのおかげもあると述べている。たしかに共同研究は学者の個性をしばり、自由に成長させないという考え方もある。共同研究の有効性を人文学に適用できるかについては懐疑的な意見も強い。しかし、「慎重の態度というのは学問の敵だ」と言い、「ともかく共同研究を始めてしまった」桑原たちは、その後『ルソー研究』をはじめとして多くの共同研究による業績を立てることになる。また、そこで得られた多くの知見について、例えば共同の研究を進めるための共同のディスシプリンの必要から会読の有効性を挙げ、また知識の共有財産化としてのカード・システムの可能性を語る。学問は人間世界から出てくるが、そこから離れることなしには学問にならない。しかし、離れることは再び戻ることを前提としている。学説を生み出すために切磋琢磨していく人間関係の重要性を説いて講義を結ぶ。

きょうの集まりの正式の名前は、「定年教授退官記念講演会」となっておりますけれども、「退官」というのは、私は趣味としてあまり賛成でないのです。私はマルクス主義者ではありませんけれども、かりに、どのようにマルクス主義を唱えてみても、どのように人民的なことを言ってみても、京大の先生などというものはしょせん学問官僚である、ということを最後の別れぎわに自己反省させてやろう、こういうご方針なんだろうと思う。ここだけでなく、どの学部でもみな退官です。私は、できれば「退職記念談話会」としてほしいと言ったのですが。それで、講義ではございませんので、いちいち参考文献をあげたりはいたしません。

人間は、なにかと別れる直前に、それに一種の美しさを感ずるという感傷的な一面を必らず持っているものでありまして、私は、いまから三十年前、パリで二年間勉強したあと、パリをたつ直前に、東駅のあたりを散策したんですが、おりから曇ってきた空のもと、キャナル・サン・マルタンという古ぼけた運河がなんとも美しく見えた覚えがあるのです。しかし、それは主観的センチメンタリズムの作用でないかと思って、去年パリへ行きましたときに、わざわざそこを歩いてみたんですが、やっぱりきれいで、少し安心したのですが、にもかかわらず、人間がある状況から離れるときには、一種のハルシネーションが起るのではないか。退職演説は甘くなりやすいのであります。

私たちが共同研究をはじめた場所は、もうなくなりましたけれども、いまの教育学部新館の横のあたり、あとで学生課になった木造の建物、あれが人文科学研究所の西洋部と日本部のいたところです。そのなかの小さい会議室で共同研究を発足させたのでありまして、やや宣伝めきますけれども、この机の上に六冊の本を並べましたが、これが私たちの共同研究でございます。

お手許に差上げた紙切れ（別表）にありますとおり、一九五一年に出した『ルソー研究』以下、『フランス百科全書の研究』（一九五四年）、『フランス革命の研究』（一九五九年）、『ブルジョワ革命の比較研究』（一九六四年）、『中江兆民の研究』（一九六六年）、『文学理論の研究』（一九六七年）と、この六つをやったわけであります。このリストにお名前を書きましたのは、私たちといっしょに共同研究をしていただいた方で、なにか相撲の星取表みたいですけれども、黒星はついておりません。全部勝ちっぱなしです。それが『ルソー研究』では十二人です。それから『フランス百科全書』は二十五人、『フランス革命』では十八人、『ブルジョワ革命の比較研究』では二十八人、『中江兆民』が八人、『文学理論』が十九人。六回とも参加していただいた方もありますけれども、延べにいたしますと、百十人というたくさんの方のご協力によってできた研究であります。

これから、その研究のことについて少しお話をいたしたいのでありますが、それは

共同研究参加者リスト

	ルソー研究（一九五一）	フランス百科全書の研究（一九五四）	フランス革命の研究（一九五九）	ブルジョワ革命の比較研究（一九六四）	中江兆民の研究（一九六六）	文学理論の研究（一九六七）
飛鳥井雅道			○	○	○	○
荒井　健						○
飯沼　二郎				○		
生島　遼一	○					
池田　敬正				○		
磯村　哲		○				
井上　清			○	○	○	
今西　錦司		○	○			
岩村　忍		○				
上柳　克郎		○				
上山　春平			○	○	○	○
梅棹　忠夫		○				
梅原　猛						○
大島　隆雄				○		
大淵　和夫		○				
越智　武臣				○		
小野　信爾				○		
小野　和子				○		
小野川秀美				○		
加藤　秀俊						○
河野　健二	○	○	○	○	○	
桑原　武夫	○	○	○	○	○	○
北村　敬直				○		
北山　康夫				○		
坂田　吉雄				○		
作田　啓一						○
芝　烝			○			
島田　虔次				○	○	
末川　清				○		
関　順也				○		
杉之原寿一	○	○				
杉本秀太郎						○
高橋　和巳						○
竹内　成明						○
竹尾治一郎		○				
武田　弘道		○				
多田道太郎	○	○	○			○
田畑茂二郎	○					
田村　俶			○			
田村　松平		○				
恒藤　武二	○	○				
角山　栄				○		
鶴見　俊輔	○	○				○
豊田　堯			○			
中川　久定			○			
中村　哲				○		
西川　長夫						○
野田　又夫	○	○				
橋本　峰雄		○				○
服部　春彦				○		
樋口　謹一	○	○	○	○	○	○
菱山　泉		○				
藤岡　喜愛		○	○			○
前川貞次郎	○	○	○			
牧　康夫		○	○			○
松尾　尊兊				○	○	
松岡　保				○		
松田　道雄				○		○
溝川　喜一		○				
向井　守				○		
望田　幸男				○		
森口美都男	○	○	○			
山田　慶児				○		
山田　稔			○			○
吉田　静一			○			
吉田　光邦		○				
参加者合計（110人）	12	25	18	28	8	19

人文科学における共同研究、その理論ということにはなりかねまして、むしろその可能性と若干の歴史についてであります。

人文科学というのは、いろいろの意味がございまして、厳密にいえば、大へんむつかしいのですけれども、学術会議などで使っている普通の意味、すなわち人文科学と社会科学の両方を含めまして、科学のうちから自然科学を除いたものというほどの意味におとりねがいたいと思います。そうした人文科学における共同研究の理論を追究すべきなんですが、私はものごとを、それのエンヴァイロンメント――環境と訳しますか、アメリカ学のことばですが――エンヴァイロンメントと無関係には考えられない、また考えたくないというたちでありますので、それも含めてお話いたします。そうすると可能性と歴史ということになりますので、どうしても私たち自身の歴史にもふれてくる。ところで、人が自己の過去を語るときは、いささか甘くなるという傾向は避けられないし、またきょうはとくにそれを避ける必要もないように思いますので、いささか甘い私講演、私小説にも似た私講演になってお聞き苦しいかもしれませんが、あらかじめご寛恕ねがいたいと思うわけであります。

京大の人文科学研究所の前身であります東方文化研究所というのが一九二九年からいまと同じ場所にありまして、そこでいろいろの研究がおこなわれておりました。私は戦争中、東北大学へいっておりましたが、そこからはるかに見ておりますと、吉川幸次郎さんを中心として『尚書正義』の研究がおこなわれていて、それがやがて立派な本になったことはご承知のとおりであります。また一方では、水野清一さんと長広敏雄さんを中心とする雲岡《うんこう》の石仏の研究がおこなわれておりました。これが貝塚茂樹さんの尽力で本になったのはずっとあとのことでありますが、それについて、ちょっと自慢をすれば、フランスからルネ・グルセというえらい学者が来たとき、私が研究所を案内して雲岡の研究を見せるとひどく感心した。そこで、吉田茂さんに招待されているというので、そのさいうまく話をしてくれと頼んだのです。グルセは、日本は科学は進んでいるけれども、あんないい研究を出版せずにほっておくようでは、文化国とはいえぬという意味のことを言った。ワンマンはそれを聞いて、案の定、火のごとく怒って、文部省に厳命し、それがあの本のできるきっかけになったわけでありますす。さっそく脱線しましたけれども、そういうグループ研究がおこなわれているのを仙台からはるかに望見して、私は健羨《けんせん》の情にたえなかった。

そのころ、私は仙台でジョン・デューイあるいはホワイトヘッドというようなものを読んでおったわけであります。私は東北大学では法文学部というのに所属しておりました。文学・法学・経済学がこみになっていて、その間にセクショナリズムが少ない。戦後これを三学部に分けたのは進歩か退歩か疑問だと思います。そこで私はいろいろな人とつき合っていました。土居光知《こうち》先生は、いまもご健在でありますが、先生は英文学の大家として、ローレンスをはじめ常に新しいものをつかんでおられましたが、同時に、日本や中国の古代文学、あるいは文学とは何かという理論的研究、オッシログラフなどを使っての音声の研究などもおやりになっておりましたが、この先生とは戦後一つの家に住んだこともあって、いろいろ教えを受けました。近代経済学の安井琢磨君とはしょっちゅう八八をやっておりました。花札です。花札をやりながらの雑談で、エコノメトリックスといったことの漠然とした概念を私は知ったわけであります。三高時代からの友人で毎日のように遊んでいたのが中村吉治君、この日本経済史学者と『源氏物語』に出てくる美人たちが鼻をかむときはどうしたであろうか。おそらく手鼻をかんだに相違ない。それはその時代の紙の生産量から推計できるのではないか。万葉人はどれくらいのカロリーをとっていただろうか。そういう閑談をしょっちゅうやっておりました。それからもう一人、高柳真三さん。この徳川時代のお触書の研究家と徳川封建制はどういうものであったかということを話合った。これは後になって、私が共同研究をやりますときの、無意識的準備運動であったように思います。京大へまいりまして、法学部、経済学部等のご出身の方といっしょになりましたときに、曲りなりにも話をすることができ、ある点についてはそういう学者たちよりも、私の方がよく知っていることもあるというられしい発見をすることもあったわけであります。

共同研究への憧れのような気持をもって、私は一九四八年の秋、京都へまいりまして、翌年の四月からルソー研究をはじめるわけですが、そのさい私としてどうしても忘れてはならない名前があるのであります。それは人文科学研究所を——その歴史をくわしくお話するひまはございませんけれども——いまのような形につくってくれた初代の所長で、すでに亡くなった安部健夫さんのことであります。この安部さんが私を仙台からよび返してくれたわけですが、人文科学研究所はいま十三部門ありますが、安部さんはこれをつくるときに、六十部門案、つまり教授六十人を必要とするという理想案を立てて、さすが放胆な鳥養利三郎《とりがいりさぶろう》総長をおどろかしたのであります。その安部さんが、研究所は今後は共同研究を中心にしなければならない、という着想をもち、当時の幹部諸君の支持を得て、人文科学研究所の所員たるものは、個人研究のほかに共同研究を一つ必らずやる義務があるという内規を定めたわけでありまして、もし私たちの研究所が共同研究においてなにほどかの業績をあげえたとするならば、それは安部君の構想のおかげであったと私は考えるのであります。

しかし、その頃は共同研究というものへの学界一般の理解は、まだ必らずしも深くはなかったと思います。私は歴史家ですから、ある大学のある学部のある学者が、というような、ああいう水くさいものの言い方は嫌いであります。そんなことが科学的であるわけはない、ただ責任のがれです。それでこれからお名前は、さしさわりのないかぎり、なるべくはっきり申上げることに致します。鈴木成高《しげたか》君は私の友人でありますが、桑原には好きなことをやらせておけば何かやる男だ、それを共同研究などというワクのなかへ閉じこめているのは、人文の所長もつまらぬことを考えたものだ、と言ったということが伝わってきて、私は大へんびっくりしたことがあります。共同研究が嫌いでやらない、あるいはそれに適しない学者で、大へん偉い人がある。これは確認しておく必要がありますが、私は共同研究に多少の努力もしたけれども、もともと好きだったと思っております。

私のことは別として、共同研究は学者の個性をしばってしまい、学者を自由に成長させないという考えがありまして、研究所のなかでも、たとえば飯沼二郎さんなどは——そこにおみえになっているようでありますが——私のところへつめかけてきて、共同研究の無意義性ということを数時間議論されたことがある。いまや飯沼さんは共同研究の推進者におなりになっていますけれども、初期はそういう状況であったのであります。ですから、私たちの共同研究は決して平穏無事に、ゆるやかな坂を玉が一直線にころげ落ちるようにきたのではない。パチンコのようにぐるぐるとまわってきたわけであります。

私どもの第一回の仕事は『ルソー研究』でありますが、ルソーという多方面にわたって世界的な仕事をした巨人を扱うには、文学、経済学、法学、教育学など個々の専門家ひとりではやれないという事情があったわけであります。すなわち、ルソーという主題が共同研究を必至にしたのでありますが、同時に、私どもとしては、なにか共同研究をやらなければならないという考えがあらかじめありまして、そこでルソーという共通の関心をひく研究対象を見出したともいえる。これは相即の関係であります。それを手はじめとして、六つの研究をやりましたが、その価値の判断は、皆さんのなさることであります。もし多少の価値があるものならば、意義があったということであるし、価値がないならば、いくら理屈をこねてみても、共同研究は失敗であったということになるわけであります。しかし、評価は皆さんにお願いいたしまして、ここで少しばかり共同研究の可能性、あるいは、なぜやるかということを考えてみたいと思います。

いうまでもなく、学問は世界の各地において太古からありました。しかし、近代になって科学が躍進して、私たちの生活ひいては思想をすっかり変えてしまった。科学と申しますと、それはふつう自然科学を意味しますけれども、自然科学が近代の道を大きく切開いて、それがあらゆる学問のモデルになったということは、否定できないと思います。たとえば、歴史という学問を一つお考えになってもわかることでありましして、歴史は、司馬遷《しばせん》の『史記』にしても、ツキジデスとかヘロドトスとかにしましても、科学ではなかった。それはむしろ物語に近いものであった。ですから、デカルトが軽蔑してやまなかったわけですが、いまや歴史は歴史学になり、さらに歴史科学だといわれる。その歴史科学という考え方に私は必らずしも賛成するものではありませんけれども、この変遷を考えてみることによって学問の趨勢はわかると思うのであります。

共同研究についても同じでありまして、自然科学の方では、かなり以前からいろいろの共同研究がおこなわれて成功していると思います。日本の世界に誇る学問の一つであるところの理論物理学の領域でも、共同研究の方法が効果をあげているように聞き及んでおります。もっとも、これは同じ学問分野内でのことであります。私が考えたいのは異った専門分野の学者たちの協力の問題であります。そこでここにノーバート・ウィーナーの『サイバネティックス』という本を持ってきました。正直のところ、これは私にはよくわからないのであります。よくわからないものをなぜ読むのか、と笑う人がある。だが私にいわせると、なんでもみなわかると思っているのが、まちがいじゃないか。わかるだけわかればいい、と思っているんです。

そこをきれいな、マリリン・モンローのような映画の女優さんが通っている。ああ、美しい人だな、歩き方が優雅である、あの人を誘ってお茶でも飲みたいな、こう思ったりするわけです。そうすると、いわゆる学者という人があらわれて、きみはあの女優を美しいというが、彼女をどこまで知っているのか、また知りうるのか、そう問いつめられても、私はその美しい女優さんの性生活までは知らない。そうすると、ただちに、そういう中途半端な理解は無意味であるというが、私はそうは思いません。私はフロイト風のパン・セクシュアリズムに立つわけではありませんけれども、女優というような人における性生活のあり方は、その人の容貌ならびに演技を規定しているはずであります。それをわれわれは立入って研究する能力はない。能力がなくても、その人の演技の美しさ、歩き姿の美しさを美しいと思って、そこから私の美意識をきたえることは許されていると思うのです。してみれば、私がウィーナーといったものをわからぬなりに読むことも許される。ウィーナーの訳本はたいてい読んでおりますが、数式のところは抜かすわけです。大ざっぱにたとえると、数式はセックスにあたる。数学によって彼の世界は支えられているわけだが、そこを抜かして、わかるところだけを読む。そのダンテ『神曲』の引用のしかたがすばらしくうまいことに感心したり、古典を勉強しても、「外界の厳しさから身をまもるために、バスケットのなかにとじこもる盲目の子猫たち」になってはならぬと自戒反省したりすることは許されると思うのです。私はできるだけ薄着をして、いつも美的、知的刺激を受けたい。いらぬことをいいだしましたけれども……。

さて、そのウィーナーがサイバネティックスというものを考えていくときに、ローゼンブリュート博士そのほかのいろいろの科学分野の専門家と共同研究することによって、いままで専門家たちから見捨てられていた無人地帯を開発してゆく。その歴史が書いてあるわけですが、科学が発達した現段階では、ライプニッツのようにどんな学問でも知っている人はもうあり得ない。それどころか、ファラデーとかダーウィンというような人ももういなくなった。

「今日では、単に自分は数学者であるとか、物理学者であるとか、生物学者であるとかいえるような学者はほとんどいない。今日の学者は位相数学者であったり、音響物理学者であったり、鞘翅《しょうし》類昆虫学者であったりするのである。この人たちは、その専門分野のむつかしい術語をたくさん知っており、文献も知りつくし、その専門の枝葉末節にいたるまでよく知っているが、たいていの場合は、ちょっと離れた分野の話になると、それは三部屋先の同僚のやっていることで、そういうことに興味を持つのは、他人の縄張りを不当に荒すことのように思っているのである」。学界はそういう専門の細分化の状況になっている。それだけではだめなのではないか。そこで彼は、新領域を開拓するために共同研究を考えているわけです。

彼の理想とするのは、「一つの部門の専門家でありながら、同時に隣の部門にも透徹した理解のある科学者たちのチーム」、つまり、生物学者、昆虫学者としてちゃんとしていなければ困る、そして自分は昆虫学のなかの鞘翅類しかやらないけれども、ほかの昆虫学者の言うことはもちろん、数学者の言うこともいちおうわかる、こういうことですね。「すなわち、全員が共同研究に参加して」、ここが大事だと思うんですが、「たがいに他の人の考えかたの習慣を知り、同僚が新しい提案をするときには、それが完全に整った形で表現される以前に、その意義をくみとることのできるような科学者のチームである。数学者が、生理学の実験をやりとげる腕前を持ち合わす必要はないが、それを理解し、批判し、かつ示唆しうる能力を持たなければならない」。

そういうチームであれば、それは「一人のえらい行政官の部下として組織されるのではなくて」、つまり、現業官庁の官僚的組織のようなものではなくて、相互に自由に協力し合いたいという「精神的欲求によって結集する」グループである。そしてそこでは、研究者の仕事が論文あるいは著書になって出てこないさきに、それを聞いていて、あの男はいつもこう考えている、それがいまこう言ったのだから、こういうことに違いない、とすぐつかめるような、そういう学者の集まりを求めているのです。ですから、その研究はしろうとをでたらめに集めてきてやるのでは、もちろんない。他の領域の仕事がわかり、少なくともわかろうという熱意を持つ専門家たちの集まりが必要なのであります。私たちもこういうチームをつくりたいと考えたのであります。

ところが、この本の最後の章に「情報、言語および社会」というのがあります。人文、社会科学者でここをお読みになっていない方には、ぜひ一読をおすすめしたい面白い章ですが、そこでウィーナーは一般に自然科学の方法を人文科学に応用することに懐疑的な意見をのべておるのです。「精密科学におけるすべての偉大な成功」によって人間は物質的環境を制御しうるようになった。そこで「自然科学の方法を人類学・社会学・経済学の方面に拡張するならば、社会的な領域でも、同程度の成功を収めることができるであろうと彼らは考えるのである。それが必要であると考えるあまり、彼らはそれが可能であると信じている。これはあまり楽観的にすぎ、また科学の成果の本質の誤解によるものと思う」、こう言っているのであります。つまり、ウィーナーは、自然科学研究の有効性をみて、人文科学者がそれにあこがれる気持はわかる。しかし、この二つの学問は、研究者と研究対象との結合の仕方がちがうので、――つまり、人文科学ではその結合が密接すぎるので――ただちに同じ方法を持ちこんでも成功するかどうか疑問であるとして、学問のなかには、「専門的な歴史家に用いられている〝非科学的〟な、説話的な方法にたよらざるを得ないものが、多く残されている」と結論しております。彼は共同研究の有効性をよく認めていますが、それの人文科学への適用にはおそらく懐疑的だと思われます。

もう一人、ジャン・ピアジェ。この人は、『知能の心理学』の日本訳もありますが、いうまでもなくスイスの心理学の大家で、一九六四年にユネスコの会議で一週間お相手をしたことがありますが、大へんえらい先生だと思いました。この人が、ユネスコの報告として、人文科学における《recherche interdisciplinaire》、つまり、専門をこえた共同研究について書いているんですが、そのなかで、人文科学ではそういう研究が成功しにくいといっている。

その基本的理由を二つあげておりますが、第一に、学問のハイラーキーがない。自然科学では、たとえば、数学―物理学―化学―生物学―心理学、このつらなりは一つのハイラーキーを示しております。ところがそういうものが人文社会科学にはない。一つの学問を他の学問に還元する。リダクションするということがない。それでは科学的共同研究にならないというわけです。つぎに、なぜ人文科学では共同研究が発展しなかったか、という実際的理由として、ピアジェは、学部教育の弊害だと断定しております。学部で勉強するのはいいけれども、その縄張り意識が抜けなくて、法学部出身者は、あいつは要するに経済学士にすぎないなどと言いたがる。自然科学のほうでは、学部のワクを乗りこえて協力しようというところへ、とっくにきているけれども、人文科学では、学部の枠はなかなか越えにくい。もう一つ、さらにピアジェは、総合といえば、すぐそれは哲学の任務だ、哲学はあらゆる学問の総合である――いまはそういうことは不可能ですけれども、まだそういう古い考え方が残っていて、いろいろの学問が対等で協力するということがない。だから困難だと言っているわけです。

しかし、私どもは、いまご紹介したような説を検討した上で、それを理論的に否定してから、ルソー研究をはじめたのではありません。ピアジェの報告は去年（一九六七年）のことですし、ウィーナーの訳本が出たのは『フランス革命の研究』がすんでからのことであります。始めたあとで理論的反省みたいなものを少ししたいと思ってはおりましたけれども……。

これは私個人の好みですけれども、あることにとりかかる場合に、まずそれの可能性を方法論的に研究してからとりかかるというのは、慎重の態度といわれておりますが、私は、慎重の態度というのは学問の敵だと思っております。たとえばインドをやろうと思ったら、私なら、まずインドへ飛んで、カルカッタの雑鬧《ざっとう》のなかに身をおき、農村を歩き、ひとり旅であちこちを観察する。もちろんよくわかりませんから、日本へ帰ってから、初めて参考書というようなものを読むのです。インド史をモヘンジョダロの辺からネルーまで読んでからなどと思っていたら、インドへ行くのは五年くらいあとになる。私はインドネシアはなにも知りませんでしたけれども、用事があったので、さっそくなにも読まずに飛びました。そして十日ほどいて、できるだけ見当をつけて帰ってから、本を二、三冊読みましたが、研究書を二十冊ていど読んだ人と、同じくらいのことは考えられそうな気がいたしております。これは私のあわて者性で、私といっしょに共同研究をされた方が、皆そうだということではございません。ともかく共同研究を始めてしまった。始めておいてから考えたんですけれども、それは可能である、可能だとしなければならない。

これもまた私の個人的事情になるかもわからないけれども、科学というものへの基本的な信頼感、むしろ基本的な愛着、そういうものが私のうちにはありまして、それが研究遂行の支えになっていたように思います。これは共同研究に参加された方全員に拡張はできませんが、私は科学主義にたいするむしろ非合理的な愛着のようなものをもっている。というのは私の科学についての知識とか意欲というものは、おおよそ中学時代で終ったのじゃないかと思われるからです。したがって、数学というと算術、せいぜい代数、平面幾何の辺まで、物理学はもちろんニュートン物理学ですが、それらは本気で勉強したつもりですし、試験では百点以下をとったことはあまりなかった。それは少し誇張でその後、進歩はゼロ、いや退歩してゆくばかりですが、そのころの幼稚な誇りに支えられた科学への強烈な信頼感のようなものが、基本的姿勢として残った。ですから、たとえばガリレオ・ガリレイの「測定しうるものはすべて測定し、まだ測定しえないものは、これを測定しうるようにしたい」、こういうことばを読むと、私は一つの詩を読んだように感動するのであります。それで、私自身がやれるわけでもないのですけれども、私どもの共同研究で、シェルドンの方法でルソーや中江兆民の気質評定をしてみたり、あるいはロールシャッハ・テストの優秀な専門家を共同研究グループにかかえていることに、大へんな誇りをもっている。つまり、私のなかには「ラプラスの魔」が、ごく弱体ですけれども、いつの間にか潜入している。少なくとも私個人においては、そこに共同研究をおし進めているものがあるように思うのです。

近代科学の精神を定義して、ホワイトヘッドは、「こまかな事実にたいする熱烈な興味と、抽象的概括にたいするひとしく熱烈な愛情、この二つの結合」と言っております。まず個々の事実にたいして熱烈な興味をもつこと。しかし、これだけだったら、中国は古代から事実尊重主義がありますし、日本の徳川時代の随筆集にはなんでもかんでも細かい事実をかき集めた本がたくさんあります。事実にたいする興味だけでなく、その抽象的概括ということが肝腎だと思います。それにたいするひとしく熱烈な愛情、この愛情ということばはうまいと思うんですけれども、それが結合していることが近代科学の精神である、とホワイトヘッドは言うのです。

もしこの定義が正しいとするならば、私たちのグループは近代科学精神をいつもかなり強いものとして持っていたといえるが、それは共同研究をおこなううえに、必要なものであったと思うわけです。その抽象的概括が、人文社会科学においては自然科学におけるほど厳密なものではないかもわからない。そして人文科学にはあいまいな思考方法でなければ扱いにくい問題がたくさんあるわけですから、ここでの抽象的概括といっても、法則性というよりもむしろ傾向性といったものを示すことになるかもわかりませんけれども、ともかく、それをつねに求めるという精神、それはあると思うのです。たとえば、鶴見俊輔さんたちが『転向』という有名な本を出されたときに、私は、ローレンツの理論をあなた方はなぜ考慮しないのかと聞いたことがあります。ローレンツ理論の説明など私にはとうていできませんが、通俗的に受けとめてみると、日本に転向が多かった、そしてそれが問題視されるということは、日本の社会変化のスピードがフランスやイギリスの何倍か早かったということ、そしてあの本の書かれたころはそのスピードが落ちたように感じられていたことと関係するのであって、この速度の考えを導入しなければまずい、また革命後の中国で転向ということが全く問題とされない理由も説明がつかないと思った。私にいわせると、こういうことも抽象的概括への愛情のまずしい一例かと思います。

自然科学をモデルにするということ、これは世界の学界の大勢なんですけれども、そのさい模範とされたのは、数学、物理学であります。しかし、私たちが共同研究をやるときに考えるモデルは、むしろ生物学的なものです。それは、この間ここへ来て講演をされましたイギリスのニーダム博士などがお考えになっているようなものとしての中国のサイエンスの精神に通じるものであって、純粋の抽象的な数学、物理学というものだけで説明できるものではなく、たとえばホルモンとか内分泌とか、そういう概念が入りうるようなものとしての科学でないと、だめだろうと思っているわけです。

recherche interdisciplinaire、つまり専門分野を越えた共同研究ということが、世界中でしだいに重視されてきておりますが、ディスシプリンというのは、何々学ということであると同時に、訓練あるいは稽古という意味を持っています。それぞれ専門の学問は学部あるいは大学院で勉強するわけですが、共同研究を進めるためには共同のディスシプリンをもっと強める必要があるのではないかと考えております。一例をあげますと、私たちの研究所の東洋学の研究部門でいつもやっているのですけれども、会読——一つの本を皆が寄って深く読んでいくこと、これはこの研究所の戦前からの伝統になっておりますけれども、その方法をわれわれ西洋学をやる場合にも、もう少し用いる必要があるのではないか。ルソーの書いたことば、司馬遷の書いたことばというものは、深く硬い一つの「もの」でありますから、こちらのわがままを許さない。それを会読することによって深く切りこんでゆく。同じテクストに皆で迫ることによって、共通の訓練ができる。人文科学、とくに社会科学の若い学者を見て、率直にいえば、私はそういうディスシプリンがこのごろ若干不足しているのじゃないかという感じがするのです。

そういう意味で、私どもはルソーの研究をやったときに、同時に、その『コントラ・ソシアル』（『社会契約論』）の反訳をくわだてました。共同研究の参加者が一週間に一日寄って、あらかじめこしらえてきた訳稿をみんなでたたき合って決定稿をつくり出す勉強をやったのでありますが、これはきわめて有効な方法で、今後も続けていかなければならないことじゃないかと思っております。

つぎに、人文科学でも、知識を研究者が共同に使えるものとして共有財産化することが可能ではないか。その一つの小さな試みがカード・システムです。これは、社会調査などではもちろん昔からやっておりますね。研究の過程で重要な事実ないしは注目すべき文言がみつかると、それをカードにとり、できればそのカードを研究者の数プラス若干数だけ複製して、各研究者にくばる。残りの若干は本部で、さまざまに分類、保管するのであります。これは『ルソー研究』のときから試みたのですが、複本をつくることが当時としては困難であって、そのうえ、主任の私がうまく管理できなかったので、カード・システムは十分に活用できたとは思いませんけれども、今後これを改めて考えなおすべきではないかと思っているわけであります。

共同研究をやりました経験から若干の問題点、といえばいいすぎになるでしょうが、若干のトピックについて、もう少しお話したいと思います。トピックですから、一貫した理論というより断片的な感想になる率が多いのですが、お許しねがいます。

この間、フランスのすぐれたマルクス主義者であるアンリ・ルフェーヴルさんが、この大学へ来られて、われわれと二、三度討論会をいたしました。そのとき、彼がいうのには、ある一つのディシプリンが帝国主義的になって、他の学問を支配することはよろしくない。たとえばマルクス主義において経済学主義におちいるのもその一例であります。これは学問の発達上おもしろくないのじゃないか。私も前に物理学帝国主義ということばを使ったことがありますけれども、ルフェーヴルは、科学におけるデモクラシーということが必要だというのです。つまり、いろいろの専門家の集まった共同研究において、どの学問が基幹であるとか、基礎であるとか、どれが下部構造であるとか、そういうふうに考えないで、どの学問も他の学問と対等に、相互に刺激をあたえうる、そう考えなければいけないのではないか。この点では、私はルフェーヴルと意見が一致したわけであります。

共同研究で重要な問題は、イデオロギー的統一ということです。これはいまもはっきり覚えているんですけれども、『ルソー研究』をやっと終えたころ、私は京大のたぶん同学会の主催で講演したことがあるのですが、そこへやはり講師として井尻正二さんがみえました。控え室で初対面の学者が私に名刺を差出したが、そこには「日本共産党員井尻正二」と書いてあって、これはスマートだ、と思って感心した覚えがあります。ニューギニアについての話も面白かったのですが、私の話をふまえて共同研究をされたのには、私は承服できなかった。共同研究というものは、一つのイデオロギーによって導かれることなくして、またその全参加者が一つの統一イデオロギーを持つことなくして、有効におこなわれるはずはない、というのであります。私はその場で、反論する自信もなかったのですが、その後いくたびも考えてみて、いまはまったく反対の考えを持っております。

イデオロギー的統一ということは、ある共同研究班において、あらかじめ上から与えられ結論が出ているものを、実施する場合には有効であるかもしれませんけれども、問題をみずからがまさぐりつつ前進するという場合においては、イデオロギー的統一があるところの研究グループは、自由発想の幅と量がきわめて低い。どこに問題があって、それはいかようにアプローチすればいいかということを考えるときには、むしろマイナスでないかと思います。そして私の知っているかぎりにおいて、人文社会科学で、そういうイデオロギー的統一があったところで、すぐれた共同研究が、率直にいって、あまり出ているのを拝見したことはない。数年前に私はチェコスロバキアへ行きまして、私たちの本の英文レジュメを渡して、そこの学者と共同研究のことを雑談したことがあるのですが、こういう仕事の組織がどうして可能なのかよくわからぬ、というのです。共同研究をやっていると、モノグラフィーを書く時間が少なくなって、若い学者が助教授から教授へといった昇進の妨げになるから、若手に好まれないだろう。これには驚きました。イデオロギー的統一のあるはずの共産主義国で、かえって共同研究がおこなわれにくいというのは興味のあるところだと思います。

やや自慢めいて恐縮ですが、私どもの共同研究班には、相当イデオロギーの幅がある。フランス革命をやった場合でいうと、この革命を無用の残虐行為と考える人には参加してもらっていませんが、その評価の仕方は全く自由なのであります。もちろん対立意見も出ます。あるとんまなジャーナリストが私にきいたことがある。先生のところの研究班には、いろんな人がいらっしゃいますが、廊下で井上清さんと上山春平さんが出会うときには、どんな挨拶をしていらっしゃるんですか。研究室ではあくまでホットな議論をするけれども、一たび研究室を出たならば、あとはそれぞれ市民として、いっしょに酒を飲むというのでなければいけないと思うんです。共同研究をやっていくときには、言論、思想の自由を相互に認めて、そして学問にたいする愛情があるかぎり、その愛情の持ち方はさまざまであってよろしいということは、やはり確認する必要がある。それをいきなりイデオロギー的統一などと言うのは、学問の進歩を妨げるものではないかと思うわけであります。

ただ、どういう学問でもみなうまく協力できるかというと、学問と学問との距離があきすぎていると、うまくいかないことがあります。日本のサルの学問は、世界に誇るすぐれた業績をあげているんですが、サルの言語ということで協力しようじゃないかということで、私がたのまれて司会をして、言語学者と心理学者と人類学者、それから生態学者、サルの動物学者ですが、そういう人々に集まっていただいて、二回ほど研究会をやりました。その後、伊谷純一郎さんたち自身の研究は進んでおりますけれども、共同研究としては、必らずしもうまくいかなかった。それは、いまの言語学あるいは心理学とサル学とのあいだの距離がまだあきすぎているからであります。

近代になってから、自然科学はどんどん進歩したのに、人文科学はとり残されている、というのが常識になっております。自然科学の達成の偉大さを誰もうたがうことはできない。しかし、学問のあり方は必らずしもすべて同じであると考える必要はないのであります。また、かりに自然科学と同じレールの上を走っているものとしても、人文科学がそのおくれを一挙につめようとしては危険なのではないかと思います。ですから、さきほどのウィーナーの言葉にもあったとおり、専門分化がいよいよ細かになることは科学発展の必然ですけれども、人文科学がそれをモデルにして、歴史学―日本史―室町時代史―とくに芸能史―能楽、そして世阿弥の佐渡遠流以外は興味がない、そういうことが科学的であると考える必要はありません。私たちは専門分化のもう少しおくれた段階にいることを、ちっとも恥じる必要はない。むしろ歴史学の理論あるいは日本史全般の流れの把握なくして、室町芸能史はありえぬと考えるべきじゃないかと思います。

共同研究は、いうまでもなく、それによって何かを生産することが肝要でありますが、同時に、それをおこなうことによって、専門のセクショナリズムの壁を打破する作用を持つのじゃないか。そしてその打破は、大へん必要なのではないか。学問は、大学以外でももちろんおこなわれるわけですけれども、日本では、大学が学問の推進の中心になっておることは、否定できない。その大学は学部にわかれて、講座制ということになっている。講座制には、美点ももちろんありますけれども、そこからどうしても出てくる割拠主義、これを共同研究は打破する効果があるし、またそれは打破しなくてはならないのではないかと思います。

日本の学者は、精密に、まじめに勉強しているけれども、学問的ひとりごとが好きになって、対話の精神を失っているのではないか。別のことばでいえば、自分の信じていることをふまえて他人と自由に討論する、そうすることによって相互に作用し、自分が新しい考えをひらいてゆく、そういう意味での対話を共同研究は助長すると思います。そのためには研究の参加者がすべて対等であることが前提となります。大学の職階制では、教授、助教授、講師、助手、などというものがあるのですけれども、これを革命せよというのではありません。しかし、一たび共同研究のテーブルにすわったら、そこでは対等でなければならない。わかりきったことのようですけれども、それが必らずしもおこなわれていなかったと思うのです。教授が愚にもつかぬことを言っているのに、助手が承詔必謹というような顔をしているのは、学問を阻害するものだと思います。学問に忠実ならすぐ切りかえさなければいけません。

いよいよ雑談めくようですけれども、私たちのチームには結果において対等感をやしなうことになったことが若干ある。私たちは共同研究をはじめたころに、同時に余暇利用として、遊びとして、「日本映画を見る会」「小説を読む会」、それから英語、フランス語の講習会というものもやりました。映画鑑賞ですと、だいたいにおいて教授よりか助手のほうが、知識も識見も上です。人間心理というものは微妙なものですから、前の晩の映画談話会、ちょっとお酒をいれてやるのですけれども、そこで教授を圧倒した助手は、翌日、こんどはルソーについて見解を発表するというときでも、自信をもって発表する。これは冗談ですけれども、そういう影響もありうると思いますね。その影響をねらってやったというほど、私たちは政治家ではないのですけれども、結果は大変よかったと考えております。

英語は鶴見俊輔君を先生にして英作文の練習をやった。こんど私は大学をやめるので、研究室を整理していたら、そのときの英作文の原稿が出てきて懐旧の情にたえなかったので、ちょっと脱線したしだいです。フランス語は私が先生ですが、これは模範的な講習会だったとうぬぼれています。アメリカ軍の方法に学んだのですが、毎日夕方五時から六時まで一時間きっちりやって一ヵ月で速成する。毎日宿題を出して、その成績を翌日発表する。長尾雅人、鶴見俊輔両君がだいたい首席でした。一ヵ月で教養部で一年かかるくらいのことはやれたと思います。

私どものやりました共同研究の内容よりも、そのやり方について、いろいろ批判のあることはよく承知しております。たとえば、研究をみな楽しそうにやっているという。これが批判になるのはおかしいのですが、日本の学界には禁欲主義みたいなものがあって、学問とはつらいこととみつけたり、ということでないといけないような空気がありますが、私はいやいややる学問にろくなものなしと考えております。それから、サロン的である、おしゃべりにすぎない、という批判がある。なんとかにすぎないという表現は、傍観的な悪い表現だと私は思っておりますが、毎週金曜日のくるのが待ちどおしかったといった人がある。これはちっとも恥ずかしいことじゃありません。つぎに、共同研究といっても耳学問の集大成にすぎない、という批判があります。これは問題の根本にふれている。間接的知識の否定というのは立派な態度のようですが、あらゆることを現地へ行って自分の眼でたしかめ、レジュメは一切信用せずに原典の最後のページまで読みおわらなければ一切発言しない、というのは宗教的態度であるかもしれませんが、近代の学問の方法ではありません。私はこれから学問する若い諸君には、耳学問の練習を早くからやらなければいけないといつも言っているのです。耳学問で大よそをつかみうるためには、ちょっと頭の働かせ方を研究しておかねばだめなので、なんでも聞けばわかるなどと思っているのは、よほど頭が悪いのです。

学問、とくに人文科学は、人間の生活の常識をふまえるものですけれども、しかも究極において常識を反転せしめる、常識の反措定を出すものだろうと思うのです。天動説と地動説を考えてもわかることです。そういたしますと、さきほど申しましたいろいろの批判、サロン的であるとか、遊びの要素があるとか、耳学問だとか、非専門的だとか、こういうことは学界用語ではマイナス記号、けなし言葉ですが、私は、これらのマイナスをそろえることによって、ツー・テン・ジャックのそれのように、全部をプラスに転化しうるのでないかと思っております。

学問研究は、いうまでもなく学説やイデオロギーや、重要なことがたくさんありますけれども、それらを生み出してゆく諸人間関係というものが下部に、あるいは基盤としてあって無視できない。そういうことを言うと、崇高な学問を人間世界に引下ろすように思う人があるかもしれませんけれども、それは、学問を雲の中にあることのように思っているからであって、学問というものは、もともと人間の中から出てきたものである。ただ学問は、人間世界から出てくるけれども、どこかでそれを離れる、デタッチメントということがなければ、学問にならない。しかし、離れるということは、また戻ってくるということを前提にしなければならない。不即不離です。そうすると、離れたところで学説はできるけれども、その学説を生み出すために切磋琢磨していく人間、その人間のグループの組み方は、きわめて大切な問題となるわけで、秀才がたくさん集まればよろしいというわけのものではありません。もしあの仲の悪いパスツールとファーブル、ゲーテとベートーヴェンをいっしょに仕事させたらどうなるでしょうか。そういう点を無視しては、おそらく共同研究の成果はあがらないのじゃないかと思います。

はじめにおことわりしたように、あまり理論的でない、まとまりのない話になりましたが、思い出話の一端としてお聞き捨てくだされば しあわせです。どうもありがとうございました。

一九六八年（昭和四三）三月二一日　京都大学

中国古代史研究四十年

貝塚茂樹

［概説］全体を通して、貝塚の研究生活の歩みが彼の周囲の人々への惜しみない感謝とともに語られる。彼が本格的に研究を開始するまでの中国古代史研究は塞外史が中心となっており、歴史地理的な考証が大部分を占めていたせいで、拠るべき研究方針を見出すことが難しかった。しかし、内藤虎次郎や武内義雄といった先人と出会ったことで、貝塚は自身が研究者として進むべき方角を知る。王国維という天才学者も現れ、これに董作賓や郭沫若、顧頡剛といった新しい世代が続いたことで、彼らの古代史研究とともに自身も成長することができた。特に董作賓が新たな展開を切り開いてくれた甲骨文の研究については、上野精一から譲り受けたコレクションをもとに、倉石武四郎や吉川幸次郎といった友人らに助けられながら、董作賓の断代研究法のかなり重要な修正説を発表することとなったと振り返る。また、柳田国男や折口信夫らが当時はじめていた民俗学運動からも、中国古代社会の多子族を研究するというよい着想も得られた。自らの最後の業績としては古典の新訳を挙げる。自分のほんとうに理解しえたところを完全な訳として出すことこそ、古典学者に求められるものだと貝塚は語る。ひるがえって近年の経学の論争は、けっきょくは権威にたよるイデオロギー論争であり、権威次第でうつろわざるを得ない賽の川原の石積みでしかないと、厳しく批判する。

昨日、私の尊敬する同僚の清水盛光教授・桑原武夫教授から、たいへんいいお話をうかがいました。そのうち清水教授のお話を承っておりまして、教授はアメリカの社会学において、人間性の軽視、主体性の軽視ということから、社会を空間性において見る基本的な傾向があるということをおっしゃいました。私、そのときお話を承りながら考えました。社会を人間の主体性において見るということは、社会を時間性において見るということではなかろうか。一般に哲学とか社会科学とかにおいて理論的な、いわゆる体系的な学問をされる人は、なにかしら世界と人間を空間的に空間性においてとらえられる傾向があるのでないか。もちろん、マルキストなどのように、歴史の変わっていくその変わり方の、昔のことばでいうと、鉄のごとき必然性、いまですと、歴史発展の規則性ということを中国でもしきりにいいますけれども、そういうものを探究するという人もございます。しかし、概していうと、それにもかかわらず、やはり空間的に一つのスペースにおいてものを考える方々が多いのじゃないでしょうか。それに比べて、私ども歴史をやっているものは、どうしても社会を時間性において見るということになります。

退官にさいし年譜・著作目録を編纂しました。今日は、その年譜をもとに、自分のひじょうに影響をうけました先生や同時代の学者の方々、そういう人々とのつながりを明らかにしようと思いつきました。これはつまり自分の学問の発展を時間性においいて見る、自分の学問がどうしてこういうふうに出てきたかということを、一つの社会的事実として歴史的に眺めてみようという気になって、古代史研究年表（六七ページに附載）をつくっておくばりしたのです。

昨日、和辻（哲郎）さんの社会学における人間性の軽視の指摘にたいする清水教授の批評のなかで、和辻さんがドイツのリットに似ているというお話をうかがったのですが、リットには歴史哲学の小さい本がございます。そのなかに、歴史というものは、回想、エリンネルングから起こるということを申しております。歴史そのものがすでに人間の回想によって生まれてくるわけであります。ところが、回想するということは、つまり、回顧録でも、時がたつにしたがってひじょうに不確かになっていく。たとえば吉田茂のメモワールとかいうものも、もちろん現代史の史料としてたいへん重要なものでありますけれども、あれに書かれていることが全部歴史的事実であるかということは、たいへん疑わしい。歴史は、歴史を現実に歩んでいるときと、その歴史を回顧してみるときと、たいへん見方がちがうのです。私は学生のころ、自宅から三高や大学へかよっているとき、朝通ってきた道をもう一ぺん夕方になって通ってみますと、まったくちがうところを歩いているような気がする。普通の道ですら、一方から他方へ行くときと、他方から一方へ行くときと、方向がかわり、また朝と夕方と人間の気持がちがいます。それはまるでちがうような景色にうつるものだということを知って、たいへんふしぎに思ったことがあります。まして、ここで古代史研究四十年といっているわけですが、四十年昔の私のやったことを回想してみようとすると、自分の記憶がたいへん不確かだということをつくづく思わざるをえません。要するに、やはり回想にすぎないのですが、それをできるだけ客観的にしようと思って、年表をつくったわけであります。

いま、森鹿三教授から桑原さんと比べて紹介していただいたのですが、学者を兄弟にもっている。第二世といわれると、第二世ということばは、あまりいいことばでないのじゃないでしょうかね。どうしても第一世に劣るという意味で（笑）。しかし、それどころか私は正確にいうと三世です。つまり「売家と唐様で書く三代目」でございます。というのは、うちの祖父は小川駒橘《こまきち》と申します、紀州の藩士です。明治の初年――それをいろいろ話すと、私の話までなかなか及ばないから、省略しておきますけれども――、福沢諭吉のほとんど最初の弟子として、小泉信三のお父さんである小泉信吉という人と同窓で、慶應義塾と名前がつかないときの学生であります。侍でありますから、漢学は十分身につけていた。うちの祖父は、英語がなかなかよくできたのでしょうね。隠居していた祖父の書斎を見ますと、もちろん毎日漢籍も読んでいるのですけれども、そのほかに、親戚の者がロンドンの正金銀行の支店長をしておりましたので、毎週「ロンドン・タイムズ」のウイークリーを送ってきます。そのウイークリーを読んでいる。そういう生活をしておりました。ですから、その時分としてはたいへんな知識階級、今でいえばまあ進歩的知識人だったのかもしれません。そういうのを祖先にもっておりますので、私は三代目で、しようがない三代目だということになります。

これは前置きでして、私がここで古代史研究四十年といっているのは、一九二八年、京都大学を卒業して、いよいよほんとうに東洋の古代史、中国の古代史を勉強しようと思ったときからはじまる。ちょうどことしで四十年でありますが、私がたいへん幸福だったと思うのは、そういう学問的な雰囲気のなかで育ったということもひじょうな幸福でしたけれども、やはり私の生きてきた時代ということがあると思うんです。やはり先生がよかった。

学問をするものにとって、若いときは、いい先生を選ぶということがいちばん大事でしょう。ことに私どものような古典の学問をいたすものにとって、古典は古い文章であるため、簡単なようにみえていて、ひじょうに奥深いので、それを理解するには、自分ひとりで読んでいてもよくわからないのでありまして、そういうものはやはりいい先生からならわねばなりません。古典の解釈には、すでに歴史的な解釈も入っておりますが、そういうものは、やはり若いときに立派な先生について学ばなければいけない。古典研究者にとって若いときの教養は決定的でありまして、それがよくできていないと、一生、古典のほんとうの意味がわからなくなるのではないでしょうか。さいわい私が古典が少しでもわかるのは、この京都大学で、内藤虎次郎先生、それからもう一人、研究所の所長として長く薫陶《くんとう》をうけた狩野直喜先生、このお二人を中心とする先生がた、あるいは先輩もそれに含まれるかと思いますけれども、そういう方々から教えをうけたこと、それは直接本を読むということもありますし、日常のお話のなかでしぜんに教わったこと、それがひじょうに有益であった。ですから、学者の幸福は、若いときにいい先生を得るということであります。

それに次いで、学者の中年の生活を決定的にするのは、いい友だちをもつということではないかと思います。さいわい私は、先年ここを退職された吉川幸次郎君をはじめとして、故安部健夫君、今年私とともに退官される水野清一・桑原武夫両君そのほかたくさんのいい友だちをもっています。そういう人たちとの日常の接触のあいだに、どんな多くのことを得てきたかわからない。やはり学者としての第二番めの幸福は、よき友を得るということであります。

第三には、晩年の学者の生活・学問を決定するのは、なんといっても、よき弟子といいますか、よき後輩をもつということです。その点についても、研究所には、東洋部はもちろん、西洋部・日本部でも、若い有能な学者をたくさんかかえています。「負うた子に道を教えられる」という日本のことわざが深い意味をもってくるのですが、けっきょく、やはり老人になると、自分は老人でないつもりをしていても、感受性が鈍くなってきます。新しいものを理解することがたいへん億劫になってきます。これは生理的にそうなってくる。できるだけ新しいことを知らなければいけないと努力はつづけているつもりですけれども、それが十分できない。新しい論文など、読むのがめんどうなときは、若い人たちに、「あれはどういうことが書いてあるのだ、どこがいいのだ」というようなことを質問して、その人に教えをうけます。若い人の教えをうけることがひじょうに多くなりました。こういう立派な後輩をもっているということ、これは老年の学者にとって最大の幸福だと思っております。要するに、師と友と弟子、この三つに恵まれていたということは、たいへんな幸福でした。

さて、しかし、私が中国古代史研究を始めようと思ったときに、じつはひじょうに困ったのです。というのは、だいたいそのころの東洋史学というものは、西北あるいは満州・蒙古、いわゆる北方民族、あるいは朝鮮とか安南、あるいは中央アジア、そういうところの民族との交渉、東西文明の交渉、北方文明と中国文明などと、いわゆる塞外史が中心になっておりました。研究論文といえば、とくに歴史地理的な考証が大部分を占めております。中国史プロパーの研究といえば、なくなられた加藤繁博士が中国経済史について書かれたもの以外、ほとんどなかったのです。ですから、その当時古代研究に志した私の心境をやや文学的に表現しますと、荒れはてた砂漠のなかで道を求めてさまよう哀れな孤児、そういう感じであります。中国古代史学にいったいよるべきものに何があるか、何をどうやったらいいのか、かいもく見当がつかないという状態でありました。ですから、一九二八年に大学院へ入学してから、それ以後は、私の求道時代というふうにいったらいいでしょう。まあ一九三七年か八年のあたりまでが私の求道時代だといっていいのでありましょう。

この求道時代に、進むべき方角を示す星座があることがわかってきました。そのなかで、内藤虎次郎先生は、私が二十四のときに六十一で、三十何年と歳がちがうのですから、孫のようなもので、いま私は内藤先生、内藤先生と申しますけれども、内藤先生の講義を一年受けて、そこで内藤先生は退官されたのですが、その深い学殖など、青二才の私にわかるはずがありません。わかったといえばそれはおかしい。内藤先生の教えをうけたということはたいへん大きいことでありますけれども、しかし、内藤先生の学問のいちばんよいところは、私にはわからなかった。そのうちだんだんわかってきて、追憶のなかで内藤先生の像が大きくなっていくわけでありますけれども、そのときはよくわからなかった。

内藤先生の古代史の研究の成果は何にあるか。内藤先生は、生前に著書はもちろん論文もあまり書かれていない。断片的なものしか書かれていなかった。内藤学の古代研究というものをほんとうに学問的に凝集して結晶させられたのは、武内義雄博士であったと思います。私がいよいよ東洋史学に志す二年前の一九二六年には、内藤先生は退官され、それと同時に武内義雄博士の『老子原始』という本が出ました。老子は孔子の先生であった、孔子は老子に道を問うたという話があって、いままできわめて常識的には、そういう伝説が信じられておりましたけれども、武内先生は老子を孔子よりずっと後におかれるわけです。その文献研究、つまり『老子』の本文批評ですが、そのやり方に、内藤博士の古代史研究の精粋はここにあるという感じがするわけです。じっさい、私は内藤先生のおうちへときどきうかがっておりまして、談が武内先生に及びますと、先生はひじょうな親愛の情を示されました。それからまた私は、武内先生が東北大学におられる時分に、一度仙台のお家へうかがったことがございますが、床の間にはなくなった内藤先生の軸がかけられております。私はそのとき易の話をしました。私はそののち一九四七年に「亀卜と筮」（『貝塚茂樹著作集』第三巻所収）という論文を書きました。甲骨文の卜《うらな》いのしかたから易の起源のことを考えていたのでその話をしました。武内先生も易のことを書いておられます。それは内藤先生の「易疑」という論文の考えを発展されたわけです。そのときの武内先生のお話のはしばしに、内藤学の正統は自分にあるという、気負いといいますか、そういうものをひじょうに感じた。それほど自信をもっておられました。

武内学についてはいろいろ問題がありますけれども、内藤先生の中国古代研究の一つのやり方が結晶されているとすると、それに対抗したのが、昭和二年に出た津田左《そ》右吉《うきち》さんの『道家の思想と其の展開』という本であります。それは最初東洋文庫から出て、のちに岩波書店から出版されました。これは年代的に見ても、また内容からしても、明らかに武内義雄さんに挑戦したのであります。東京の歴史研究と京都学派の研究との争いは、それよりもう一つ前の時代には、邪馬台国が大和にあったか、九州にあったかという説で、東京の白鳥（庫吉）博士と京都の内藤博士とが対立することは御承知のとおりです。それは直接白鳥さんと内藤先生がみずから陣頭に立って刃を交えられたのであります。しかし東洋学の範囲、中国古代史研究の範囲では、そういうような試合はなかったのであります。

京都と東京の中国古代研究の対立は、中国古代史の重要史料である『左伝』の製作年代についてであります。京都の内藤博士・狩野博士の影響のもとに、あるいは新城新蔵先生が『東洋天文学史研究』において、『左伝』の暦から考えて、それを戦国のはじめくらいにおくという説を唱えられた。それにたいして、ずっとおそいということをいわれたのが白鳥博士門下の飯島（忠夫）さんでした。ですから、私がいよいよ古代研究に入る前には、京都と東京はそこで対決していたわけでありますが、一九二七年には、武内義雄博士の『老子の研究』と津田左右吉博士の『道家の思想と其の展開』の二つが対決したわけであります。それ以後、古代研究における東西学派の論争は、やはり武内さんと津田さんの代表者の学説という形でつづけられます。そして最後にいくと、一九三九年に武内義雄博士の『論語之研究』、その要領は、それより数年前に京都の支那学会で話をされたのでありますが、これが出ました。『老子原始』を書かれた時代から十年以上たっておりますので、武内さんの学問がますます円熟を加えておりますし、武内博士は、『論語』の研究にいちばん打ちこまれておったのでありますから、『論語之研究』はおそらく最高に位するわけであります。これが出ますと、すぐまたそれにたいして、津田さんの『論語にあらわれた孔子の思想』が少し後になって出ました。これも明らかに武内博士の本を対象としています。

私は、じつは中学生時代に、わけもわからぬのに、津田左右吉博士のものを少し乱読しました。津田博士の『古事記及日本書紀の研究』を京都一中の生徒図書館である静思館でみつけて、これは変な本があるというので、読んでみました。それから三高に入ってから、三高の図書館で、例の『文学に現はれたる我が国民思想の研究』をひじょうに愛読しました。ですから、京都学派の本を読むよりさきに、私は津田さんの本を読んだのであります。武内さんの『老子原始』はひじょうに簡単に書いてあって、なかなか読みにくいので、その当時の私の力からいうなら、津田さんの『道家の思想と其の展開』のほうが読みやすくて、たいへんおもしろい。じじつ、またたいへん暗示的なものがありました。津田左右吉博士はいつも批判的であり、伝統破壊的でありますが、津田左右吉さんの『道家の思想と其の展開』では、単にそれだけではない。伝統破壊的である津田左右吉さんには似合わず、道家の学問を戦国時代の中国人の生活意識、生活そのものから出てくるものとして、生活の表現として考えられた。そのとらえ方がひじょうにおもしろいと思いました。武内さんは、そういうものと全然関係がないといいますか、もちろんよく考えれば、そういうものがしぜんに含まれているわけなんでありますけれども、それにたいして津田さんは、戦国から漢初の人間観、そういうものの表現として見られた。その点ひじょうに斬新でありまして、もちろん武内先生にいわせると、いろいろ議論があるわけでありますけれども、私はひじょうに感銘をうけたのであります。ですから、最初私が古代研究に入ったとき、いちばん影響をうけたものといえば、津田左右吉さんの本であったといってさしつかえないのであります。

しかし、津田左右吉博士の『道家の思想と其の展開』はそれほど愛読したにかかわらず、私が学者としてちょっともの心がついたというころ、一九三五年に、津田左右吉博士の『左伝の思想史的研究』というのがまた東洋文庫から出ました。それを読んだときに、正直にいって、私はひじょうに失望しました。『道家の思想と其の展開』において、あの戦国時代以来の人間というものをみごとに再現された津田左右吉博士が、この著作には春秋時代について、なにも積極的なことをされていない。ですから、私があれほどひじょうな巨人として尊敬していた津田博士ですが、そのときから私の尊敬心が薄れてきました。そしてそれにたいしまして書評を加えました。私の考えますのでは、逆の方向へ行かれた。正道でなくて邪道に迷いこまれたのではないかと感じました。たいへん失礼なことでございますけれども、そうとしか思えないのです。その根拠は、そうくわしくは書いておりませんけれども、『東洋史研究』に載っております私の書評（著作集第五巻所収）を御覧になれば、津田さんの『左伝の思想史的研究』に見当ちがいがあることを、それとなく書いてございます。その時分は、それほど勇気がございませんから、そっと書いてございます（笑）。それ以後、じっさい私は失望してしまったのです。

それからもう一つ、私が荒野をさまよいはじめたころ、一九二七年、古代史研究では、おそらく百年に一回しか生まれないほどの天才であろう王国維《おうこくい》さんが自殺されました。あの殷墟《いんきょ》の甲骨をはじめとして、西域から出土した漢簡などの研究にしても何にしても、新史料をあのようにみごとに解読し、歴史の材料としてつかわれたということは、まことに大天才にしてはじめてできたことであります。王国維さんは、もっと生きておられてもいいのですけれども、もし長生きされたとしたら、私はおそらく古代史を研究しなかったでしょう。というのは、王国維さんはあらゆる新資料をじつにみごとな考証によって解明しつくされております。『観堂集林』という文集がございますが、これは私ども東方文化研究所にいましたときに、歴史のものが森鹿三さんなんどといっしょに一回か二回、会読したことがあります。あれには何百という論文が載ってます。私などからすると『観堂集林』に載せてもいいような論文を一生のうち一つか二つか書けたら、それで瞑しても可なりというくらいな気持であった。ですから、王国維さんがもし長生きしていらっしゃったら、私は古代史研究を自分でやらずに、王国維さんの研究を解説していたら、それで足りたというふうに考えております。戦後どんどん新資料が出てきましたが、もし王国維さんが生きておられたら、もっとみごとに解明せられたであろう。もし王国維さんがこれらを見て、どんな結論を出されたであろう。私はいつも王国維さんを地下からよび返したい気持がします。それほどの学者でありました。

ただ、しかし、王国維さんが生きておられても、おそらくそういう発想はできないであろうという発想をした学者が一人あります。それは一九三一年に「大亀四版考釈」を出した董作賓《とうさくひん》さんであります。この議論には、王国維さんを地下から生き返らせたら、きっと膝をたたいて、嘆賞、賛同されたと思います。それにつづいて一九三五年に、やはり董作賓さんの「甲骨文断代研究例」というのが出ました。これはひじょうに斬新な着想であります。これは、いままでだれも読めなかった断片にたびたび出てくる文字を、貞人という占いを担当した人の署名として解釈したこと、その署名が甲骨のなかに入っているということです。貞人の署名によって時代が分けられるという、そういう研究であります。その大著が出ました。

殷墟の発掘はすでに一九二八年に始まっておりますが、私のやっている古代史研究においては、すでに内藤先生は去っておられます。王国維さんも去っておられる。新しい時代が来たわけです。その新しい時代を担当する人といったら、郭沫若《かくまつじゃく》とか董作賓とかその他の若い学者であります。安陽の殷墟発掘の第一回は、これは不思議なことでございますけれども、私が大学院に入学した年に始まったわけです。ですから、私の古代史研究は、安陽発掘を契機として発達してきた考古学の発見、発掘と並行して始まるわけであります。それと一方には、郭沫若が一九三〇年にエンゲルスの『家族・私有財産・国家の起源』をもとにした『中国古代社会研究』をあらわす。そういう新しい潮流がはじまってきます。それから、私が京大の三回生だった時分に、顧頡《こけつ》剛《ごう》の『古史弁』が出ました。年表には、津田左右吉さんの『道家の思想と其の展開』とならべて書いてありますが、ここにやはり新しい古代史の批判的研究の始まりがあります。

ですから、私はさきほど師友に感謝すると申しましたけれども、やはり時代に感謝しなければいけない。いまだったら、こういう古代史研究は、すでにでき上がった研究をあとから追いかけていきつつ、また自分のものを出していかなければならないのであります。すでに内藤先生・王国維先生というような大学者がなくなって、ですから、荒野のごときものだと私はいうたわけでありますけれども、その荒野のなかに、さいわいなことには古代史研究の新しい運動がおもに中国から起こってきたわけであります。そのなかで私はいっしょに育ってきたということは、たいへんな幸福であります。私は中国における顧頡剛や郭沫若、それからさきほど申した董作賓というような人たちの古代史研究といっしょに成長することができたわけであります。これはいまから考えてみますと、じっさいよき時代に生まれあわせたと思うのであります。

これを政治史でみますと、中国の国民革命軍が北伐を完成したのは一九二八年、いままで分裂していた中国が北伐の完成によって統一され、軍閥、とにかく国民党が南京に都を置いて、中央政府ができてきました。そのもとで中央研究院歴史語言研究所というような研究機関が設立され、そこで安陽の発掘ができ、またいままで政治闘争にあけくれていた大学でありましたが、古典の研究などに本腰を入れてやりだした。そして『燕京学報』とか、あるいは中央研究院歴史語言研究所の『集刊』とか、そういう学術雑誌が続々と出てきました。若い俊秀の士の論文もどんどん出てきました。そういうものを一つ一つ読んでいったのであります。それまではもちろん私は日本の中国学者のものを読みましたが、それ以後は、相すまないことでありますけれども、日本の学界で出された学術雑誌なんて、ほとんど私は読まなかった。だいたい日本の学術雑誌には、中国古代史の研究はあまり載っていないのですから、けっきょく、私は中国の学術雑誌しか読まなくなった。べつに日本のものを拒否したわけではありませんけれども。ですから、中国の学者といっしょに、同じような立場で学問をやってきたといったらいいかもしれません。

そうしてやってきましたが、その最初にあらわしたのが一九三三年の「金文に見えたる錫臣の記事に就て」（著作集第二巻所収）という論文でございます。それは郭沫若の『中国古代社会研究』などに触発されて出た。私は、若い中学生の時代からマルキシズムの本も少しは読んでいたので、郭沫若の本を読んで、これはおもしろいというので、それから問題を見つけて書いたのであります。いまからみると、まだひじょうに稚い作品で、あまりいいとは思いませんが、これが案外中国の学者に読まれているということを後になって知りました。それは、私の同級生で化学をやっていた小田切瑞穂君がハルピンの大陸科学院におりまして、終戦後、接収されて東北人民大学になり、そこに留用されました。その人民大学の総長として赴任したのは呂振羽《りょしんう》という人であります。この人は、中国古代社会研究で郭沫若と並び称せられる学者であります。彼の著作には、一九三四年に『史前期中国社会研究』というのがあります。それから一九三六年に『殷周時代的中国社会』というのがあります。ここで殷代奴隷制論で郭沫若と論戦するわけでありますけれども、その呂振羽が東北人民大学にやってきた。

私の友だち小田切君がある日、なんとなしに総長と話していたら、総長が、「きみはこんな人を知っているか」といって私の名前をあげて、「京都にはそういう学者がいるはずだけれども」といったのです。小田切君が、「いや、それはぼくの中学時代の友だちだ」といったら、総長は、「そうか、えらいよい友だちをもっているな」といった（笑）。私は自慢話をするのはあまり好きじゃありませんけれども、退官のときに一回くらいいいと思うんで申し上げたわけです（笑）。呂振羽先生はこれらの論文をたいへん買ってくれていたという話です。このあいだもアナーバーの東洋学者の大会へ出たのでありますが、中国の学者がたくさんぼくのところへあいさつに来る。それは、私が董作賓の友だちであるということもあるわけで、また年からいって先輩としてでありますけれども、私は中国の雑誌しか読んでいないので、どことなく中国人に似た発想があるのでしょうね。それで中国の学者がみんなぼくのところへ来て、ぼくは中国語がたいへんへたで、吉川さんや平岡（武夫）さんの十分の一も中国語をしゃべれないのですけれども、へたな語学でも、いろいろしゃべって、たいへん愉快でした。

だいたい若いときの作品というものは、本人が一生懸命になって論証しようとすることはまちがいが多くて、そうでないところにいいところがあると私はよく考えるのですが、私のやったなかで何がよかったかといいますと、中国古代社会のなかの多子族についての着想です。これを中心に書けばもっとよかったのですが、後の論文でだんだんこれを深めたわけです。民族学者にいわせると、南洋の民族とか未開民族のなかには、クラブ・ハウスというものがあって、青年たちがそこで集まる。そういうやり方は、台湾の高砂族ももっております。それから日本の若者組というのもそれである。そういうものとして理解したということであります。それに着想したのがこの論文のなかのいちばん積極的な意味だと私は考えているわけです。そのように理解しえたのはなぜかといいますと、これもやはり時代の影響だと思います。ちょうどそのころ、『民族』という雑誌がありまして、柳田国男《やなぎたくにお》・折口信夫《おりくちしのぶ》の日本民俗学研究が脚光を浴びていました。京都大学にもよばれて、特殊講義をされたことがあります。それから京都大学にも民俗学運動が起こってきて、ここにおられる森鹿三さんや水野清一・肥後和男・柴田実さんは、そのときの京都における民俗学の先覚者でありました。そういう方々といっしょに、柳田学・折口学にあけくれしたことがあります。折口さんの『古代研究』などをむさぼり読んだ。そういうものの成果がそこに入って、多少それの影響をうけたのが積極的な部分となったのではないかと考えます。

さきほど申し上げました董作賓の「甲骨文断代研究例」というのが出てきました翌年の一九三六年に、私は津田左右吉さんの『左伝の思想史的研究』の書評をするとともに、「甲骨学の新展開」（『東洋史研究』第二巻第二号、著作集第四巻『中国古代史学の発展』の中に収める）と題して、董作賓のような天才による新研究方法を紹介しました。それ以後、しだいに甲骨文の研究に入っていくわけです。いまから回想してみますに、おそらく董作賓という人が出てこなかったら、甲骨文研究というものは、今のように進歩したかどうかわからない。王国維ですでにある程度の歴史的な考証はやりつくされていたわけですが、それをもう一歩進めて新しい展開をするためには、董作賓というような天才が必要なんです。もちろん王国維に比べたら問題になりませんけれども、とにかく相当な天才があらわれた。それで甲骨学が新しい時代をむかえる。それ以後、甲骨学の新研究は起こるわけであります。私も董作賓の甲骨文の断代研究法に食い下がっていきました。ですから、董作賓があらわれなかったら、私もそんなに本気で甲骨文を研究することはしなかっただろうと考えます。

私の甲骨文研究は、一九五九年、六〇年にわたって『京都大学人文科学研究所蔵甲骨文字』図版冊・本文篇を出しましたが、さいわいなことに、朝日新聞社の上野精一さんから三千点以上の甲骨の立派なコレクションをいただいた。あの朝日新聞社の社長でもあられて、ひじょうに忙しい上野精一さんでありますが、自分で甲骨を研究しようと思っておられた。内藤先生や、友だちである浜田（耕作）先生なんかが上野さんをちょっと扇動されて、「きみ、せっかく学問をやるのだったら、甲骨文などだれもやっていないものをいっぺん研究してみろ、そうしたら博士にしてやるよ」といわれたものですから、上野さんもその気になって、文学博士にもなろうかと思って、たいへんなお金持ですから、ほんとうに小遣銭で甲骨をお買いになった。いまでは日本で最大の、また質のよいコレクションであるばかりでなく、世界でも四つか五つかのうちの一つにあたるコレクションですが、それを譲り受けました。それで、これは単に死蔵してもしかたがない、世界中の甲骨学者たちみんなにうまく利用していただくようにしないといけないと、ひじょうに責任感を感じまして、十年近くかかって整理して、それを文部省から金をもらって出版しました。その出版がだいたい完了して、ちょっとほっとしたのでありますが、索引はどうしてもつけなければならないので、いま索引をつくって、三月三十一日には出版する予定として、もうすぐ出ることになりました。

私は甲骨学の研究で積極的に何をしたかということですが、董作賓の断代研究法にたいして、かなり重大な修正説を発表したことが一つです。しかし、これは金文の研究についてもそうでありますけれども、東方文化研究所における先輩であった倉石武四郎先生、また同僚であった吉川先生にも、ひじょうに感謝しなければいけないことであります。従来、漢文を訓読体だけで読んでおった。訓読体で読むと、意味がわかったようでわからない。語調ははなはだよいのですけれども、意味がほんとはよくわからない。それでそれを北京音で読み、現代日本語に翻訳しなければいけない。吉川先生などは、中国の現代音で読まれて、その原文について現代語訳をつけるということを始められました。吉川さんは、たいへんな文学的才能がおありで、立派な訳をたくさん出されましたけれども、そういう雰囲気のなかでいっしょに本を読んでおりまして、『儀礼注疏』とか『説文段注』とか、そんなむつかしい本をいっしょに読んでおりました。史料としてつかうためには、正確に意味をとらなければならない。それには口語訳でやらなければいけないというので、そろそろ訳を始めました。京都大学人文科学研究所から出している『甲骨文字』の本文篇には、拓本とか写真とか略図のほかに、全部訳をしてあります。これは、従来、いったいほんとうの意味は何だかわけがわからず、ただ単語として字が入っていれば、それをもととして考証する、はなはだイージーゴーイングなつかい方をしていたのでありますけれども、それを私ははじめてほんとうの意味でつかえるようにしたと信じているのであります。

それ以後、そろそろ私の最後の業績になってくるわけでありますけれども、そういう古い文章の翻訳をやりだしてから、ちょっと病みつきになりまして、それなら、この調子でほかの古典の意味をさぐってみよう、これは私ひとりでやったのではなくて、たくさんの若い学者を集めて甲骨文・金文を会読しながら、そのなかでそういう気持を起こしてきました。一九六二年の『諸子百家』（著作集第九巻所収）、それから『神々の誕生』（著作集第五巻所収）もそういうなかから出てきます。古典の新訳を試みてみようという意欲が起こりまして、それをやりはじめました。やりはじめてみますと、これこそやはり古代史研究のいちばん基礎的な仕事だと思うようになりました。というのは、私はギリシャ語は全然知らないのでありますけれども、イギリスのギリシャ学の大家というのは、よくギリシャの古典の新訳を畢世《ひっせい》の事業としてされます。だれも及ばない新しい、すばらしい訳をされる。古典学者はそういうことをしないといけないらしいのです。つまり、古典に自分の全精力を傾けて、自分のほんとうに理解しえたところを完全な訳として出す。それをやっていない古典学者は、これは全然だめだというわけです。自分もやはりまずそれから始めなければいけないのだという気持になりました。ですから、『諸子百家』においては、戦国の思想家たちの文章を現代語訳してみました。それから『神々の誕生』においては、『山海経』とかそういうわけのわからない中国の神話の本を少し現代訳してみたことがあります。『山海経』は、外国では古くから訳がついて、研究はありましたけれども、近代の学者として『山海経』をつかったのは、私の父がはじめてであります。それを継承するという意味もありました。それはもちろん現代の神話学の立場でやったのでありますが、折口信夫の折口学の影響をはなはだうけてやったわけであります。それからまた『論語』の新訳を試みました（中公文庫所収）。

そういうことをやってきて、だいたい現在の心境はどうかと申しますと、目下、研究所では、若い諸君——若い諸君といってはもう悪いのです。すでに鬱然《うつぜん》たる大家になっておられる諸君といっしょに『左伝』の注釈を読んで、『左伝』の新訳をしたい。それから『史記』の新訳も、これは協力者をもっておりますが、やっていきたい。それで古典のほんとうの意味が少しはわかりかけてきたというところです。ほんとうにわかってしまうと、もう訳をしなくなる（笑）。人間というのはおもしろいものでして、全部わかってしまうと、もうやる気がなくなる。私のような鈍才は、いま少しずつわかってきたところで、これから大いにやろうということです。ですから、私がさいわい余生をめぐまれたら、そういう仕事をしたいと思っております。

年表に一九六三年の顧頡剛の『史林雑識』と六五年の楊寛の『古史新探』とをあげておきましたけれども、そのほかに、中国では社会史論戦と申しますが、時代分期の問題、中国古代は奴隷制であるか何であるか、中国古代の土地所有形態は何であるか、そういう論文を集めた選集をあげておきました。このなかにたくさんのものが載っておりますけれども、これは昨日の桑原君流にいいますとイデオロギー論争、イデオロギーが主体になった論争であります。ここに経学の方がおられたら、失礼になるかもしれませんが、経学の論争というものは、いわば西洋のカトリックの神学におけるドグマの論争であります。ある学説が正しいということは、私、神学のことはよく知りませんが、究極においてそれはキリストによって義とせられることでしょう。キリストはもういないのですから、けっきょく、カトリック教会によって義とせられることであります。つまり、イデオロギー論争における正しさと正統性、その正統性というものは、カトリック教会の権威によって正統と認められるものが正統である。現代のことばでいうならば、マルキシズムにおける中ソ論争もすべてこの正統論争です。何がマルキシズムの正統かという議論です。ですから、けっきょく権威にたよるイデオロギー論争となります。

これに身をやつしておられる方にたいして、水をかけるようですけれども、中国古代の奴隷制とか分期の問題も、私が見ておりますと、それは究極においてやはりイデオロギー論争であって、おたがいに中共という一つの政治体のなかの正統性の争いです。ですから、はじめからそういうものを予想しておりますから、いまいったように史料やなにかを都合よく使うということになってきます。ですから、その政治的な空気、支配的な地位に立っている指導者の意見が変わってきますと、それが反映してだんだん変わっていく。これを文学的にいいますと、賽《さい》の川原で石を積んでいるようなもので、賽の川原で石を積んでいると、鬼が来て片っぱしからこわしていく。またははじめから積む。そういうわけで、その論争はたえず変わっていくけれども、ほんとうの実証的なものに支えられていないと、それはたえず変わっているというだけで、実質的な進歩は少しもない。けっきょく、歴史家というものは、史料がなければなにもいえない。史料をくわしく読んで、その新しい解釈が少しでも含まれていたらよい。もちろん現代の中共の史家で、イデオロギーから抜け出ることは絶対にできませんから、社会史家などはみな苦しんで無理をやっているのでありますけれども、しかし、無理をやりながらも、やはり確かな実証をふまえている人々の論文は、おそらく永久に残るだろう。そうでない、単なる理論闘争に終わっているものは、全部消えていくと私は見ている。そしてなんの利益も後世に残していかないだろうと思っているわけです。たいへん失礼なことですけれども、そういうふうに考えております。

中国の古代史研究のなかでいちばんいいものをもっているといえば、やはり顧頡剛の『古史弁』の一派、その代表者は楊寛です。一九五五年の楊寛の『戦国史』なんかは、通史としては模範的なできばえであります。さらに最近書かれた顧頡剛の『史林雑識』は、ひじょうに短文でありますけれども、さすがに長いあいだの古典学の教養があふれております。それから楊寛の『古史新探』、これもおそらく古代史研究にとっては、戦後第一級の作品だと思うのであります。しかし、楊寛は、どうもマルキシズムにくっつけるために相当無理をしております。これは一九六五年の作品でありますが、彼の結論は、実証的なものとして無条件では受けいれられないとは思いますけれども、やはりさすがに大家だけに、いいところがございます。

けっきょく、私は甲骨文・金文をやってきたのでありますけれども、甲骨文・金文から、経学者らしく、古典学者らしくなってまいりました。ですから、歴史学者から古典学者に変わったような気がしますが、『詩経』とか『書経』とか『左伝』とか諸子とか、そういう古典の深い教養がなくして、それだけやっていても、あまりたいしたことにはならない。けっきょく、古典の比較研究といいますか、近東の考古学が聖書考古学である一面をもっている以上に、もっと大きく中国の古代学は経書の学であったと思います。一時、倉石さん、吉川さんが文学者から経学者になられて、古典ばかりをやられました。その時分、私は、しかたがないから――というふうに申したら、ちょっと悪いかもしれません。吉川さん、おられるかもしれませんけれども（笑）、私はちょっとおつきあいをしておったのでありますが、それがどうも最近は病みつきになりまして、古典読みが本業のようになりかけております。これは慶すべきことかどうか私にはわかりません。昨日も吉川さんに会ったときに、経書のある一字の訓詁の話をしてきたのでありますけれども、人生のこれからのいちばんの楽しみは何かといえば、古人が考えて明らかにすることのできなかった、経書のなかのたとえ一字一句についてでも、新しい解釈を出していくということが、おそらく最大の幸福じゃないか、そういうものをこれから求めてくらしたいと思っております。（拍手）

一九六八年（昭和四三）三月二二日　京都大学

古代史研究年表

〈年〉	〈著者略年譜〉	〈学界の状況〉
大正一五年（一九二六）	京都大学文学部史学科にあって東洋史学専攻	内藤虎次郎教授退官。武内義雄『老子原始』 M. Granet, *Danses et Légendes de la Chine Ancienne.*
昭和二年（一九二七）		顧頡剛『古史弁』第一冊。津田左右吉『道家の思想と其の展開』。武内義雄『老子の研究』 H. Maspero, *La Chine Antique.*
昭和三年（一九二八）	京都大学卒業。北京旅行。大学院入学（支那古代史）。「史記索引」編纂	第一回安陽発掘。内藤虎次郎『研幾小録』
昭和四年（一九二九）		第二回・第三回安陽発掘。『安陽発掘報告』第一期。郭沫若『甲骨文字研究』
昭和五年（一九三〇）	「漢律略考」	第一回城子崖発掘。『安陽発掘報告』第二期。『古史弁』第二冊。郭沫若『中国古代社会研究』
昭和六年（一九三一）		第四回安陽発掘。第二回城子崖発掘。『古史弁』第三冊。董作賓「大亀四版考釈」。郭沫若『殷周青銅器銘文研究』
昭和七年（一九三二）	「春秋時代に於ける叛と奔との意義」。東方文化研究所入所（支那古代の封建制度）	郭沫若『両周金文辞大系』第一版。『金文叢攷』

昭和八年（一九三三）	「金文に見えたる錫臣の記事に就て」	『古史弁』第四冊。郭沫若『卜辞通纂』
昭和九年（一九三四）	「李悝法経考」「書社考」。華北史蹟調査	内藤虎次郎没。呂振羽『史前期中国社会研究』。李済『城子崖』
昭和一〇年（一九三五）	甲骨文の研究を開始	『古史弁』第五冊。董作賓「甲骨文断代研究例」。郭沫若『両周金文辞大系』第二版
昭和一一年（一九三六）	津田左右吉『左伝の思想史的研究』の書評発表。「甲骨学の新展開」。山東・江蘇・浙江省史蹟調査	呂振羽『殷周時代的中国社会』
昭和一二年（一九三七）	「新出檀伯達器考」	郭沫若『殷契粋編』
昭和一三年（一九三八）	「殷代金文に見えた図象文字〓に就て」	『古史弁』第六冊
昭和一四年（一九三九）	甲骨文・金文及び経書に見えた史実の比較研究を開始	武内義雄『論語之研究』
昭和一五年（一九四〇）	「殷末周初の東方経略に就いて」	
昭和一六年（一九四一）	「古代政治史」	『古史弁』第七冊。呂振羽『簡明中国通史』上
昭和一七年（一九四二）	左伝・国語に現れた説話の研究を開始	
昭和一九年（一九四四）	「中国古代都市の祭祀について」	岡崎文夫『古代支那史要』
昭和二〇年（一九四五）		董作賓「殷暦譜」。郭沫若『十批判書』
昭和二一年（一九四六）	『中国古代史学の発展』	郭沫若『青銅時代』。侯外廬『中国古代社会史論』
昭和二二年（一九四七）	「不朽」「漢の高祖」「亀卜と筮」『古代の精神』	
昭和二三年（一九四八）	東方文化研究所解体。京都大学人文科学	董作賓『殷虚文字甲編』『殷虚文字乙編』上

	研究所に合併。『中国古代史学の発展』により朝日文化賞受賞	輯・中輯
昭和二四年（一九四九）	中国古代都市国家の研究を開始	范文瀾『中国通史簡編』第一冊
昭和二七年（一九五二）		郭沫若『奴隷制時代』
昭和二八年（一九五三）	「甲骨文断代研究法の再検討」	陳夢家「殷代卜人篇」（甲骨断代学丙篇）
昭和二九年（一九五四）	「中国古代都市における民会の制度」。日本学術代表団員として訪中	
昭和三〇年（一九五五）		楊寛『戦国史』
昭和三一年（一九五六）		『中国的奴隷制与封建制分期問題論文選集』
昭和三二年（一九五七）	『古代殷帝国』「中国古代の抒情詩時代」	『中国古代史分期問題討論集』
昭和三四年（一九五九）	『京都大学人文科学研究所蔵甲骨文字』図版冊上・下	
昭和三五年（一九六〇）	『京都大学人文科学研究所蔵甲骨文字』本文篇。『古代文明の発見』	
昭和三七年（一九六二）	『諸子百家』	『中国封建社会土地所有制形式問題討論集』
昭和三八年（一九六三）	『神々の誕生』	顧頡剛『史林雑識』
昭和三九年（一九六四）		鄒衡「試論殷墟文化分期」
昭和四〇年（一九六五）		楊寛『古史新探』
昭和四一年（一九六六）	『孔子・孟子』（「世界の名著」三）	
昭和四二年（一九六七）	『古代の復活』	
昭和四三年（一九六八）	『京都大学人文科学研究所蔵甲骨文字』索引	

（昭和四三年三月二二日、退官記念講演の会場において参会者に配布されたものである）

最終講義　オーギュスト・コント

清水幾太郎

［概説］十九世紀フランスの社会学者オーギュスト・コントは、卒業論文以来の四十年間、清水についてまわった存在だった。コントは社会学とその偉大な体系を作り、実証主義を創始した人物だ。コント社会学と今日の社会学の相違は大きく二点、歴史哲学の存在と諸科学の事情にあると清水は語る。歴史哲学においては、大きな二つの流れとしてフランス革命と産業革命とが意識されていた。コントは自身が提唱した、精神的・世俗的な「三段階の法則」を解説することで、彼がフランス革命よりも産業社会を新しい時代の基礎として評価しており、さらに産業社会から有機的社会になるために実証主義が必要とされていたことを論じる。体系性については、数学、天文学、物理学、化学、生物学、社会学の六科学を序列づけしたコントの構想に言及する。清水は、そこで数学、経済学、心理学が冷遇されていたのには今日から見れば十分な理由があったことも見ていく。また反デカルト主義的態度として、内省という方法の拒否、懐疑よりも信じることへの評価、理論の主役から歴史的予測をチェックする役割への Human Nature の位置付けの変更が通底していることを指摘した。そのほか、清水自身の態度表明や、今日的な課題との向き合いかたをちりばめつつ、コントの生き方の魅力や、コントの歴史哲学の出発地点およびドラマタイズの方法意識が今日なお有効であることなどを述べてゆく。

一　私とコント

私は、昭和六年（一九三一年）に東京帝国大学を卒業いたしました。卒業する時に卒業論文を書き、オーギュスト・コントの学説を論じました。約四十年前のことであります。

どなたも御存じのように、オーギュスト・コントは、社会学という学問の創始者であります。ソキウスというラテン語とロゴスというギリシア語とを結びつけて、sociologie（社会学）という新しいフランス語を作った人であり、同時に、社会学の最初の偉大な体系を作った人であります。いや、社会学だけではありません。広く哲学の領域を考えましても、コントは、実証主義の創始者として大変に重要な仕事をなさった方であります。

よく、卒業論文は一生ついてまわると申します。幼稚なものにしろ、少年の日に全力を傾けた一篇の文章、それは、心のどこかに深い痕跡を残すのでしょう。私の場合も、卒業論文で取扱ったオーギュスト・コントが、約四十年間、私についてまわっているという感じがいたします。

戦前、私が初めて社会学の講義をいたしましたのは、目下紛争中の上智大学でございます。最初の年だったかと思いますが、これで第一学期が終るという日のこと——梅雨どきだったと覚えております——講義を終って、ホッとした気持で廊下を歩いて参りますと、うしろから学生が追いかけて来て、「先生、質問があります」と言うのです。「先生は、一学期中、コントの話ばかりしていらっしゃいましたが、あのコントというのは、有名なカントとは違うのですか」。（笑声）私は慌てまして、「それは少し違う。（笑声）カントはドイツの人で、コントはフランスの人です」と言いましたが、「僕はまた先生が洒落て、カントのことをコントと発音していらっしゃるのかと思っていました」。（笑声）そんなこともございました。確かに、名前は幾らか似ているようですが、日本では、カントは大変にポピュラーで、誰でも知っておりますのに、コントの方は全くポピュラーになっていません。残念なことに、人気が出ないのであります。

カントは、私も随分読んでみたんですけれども、なかなか判らない。これに反して、コントというのは、実によく判るのであります。読んでも判らない本というのは、洋の東西を問わず、数多くございますが、その判らなさの責任がどこにあるのか、ということは、一つの問題であると思います。実際、読んでいる私の勉強が足りないせいで判らないというケースもございましょう。しかし、判らない本を書いた人間の責任が相当に大きいケースもあるのではないか。（笑声）中には、そもそも、書物などを書く資格のない程度の人間が書いている場合がある。判らない本というのは、著者の頭が悪いことの証拠ではないか、或いは、表現力の不足の証拠ではないか、少くとも、不親切の証拠ではないか。

そういう著者に比べますと、コントという人は、非常に頭のよい、表現力の豊かな、大変に親切な方だという気がいたします。ところが、日本では、よく判る本より、一向に判らない本の方を尊重する、また、判らない本を書いた人間の方を尊敬するという奇妙な習慣があります。カントはまだ良い方で、ヘーゲルなどになると、一体全体、何を言っているのか判らない。日本では、その判らないヘーゲルが、よく判るコントとは比較にならぬほどポピュラーになっている。こういう事実を反省してみますと、いろいろなことが考えられて来ます。第一に、ヘーゲルなど、いくらポピュラーになっても、肝腎な内容が判らないのですから、日本国民がヘーゲルから得たものは、殆んど皆無であろうということです。第二に、判らない思想より判る思想を西洋から輸入して来ていたら、日本の運命はかなり別のものになっていたかも知れません。第三に、判るものより判らないものを有難がるという習慣は、どこか卑しいところがあるように感じられます、——とにかく、わがオーギュスト・コントは、判らないことは申しません。もしコントを読んで判らなければ、それは読んだ人間の責任であります。

一口にコントの著書と申しましても、大冊六巻より成る『実証哲学講義』（*Cours de*

Philosophie Positive, 1830－1842)、同じく大冊四巻より成る『実証政治学体系』(*Système de Politique Positive*, 1851－1854) を初めとして、文字通り山のようにあります。その全部を私が読んだわけではございませんが、とにかく、自分の怪しげなフランス語を頼りに、この山のような著作に挑もうという気を起しましたのは、今から振返ってみますと、学説の魅力によるものではありません。なぜなら、学説は、著書を読んだ後に判るもので、読み始める時には、学説の魅力は、そう大きいものである筈はないからです。学説の魅力ではなくて、私がどこかで知ったコントの生き方の魅力、それが、あの著作の山へ私を登らせたのだと思うのです。どうして、私はコントの生き方に魅力を感じたのか。この点は、当時の東京帝国大学、そこで接した恩師の方々のことを申上げねば判って頂けないであろうと思います。当時も現在も、私は、恩師から受けた学恩に対する感謝の気持を片時も忘れたことはありませんが、同時に、先生たちが学者や研究者であるより先に官僚であったという事実も忘れたことはありません。それは、私が特に民主主義を奉じていたというようなことではなく、むしろ、東京の下町の商家に生れ育った私が、東京帝国大学の空気と人間と、敢えて申せば、その冷たさと狭さとになじめなかったと申すべきでありましょう。そういう私の気持が背景になって、コントの自由な生き方と自由な考え方とに抗し難い魅力を感じ、更に、そこからコントの学説へ入って行くことになったのであろうと思います。私は、最近の東

大のことは知りません。加藤代行以下の諸君が何を考えているのか、私は知らないし、あまり興味もない。興味もないが、私がかつて味わった東京帝国大学の非人間的な冷たさと狭さとがどこかに残っているということが、恐らく、反日共系の諸君の行動の一部の原因であろうと考えます。(拍手)

二　コントの生涯

ここに一冊の大きな本があります。これは、レイモン・アロンというフランスの学者の『社会学思想の諸段階』(Raymond Aron, *Les Etapes de la Pensée Sociologique*, 1967) という本であります。その中で、当然の話でありますが、オーギュスト・コントに多くの紙幅が割かれております。その部分の最後のところに、二ページ半ばかり、コントの簡単な年譜が載っております。この年譜を少し補いながら、ここで、コントの履歴書を作ってみようと思います。

コントが南フランスのモンペリエに生れましたのは、一七九八年一月十九日。名前は、オーギュスト・コントに相違ありませんが、正式の名前はもっと長いもので、イジドール・オーギュスト・マリ・フランソア＝グザヴィエ・コント (Isidore Auguste Marie François-Xavier Comte) というのです。まあ、寿限無《じゅげむ》寿限無みたいなもの (笑声）で、寿限無寿限無という名前をつけた親は、わが子の仕合せを願っていたのですが、コントの両親の場合も同じでございまして、この子が熱心なカトリックの信者になるようにとの願いをこめて、こういう長い名前をつけたのであります。イジドールも、オーギュストも、フランソア＝グザヴィエも、みんなカトリックの聖人の名前であり、その上、聖母マリアの名前まで頂戴しております。

コントが生れた一七九八年というのは、フランス革命の勃発から九年に当ります。ナポレオンがヨーロッパ大陸を荒しまわっていた時期で、マルサスの『人口論』の出た年であります。一八〇七年から一八一四年まで、コントは、モンペリエのリセの寄宿生として勉強いたしました。ところが、この寄宿舎生活の中で、同年配の友だちと一緒に自由な生活をしております間に、いつか、彼はカトリックの信仰を捨ててしまいました。家庭には見られなかった革命の空気が彼を呑み込んでしまったのです。その後、或る伝記作者は、両親がコントを寄宿舎に入れたのは失敗であった、と書いておりますが、今更、そんなことを言っても仕方がないでしょう。（笑声）

一八一四年、コントはパリへ出て、エコール・ポリテクニックの学生になります。エコール・ポリテクニックというのは、一七九四年、あのエコール・ノルマール・シュペリュールと一緒に、フランス革命の中から生れた学校でありまして、フランスの秀才は、文科系はエコール・ノルマール・シュペリュールに、理科系はエコール・ポリテクニックに集まると相場が決っているようであります。さて、コントは、そこで非常に優れた成績を挙げたのですが、二年足らずで退学を命ぜられております。先生がひどく失敬な態度を示し、それに学生がひどく腹を立てて騒動を起した。東大と少し似ているのかもしれない。コントはストライキの首謀者として退学を命ぜられ、更に、政府当局はエコール・ポリテクニックを閉鎖してしまう。だんだん似て来ました。(笑声)コントは警察の監視の下にモンペリエへ戻って来ます。これで、オーギュスト・コントの生涯における、正規の教育を受けるチャンスが最後的に失われてしまいます。それと同時に、名誉ある地位に上るという可能性も、富裕な生活に恵まれるという希望も、一度にすべて消えてしまいます。逆に言えば、大学の教授でなく、市井の学者としての生涯が始まるのです。

パリの空気を吸った人物が、久しくモンペリエにとどまっていることは出来ません。やがて、彼は再びパリへ出て、有名な社会主義者であるサン＝シモンの秘書になり、初めは、その指導の下に、やがては、独立に、政治問題について論文を書くようになります。これは、コントが、今、この講堂を埋めている学生諸君と同じような年齢であった時のことです。私は、何篇かの論文の中でも、特に『社会を再組織するために必要な科学的作業のプラン』(Plan des Travaux Scientifiques Nécessaires pour Réorganiser la Société)という長い標題の論文のことを思い出さずにはいられません。発表されたのは、一八二二年、コントは二十四歳です。あまり大きな論文ではありませんが、そこに、コントが一生を通じて考え且つ書いたもののエッセンスが予め要約されているのです。それに含まれる論点を発展させ詳述することが、コントの一生になったのです。仕合せなことに、今では、この論文は、『岩波文庫』の一冊になっていますし、近く、中央公論社の『世界の名著』のうちの、コントおよびスペンサーの著作を集めた一巻に収められますから、是非、読んで頂きたいと思います。この論文を私が初めて読んだ時、私もほぼ同じ年齢の青年でした。論文の内容が私の興味を唆ったのも事実ですが、それが青年時代の作品であるということの方が、私の心を大きく動かしたようにも思われます。仕事は若いうちにしなければいけない。日本の大学の教師の中には、若い研究者に向って、五年間は何も書くな、とか、十年間は何も書くな、とか、ナンセンスなことを命じる人間がいるようであります。よほど例外的な人物でない限り、若いうちから文章を書く習慣を身につけなければ、一生、何一つ書くことが出来ずに終ってしまうものです。自己を外部へ向って表現する、外部から攻撃される、新しく勉強して、攻撃を撥ね返す……というダイナミックスに早く自分を投じなければ、一生は空しいものに終るでしょう。丁度、それと正反対の例を、コントは私に示してくれたのです。

そのうち、一八二五年という年が訪れます。この年は、コントの一生にとって運命の年であったと思います。この年、コントは、カロリーヌ・マッサン（Caroline Massin）という女性と結婚するのです。結婚するまでの数年間、コントと彼女との間に交際があったのですが、簡単に言うと、結婚に消極的なコントをカロリーヌ・マッサンが押し切って結婚したということになります。カロリーヌ・マッサンという女性は、一八〇二年の生れ、しかし良家の子女ではございませんで、売春婦なのです。

コントが後に語った言葉によりますと、この結婚は、「私の生涯における唯一の真に重大なる過ち」（笑声）であったと言っています。一八二五年から一八四二年まで、十七年間、二人の結婚生活が続きます。この十七年間、コントは地獄に生きたのです。なぜ地獄なのか。これだけのことは言えます。一方、コントは、昼夜を分たず、大変な勉強をしています。しかも、すべて独学です。それに、経済学なら経済学、心理学なら心理学という一つの領域の勉強ではなく、数学、天文学、物理学、化学、生物学、社会学……そういう広大な領域の勉強を進めているのです。勉強が進み、業績が世に知られるにつれて、コントの学問的な地位が築き上げられて行く。コントは、この学問的な研究に大きな実を結ばせたい。大きな実を結ばせることによって、同時に、現実の政治的改革、人類の救済という事業を成し遂げたい。そのために、コントは、静かな平和な家庭を欲する。しかし、マダム・コントにしてみると、学問や救済のことはよく判らない。判るのは、コントが今に偉くなるだろうということです。高い地位に就き、大きな富を得るであろうということです。そういう予想によって、カロリーヌ・マッサンは、マダム・コントになったのです。それを誰も笑うことは出来ない。しかし、彼女の予想に反して、一家の貧乏はなかなか去りませんし、コントは、いつまで経ってもお金を儲けない、高い地位にも就かない。もしマダム・コントが普通の主婦であったら、事情はまた違ったのでしょうが、彼女には、暗い過去があります。貧困の底で、彼女は、時々、自分の過去の中に救いを求めようとする。昔の商売に戻ることを考える。そして、彼女は、何度も家出をします。数週間乃至《ないし》数ヶ月間に亙《わた》る家出だけで三回、もっと短期的なものは何回となくありました。これらの家出は、すべて彼女の過去と結びついたものだったのです。到頭、一八四二年、カトリックのフランスのことですから、正式の離婚が出来ないまま、二人は最終的な別居生活に入ります。そして、この年は、『実証哲学講義』六巻が完成した年に当ります。

しかし、もともと、この書物は、文字通り、講義のために書かれたものなのです。一八二六年四月、コントは僅か二十八歳です。どんなアパートに住んでいたのか、彼の貧乏を考えれば、大体の想像がつきますが、彼は自分の部屋で実証哲学の講義を始めたのです。コントの名声が既に広く知られていたためか、それとも、これがヨーロッパというものの不思議なところなのか、その事情は見当がつきませんけれども、この白面の青年の講義を聞くために、フンボルト、カルノー、ブランヴィル、ポアンソー……というような高名な学者が彼の部屋に集まったのです。この講義は、三回までは無事に進みました。ところが、四回目は延期。コントが発狂したからです。講義の準備のためのひどい精神的過労、もちろん、それが大きかったのですが、それに、マダム・コントの第一回の長期的な家出という打撃が加わったのですから、仮に、彼は先天的に精神が正常ではなかったという説が誤っていたとしても、誰にしろ、正常な精神状態にいることは出来なかったでありましょう。精神病院に入院して治療を受けましたが、なかなか、コントは回復しませんでした。こんなこともあります。発病の一年後、一八二七年四月、パリを貫いて流れるセーヌ河にポン・デ・ザール、芸術の橋という橋がありますが、そこから身を投げてしまいました。四月のセーヌ河の水は冷たいでしょう。コントは水泳を知りません。序《つい》でながら、私も知りません。（笑声）そのままなら、溺れ死ぬほかはなかったのですが、運よく、そこを通りかかった近衛の軍人が飛び込んで彼を救い上げました。話によりますと、投身のショックがコントの回復にとって良い刺戟になったらしく、次第に正常な状態に戻って、一八二九年一月、四回目の講義が行われるところまで漕ぎつけたのであります。

とにかく、コントは、地獄の中で大著述を完成したのです。別居生活に入る直前の一八四一年の夏、二人は、パリのリュクサンブールの公園に近いムッシュー・ル・プランス街の家に移っています。私は、一九五四年八月、この家を訪れて、コントが使っていた家具や食器、彼が愛読していた書物などを見たことがありますが、この家で、コントは、あの大著述を書き上げ、また、カロリーヌ・マッサンは、この家にコントを残して去ったのです。去って行った彼女に対して、コントは、終生、年額三千フランの扶助料を与え続けました。

ここに持って参りました緑色の本は、スタイルというイギリスの女性の書いた『オーギュスト・コント』(Jane M. Style, *Auguste Comte: Thinker and Lover*, 1928) という伝記であります。サブタイトルに「思索の人・愛の人」と見えております。カロリーヌ・マッサンとの地獄のような生活も、あれはあれで、愛の生活であったのでしょう。一八四四年、つまり、彼女が去った翌々年、コントは、別の女性に巡り合います。名前は、クロティルド・ド・ヴォー (Clotilde de Vaux)。コントの上に、新しい愛の生活が始まります。彼女は、三十歳。胸を病む美しい女性です。そして、コントが妻に去られた夫であるならば、彼女は、夫に去られた妻であったのです。翌一八四五年は、コントによれば、「比類なき年」というのですが、この年、コントは彼女に愛を告白します。しかし、彼女は、コントに友情は約束しながらも、「自分の気持の限度を越えたことは出来ない」と答えます。そして、翌一八四六年四月、彼女は、コントの腕に抱かれて、彼の家から遠くないペイエンヌ街の家で死んでしまいます。私は、彼女が死んだ部屋も見たことがありますが、彼女の死によって、愛を中心観念とするコントの後期の思想の発展が始まり、それが、『実証政治学体系』四巻に結晶するのです。もし彼女というものがいなかったら、自分は、アリストテレスの役割は果しても、パウロの役割を果すことは出来なかったであろう、とコントは自分で言っています。もっとも、その後の研究者の中には、彼女が現われなくても、後期の思想へコントは歩み入ったろう、と言っている人もいますが、何れにせよ、科学中心の考え方から、愛や感情の意味を重く見る考え方への、ド・ヴォー夫人の美しい姿をシンボルとする人類教という新しい宗教への転換点に彼女が立っていることは明らかであります。一八五七年、現在の私より若い年齢で、オーギュスト・コントは世を去りました。

三　歴史哲学

社会学という学問は、今日では、大変に普及しておりまして、どこの大学でも、社会学の講義が行われております。非常に発達していると言えるかも知れません。しかし、今日の社会学と、オーギュスト・コントの考えた社会学とを比べてみますと、天と地とのような開きがあるのであります。今日の社会学に慣れた眼でコントの社会学を眺めますと、私たちは、その壮大華麗な構造に魂を奪われるような気がいたします。

その社会学のうちから幾つかのトピックスを拾って行こうとする場合、第一に問題になりますのは、何と申しましても、歴史哲学であります。歴史哲学というのは、人類はどこから来てどこへ行くのか、現在は、この時間の流れの中の、どういう地点に当るのか、現在に生きる人間は、どういう意味を持つことが出来るのか、そういう問題に答えようとする学問であります。歴史哲学を考えた多くの人々と同じように、コントの場合も、大切なのは、自分の生きている時代の位置と意味とでありました。それを摑《つか》むことでありました。ここにいる学生諸君が現代という時代に深い関心を持っているのと同じように、約一世紀半を距てて、諸君とほぼ同じ年齢のコントも、先ず、彼の時代というものに烈しい関心を持ったのです。

若いコントの生きた時代は、どなたもお気づきの通り、二つの大きな流れによって決定されていたように思われます。一つの流れは、フランス革命から始まっています。コントが生れたのが、フランス革命勃発の九年後でございますから、いろいろな意味で、フランス革命が作り出した新しい制度、また、フランス革命自身が生み出した新しい問題、そういうものがコントの時代の内容であったと想像されます。もう一つの流れは、フランス革命とほぼ同時的に進行して参りました産業革命であります。フランス革命が、人間と人間との間に新しい関係を打ち樹てる道を開いたとするならば、産業革命は、人間と自然との間に新しい関係を打ち樹てる道を開いたと言えるでしょう。要するに、コントの時代は、この二つの流れの絡み合いが開始された時期であります。若いコントは、この時期の意味を摑もうとした。しかし、考えてみますと、二つの流れの絡み合いということも、実は、コントの時代に限ったことではなく、それから一世紀半を経た現在まで含めて、いつも私たちの根本問題だったのではないでしょうか。コントは、現在の私たちの問題が提出される出発点に立っていたのではないでしょうか。かつてコントが自覚した問題は、今日も、明日も、私たちの問題であるでしょう。

これも諸君が気づいていることだと思いますが、この一世紀半の間、多くの人々が彼らの時代を論じた時、或る人は、フランス革命から生れた見方を重く考え、また、他の人は、産業革命の暗示する見方に重点を置いて来ました。こういう重点の相違は、特に現代において顕著であるとも言えます。或る人々は、万事を民主主義中心に考え、とかく、技術革新の進行を忘れています。これに対して、他の人々は、技術革新の波にすべてを任せて、民主主義の問題にあまり関心を持ちません。前者は、ともすると、人間と人間、人間と自然とが直接に結びついていた過去を憧れる傾向を示し、後者は、技術の進歩によって既に一切の難問が解決されている未来へ気軽に滑って行く傾向を示しています。

コント自身は、どう考えていたのでしょうか。この問題に答えているのが、彼自身、「私が一八二二年に発見した哲学的大法則」と称している例の三段階の法則であります。なお、一八二二年と申しますのは、『社会を再組織するために必要な科学的作業のプラン』のことを指しております。また、この法則の趣旨そのものは、コント以前にも、テュルゴーやサン＝シモンが述べておりまして、コントの発見とばかりは言えないのでありますが、それに大きな内容と高い地位とを与えたのは、やはり、コントであったと申さねばなりません。この法則は、簡単に言えば、人間の精神は、神学的、形而上学的、実証的という三つの段階を進んで行くということを主張するものです。ところが、コントでは、こういう精神的な三段階に対応して、もう一つ、軍事的、法律的、産業的という世俗的な三段階があります。そこで、神学的＝軍事的段階、形而上学的＝法律的段階、実証的＝産業的段階ということになるのです。第一の段階は、ヨーロッパの中世をモデルとして考えられたものであり、第二の段階は、フランス革命でクライマックスに達したものであり、第三の段階は、人類がまさに歩み入ろうとする明日の社会なのであります。

ドイツのクルト・ライヘという学者は、以前、コントの学説に批評を加えて、本当は、三段階ではなく、二段階である、と申したことがあります（Kurt Reiche, *Auguste Comtes Geschichtsphilosophie*, 1927）。フランス革命をクライマックスとする形而上学的＝法律的段階というのは、神学的＝軍事的段階と実証的＝産業的段階との混合物であり、単なる過渡期に過ぎない、というのが主張なのですが、これは、確かにコントの気持をよく生かした解釈だと思います。フランス革命によって代表される精神および時代を、コントは、批判的、分析的、破壊的……と名づけています。それの持つ積極的な意味をコントが認めていないのではありません。神学的＝軍事的段階を葬るために果した破壊的作業、これは、重要なものです。しかし、破壊さえすればよい、人間の政治的解放さえ進めばよい、とコントは考えませんでした。まして、現実に混乱があるのは、破壊が足りないためだ、解放が足りないためだ、とコントは考えませんでした。逆に、コントが信じたのは、組織の必要ということだったのです。それゆえ、一八二二年の論文は、『社会を再組織するために……』と題されたのです。さきほどの論点に戻って考えますと、あの二つの流れの絡み合いの出発点に立って、コントは、明らかに、フランス革命からの流れ――毛頭、これを軽視したわけではありませんが――のうちに救いを求めるのでなく、むしろ、産業革命からの流れに人類の未来を託したと言えるようであります。レイモン・アロンの書物に、こう書いてあります。「十九世紀初頭の社会を自分の眼で見た人々に例外なく衝撃を与えた新しい事実は、産業ということであった。すべての人間が、過去に見られぬ或る新しいものが生れようとしていると考えた」。産業（l'industrie）という言葉は、今日では到底想像することの出来ない新鮮な偉大な意味を持っていたのです。それは、科学の利用によって自然を征服し統御して、これを人間に奉仕させる活動です。それは、過去に類例のない新しいもの、新しい文明の、新しい時代の基礎だったのです。コントは、人類がそこへ踏み入ろうとしている新しい社会を「産業社会」(la société industrielle) と名づけ、この新しい社会のエリートを「産業家」(l'industriel) と名づけました。しかし、彼は、新しい時代を産業家だけに任せておけばよい、という自由放任の考え方に賛成しませんでした。新しい時代は、実証的＝産業的段階なのです。実証主義の精神に徹した学者たちが、精神的権力として産業家の活動をコントロールすることによってのみ、新しい社会は「有機的社会」になることが出来る、と彼は考えたのです。

こう見て来ますと、コントが、自分の時代を一つのドラマに仕立て上げようとしたことが理解されて来ます。一世紀半を距てた今日から見れば、彼の時代を、二つの流れの絡み合いなどという風に単純化して考えることもそう難しくはありませんが、その時代の真中に生きていた当のコントにしてみれば、大いなる混沌の中に投げ出されていたわけで、彼は、この混沌を観念によって辛くも組み伏せ、組み伏せることを通じて、現実そのものには与えられていない壮大なドラマを描いて見せたのです。思想というのは、混沌としての現実を一篇のドラマに仕立て上げる活動にほかなりません。すべてのドラマがそうであるように、このドラマにおいても、人間は、それぞれ、一定の役割を与えられます。或る役割を与えられることを通じて、更に、それを果して行くことを通じて、人間は、地上に生きることの意味を見出すことが出来るのです。

ドラマは、何も、明るい結末で終るものとは限らない。主人公の死をもって終る悲劇でもよい。大切なのは、ドラマがあるということ、人間がそこで役割を持つということであります。

コントの時代でも、ドラマを作ることは、かなり困難だったでありましょう。しかし、今日、その困難は、更に大きなものになっているように感じられます。コントが、新鮮な感動をもって「産業」という言葉を用いていたのに、最近では、早くも、産業後の社会、工業後の社会（post-industrial society）というような、捕えどころもないものが問題になっています。資本主義から社会主義へ向って流れていた筈の時間なのに、現在は、二つの制度の「永遠の平和共存」ということがソヴィエトの指導者によって説かれています。この共存のお蔭で人類の未来が可能になっているのも重要な事実ですが、それなら、時間は、どこから、どこへ流れることになったのでしょうか。そればかりではありません。多くの先進諸国においては、国民生活の水準が少しずつ向上し、飢餓や貧困が鋭い牙を持つ時代が終り始めています。また、労働時間が次第に短縮され、労働から解放された時間、何をしてもよい時間、何もしなくてよい時間、何をしてよいか判らない時間が着々と増加しています。もう一つ、遠い昔から幾重にもタブーによって取囲まれて来たセックスの領域においても、既にスウェーデンなどが先例を示しておりますように、一切のタブーからの解放としてのフリー・セックスが進行しています。今日はスウェーデンのことであっても、明日は日本のことになるでしょう。これらの事情は、どれ一つをとって見ても、現代をドラマに仕立て上げることが著しく困難であることを告げているように思います。やはり、ドラマを作るのには、悪玉が必要なのでしょうか。現在、どこにも悪玉がいないというのではない。悪玉はいる。いるけれども、その影が少しずつ薄くなっているのです。ことによると、現代のコントたらんとするものは、先ず、現実に存在しない大いなる悪玉を観念によって作り上げるような、また、現実には小さい影の薄い悪を観念によって大きな真黒な悪に膨らませるような、また、それとの壮絶な戦いとして現実をドラマタイズするような才能を持つべきなのかも知れません。

四　諸科学

コントは、あの地獄の底で『実証哲学講義』六巻を完成いたしました。この書物は、最初の序論的部分と最後の結論的部分とを除きますと、数学、天文学、物理学、化学、生物学、社会学という六つの科学について、その発展、方法、成果などを詳しく述べたもので、社会学の部分（後半の三巻）には、三段階の法則の証明としての厖大な歴史的記述も含まれております。この書物を眺めただけでも、私たちはコントの恐るべき博学に驚嘆せざるを得ません。いつからの習慣か、いかなる理由によるか、それは知りませんが、今日では、博学というのは、もう美しい言葉ではありません。そこには、しばしば冷笑の響きさえ感じられます。しかし、博学ということは、いやしくも学問に携わるものにとって、常に一つの美徳であると私は信じます。私は、終にこの美徳を身につけるに至りませんでしたが、学生時代、それが美徳であるという信念をコントに学んで以来、私はそれを深く信じています。

もちろん、コントの時代と今日とでは、諸科学の事情が大きく変化しておりますし、また、科学の異なるに従って、博学ということの意味も可能性も異なって来るでしょう。しかし、もし敢えて一般的に言うことが許されますならば、博学は、諸科学を区別する境界線を便宜的なものと考える態度から生れるもののように思われます。境界線は、研究上の方便として人間が設けたものであって、現実そのものに与えられているものではありません。現実は一つの連続体であって、その諸側面を摑むための便宜として、私たちは方々に境界線を引いているのです。もし問題が人間を招くならば、また、人間が問題を追うならば、人間は幾度となく境界線を越えて行くことになるでしょう。コントは、問題に招かれながら、問題を追いながら、あの恐るべき博学に到達したのだと思います。いや、私は、問題というものを二つに区別すべきなのでしょう。問題は、誰でも持っています。しかし、その問題が、絶対視された境界線の内部に行儀よく立てられ、同時に、その内部でエレガントに解かれることが予定されたものであるならば、誰も博学へ通じる危険な道を歩み出す必要はありません。そんなことをしなくても、地位を保ち、妻子を養うことは出来るのです。これに反して、問題が、直接にしろ、間接にしろ、現実的関心という野生的なものによって立てられている時、それは研究者を導いて、多くの境界線を越えさせずにはいません。コントの場合、彼を結果において博学へ導いたところの問題は、前に触れましたように、自分自身の時代の意味を明らかにするという問題であったのです。そういう問題を追っていたからでしょう、コントは、大学の中には「専門家と文士」しかいない、と軽蔑の口調で申しております。コントの言葉には、誇張があると思います。しかし、大学の学生として私が接した諸先生には、非常に狭く定められた御自分の専門領域の外に横たわる事柄への冷たい無関心がありました。私が求めていたのは、それらの事柄に対する詳しい知識などではなく、せめて、それらの事柄に対する関心、好奇心だったと思います。それさえ欠けているならば、学者は、或る局の或る部の或る課に属して、その課のビジネスを大過なく捌く官僚であるほかはないでしょう。

さきほど、数学から社会学に至る六つの科学の名前を挙げました。あの六つの科学は、ただ気紛れに挙げたのではありません。そこには、一つの秩序があるのです。少し説明いたしますと、早く名前を挙げた科学ほど、その対象が単純で抽象的、後に挙げた科学ほど、その対象が複雑で具体的なのです。そして、前者は後者を「用意する」、コントはPréparerという言葉を使っております。すなわち、数学は、その対象が最も単純で最も抽象的、反対に社会学は、その対象が最も複雑で最も具体的ということになります。そして、数学が天文学を用意し、天文学が物理学を用意し……生物学が社会学を用意するのです。これらの科学は、申すまでもなく、人間の精神の産物でありますが、前に述べましたように、人間の精神は、神学的、形而上学的、実証的という三つの段階を進むものでありますから、当然、これら六個の科学が三つの段階を経て行くことになります。そこまでは、よく判ります。ところが、同じ三つの段階を進んで行くといっても、科学によってスピードが違う、とコントは考えます。つまり、ユークリッドの幾何学を見ても判るように、数学はスピードが一番速くて、遠い昔に、最後の実証的段階まで進んでしまいました。その次が天文学、その次が物理学……。スピードが一番遅いのが、最も複雑で最も具体的な現象を取扱う社会学である、と彼は考えていますし、これは、かなりな程度まで、歴史的事実と合致していることです。前に申しました通り、コントは、フランス革命から生じた流れと産業革命から生じた流れとの絡み合う時代に立っています。では、この時代は、三段階の法則から見た場合、いかなる段階に属するのでしょうか。誰でも、そういう問題を考えたくなります。彼の説くところによれば、数学から生物学に至る五つの科学は、既に最後の最高の段階である実証的段階に到達している。しかし、他のすべての科学が実証的段階に到達している時代であっても、もし社会学がまだ神学的段階や形而上学的段階にとどまっているならば、その時代は、神学的乃至形而上学的と呼ぶべきである、と彼は考えるのです。そして、そういう時代として、コントは自分の時代を考えたのです。言い換えれば、社会学を最後の実証的段階に高める仕事が完成して初めて、彼の時代は、人類の最高の段階へ進み入るのです。それを、コントは自分の使命と考えた。社会学を実証科学として作り上げるという科学的な使命が、そのまま、人類を新しい段階へ導き入れるという政治的な使命だったのです。

六つの科学の間の秩序のことを考えるたびに、私は、数学に与えられた奇妙な地位のことを思い出さずにはいられません。その一生を通じて、コントが最も大きな才能を発揮したのは数学でした。数学上の業績もいろいろとありますし、数学を教えることで衣食の道を得てもいたのです。それに、言うまでもなく、厳密性という点で、数学は他の諸科学を大きく引き離しています。それなのに、コントにとって、数学は最も低級な科学なのです。数学から社会学への順序は、確かに、厳密性が減って行く過程です。つまり、単純性と抽象性とが失われて行く過程です。しかし、それは、彼に言わせれば、品位が増して行く過程なのです。数学から社会学へ進んで行くのは、低級な科学から高級な科学へと登って行くことなのです。低級とか高級とかいうのは、何を意味するのでしょうか。「人間的意味」(l'importance humaine) の大小ということです。数学は極めて厳密であるが、人間的意味が最も少く、社会学は甚だ厳密性に乏しいが、人間的意味が最も大きいというのです。

もう一つ、コントによって冷遇された不幸な科学があります。これは、六つの基礎的科学の中にさえ含まれておりません。経済学です。彼は、経済学という科学を頑固に認めませんでした。そう申しましても、現代の社会学者のように、自分の専門は社会学だから、経済学のことは知らない、というようなことではありません。経済生活の諸問題は大いに論じていますし、また、或る時期までは、アダム・スミスの学説の熱心な信奉者であったのです。ただ、或る時期から、と申しますのは、彼の考えが成熟してから、ということですが、アダム・スミスの学説を捨て、一般に経済学というものを拒否するようになりました。この間の経緯は、ここに持って参りましたロージェ・モーデュイの『オーギュスト・コントと経済学』(Roger Mauduit, *Auguste Comte et la Science Economique*, 1929) に詳しく述べられておりますが、経済学拒否の理由は、二つあるように思われます。すなわち、第一に、経済生活は、全体としての社会生活の一つの側面である、と彼は考えます。それにも拘らず、経済学は、その側面を社会生活から孤立化し、これを実体化している、と彼は見るのです。第二に、社会生活の一つの側面としての経済生活は、当然のこと、歴史的な変化を免れません。それにも拘らず、経済学は、こうした変化を無視し、経済の諸問題を超時間的な世界のうちに立てている、というのがコントの批評であります。逆に言えば、経済学の拒否ということを通して、社会生活の全体性と歴史性とを力説する彼の見方が強く表現されているとも考えられます。その意味では、経済学に関するコントの考え方は、その後のドイツの歴史学派、更に、アメリカの制度学派と同じ方向を持つものと言わねばなりません。

御承知の方もおられるかと思いますが、現在、私は、岩波書店発行の雑誌『思想』に「倫理学ノート」という文章を連載しております。この文章の狙いの一つは、十九世紀末の或る時期まで相互に結びついていた倫理学と経済学、二十世紀に入ってからは全く無関係なものになってしまいましたが、もう一遍、この二つのものを結びつける必要があるのではないか、その可能性を探ろうとする点にあるのです。こういうかなり無茶なことを考えて、神聖な境界線を幾つか越えて行きますうち、経済学に対するコントの批判がそう見当外れのものではないという気持になって来ております。

五　人間的自然

実を申しますと、コントによって無視されている不幸な科学がもう一つあるのです。

心理学です。これも、六個の基礎科学の中に入っておりません。

もちろん、コント以前から心理学はあったわけでございますが、経済学とは別の意味で、彼は心理学を認めませんでした。なぜ認めなかったのかと申しますと、それは、当時の心理学が内省という方法を用いていたからであります。言い換えますと、或る個人が自分自身の意識状態を反省して、それを報告する、その報告を頼りにして、意識の研究を進めて行くという方法であります。こういう反省は、当の個人しか行い得ないもので、それに他の人間が参加するわけには参りません。万人に開かれたオープンな操作ではありません。その上、反省の結果が正直に報告されるという保証は、どこにもないのです。「みなさん、コントの話は飽きたでしょう」と私が申しますと、(笑声)みなさんは自分の意識を反省した結果「いいえ、もっと続けて下さい」という報告(笑声)をするでしょう。この報告をデータとして、諸君の意識の研究を進めて行ってよいでしょうか。「君は三億円盗んだでしょう」。(笑声)「いいえ、盗みませんよ」「そうですか。では、御機嫌よう」。(笑声)内省に頼っていては、刑事も勤まらない。その後、十九世紀後半になって、ヴィルヘルム・ヴントがドイツで、ウィリアム・ジェームズがアメリカで、心理学の実験室を作り、私的な内省の方法でなく、オープンな観察の方法を心理学に導き入れた時、コントの批判の持つ預言者的な意味が明らかになったのです。

私は、デカルト主義という言葉の正確な定義を知りません。従って、反デカルト主義という言葉の正確な定義も知りません。しかし、コントの考え方を辿って参りますと、限られた意味ではありますが、彼が反デカルト主義者の一人であることを認めずにいられなくなります。第一に、彼は、内省というものを拒否しました。意識が意識を捕えるということを拒否したのです。「眼は、自分自身を見ることは出来ない」。自己意識は不可能である。意識について可能なことは、一方では、意識の自然的条件を研究することであり、他方では、意識の産物を研究することである。すなわち、心理学は、一つの半分が神経生理学に属し、他の半分が、意識の産物としての諸科学の発展の研究、すなわち、三段階の法則を中心とする社会学に属することになります。ジャン・ラクロアは言っています。「コントは、自己意識を拒否することによって自己認識を救済する」(Jean Lacroix, *La Sociologie d'Auguste Comte*, 1956)。前の半分について申しますと、今日、神経生理学の研究が大きな進歩を遂げていることは、どなたもよく御存じだと思いますが、ここで、前に挙げた六つの科学の間の関係を思い出して頂きたいのです。数学は天文学を用意し……という話です。それによりますと、生物学が社会学を用意することになります。コントにおいては、神経生理学は生物学に属します。そして、生物学は、自分より高級な科学である社会学への一つの贈物として、神経生理学を提供するのです。コントは、生物学から社会学への贈物を「人間的自然の理論」(la théorie de la nature humaine) と名づけました。

第二に、コントは、人間にとって根源的なものは、疑うことではなく、信ずることである、douter ではなく、croire である、と言っています。人間は、疑うように作られているのではなく、信ずるように作られている。私には、こういう人間観——知識観——も著しく反デカルト的のように思われます。何であろうと、取敢えず、何かを信じなければ、人間は生きることが出来ない。これも、人間的自然の理論の説くところですが、この点に注意して頂けば、神学的段階から形而上学的段階を経て実証的段階に至る人間精神の進歩といっても、神学的段階に対する傲慢な軽蔑が含まれていないことが想像されるかと思います。神学的段階は、その中に三つの時期を含んでいて、第一期は、原始未開のフェティシスム、第二期は、古代の多神教、第三期は、中世のキリスト教ということになりますが、後代の眼から見れば、全く荒唐無稽とも受取れるフェティシスムの信仰の中に、コントは、人間精神の偉大な出発点を見出しているのです。人類は、先ず信じたのです。信ずることを通して、やがて、人類は事物を知るという道へ進むことが出来たのです。最初に信じたのでなければ、その信仰が裏切られることもなかったでしょう。裏切られることがなかったら、そもそも、知識の道が開かれなかったでしょう。

Human Nature というのは、本当に平凡な言葉です。しかし、これも学生時代にコントの学説を勉強したせいでしょうか、人間的自然とか、その理論とかいう言葉に出会うたびに、私は、どなたにも判らない、一種の不思議な緊張を感じるのです。その理由と考えられるものの一つについてだけお話いたしますと、コント以前の人々とコントとでは、人間的自然の理論というものの地位が大きく変っているからです。一言で申しますと、コント以前の時代においては、この理論が主役であったのに、コントにおいては、脇役になっているからであります。コント以前にあっては、永い間、この理論がオーソドックスであったのです。ここに、有名なヒュームの『人性論』(David Hume, *A Treatise of Human Nature*, 1739-1740) があります。この書物には、短い序論が附せられています。訳しながら読んでみましょう。「……明らかに、すべての学問は、多かれ少かれ、人間的自然と関係があるもので、どんなに人間的自然から離れているように見える学問でも、何らかの径路によって、人間的自然へ帰って行くものである。数学、自然哲学、自然宗教でさえ、或る程度まで人間学 (Science of Man) に依存している。……このように、数学、自然哲学、自然宗教が人間の知識に依存しているとすれば、人間的自然との結合がもっと緊密で密接な他の学問では何が期待されるであろうか」。ヒュームは、論理学、倫理学、政治学、文芸批評と人間的自然との間の深い関係を指摘した後に、こう申しております。「ここに、私たちの哲学的探究の成功を望み得る唯一の方法がある。……すなわち、辺境の一城や一村を手に入れるというのでなく、これらの学問の首都、つまり、中心部へ向って、人間的自然そのものへ向って直接に進軍するという方法である。これを攻略すれば、どこででも容易に勝利を獲得する希望が生れるであろう。……すべて重大な問題の解決は、人間学に含まれており、私たちがこの学問に通暁する前に少しでも確実に決定されるような問題はない」。

ヒュームの古典的な個所が示しておりますように、近世の初頭以来、政治、経済、社会などの理論は、人間の理論からの演繹によって組み立てられて来ていたのです。ということは、一方、人間の内部にある諸力が外部の政治現象、経済現象、社会現象などの根源であるという見方と結びつき、他方、人間の自然的性質をよく認識し、この性質に合致した制度を作れば、この制度は自然的であり理想的であるという見方と結びついています。そして、フランス革命は、どこかで、この後の見方に支えられていたと言えるでしょう。革命によって新しく作り出された制度は、人間的自然の正しい認識に基づくものであるということです。革命の後は、もう窮乏や混乱や殺戮はないということです。しかし、若いコントが直接に経験したのは、ある筈のない窮乏や混乱や殺戮でありました。消える筈の人間の苦しみが消えないどころか、もっと激しくなったということです。それに気づいた時、彼は、人間的自然の理論からの演繹では手の届かない平面、超個人的な平面として歴史というものを考えました。人間的自然の法則とは別の、歴史そのものの法則を考えました。またしても、三段階の法則であります。神学的＝軍事的、形而上学的＝法律的、実証的＝産業的。人間的自然の法則でなく、歴史の法則によってこそ、窮乏や混乱や殺戮のない時代を作り出すことが出来る、人間を苦しみから救うことが出来る、と彼は考えたのです。このように、フランス革命の経験によって、重点が人間的自然から歴史へと移り、今までの主役が脇役になります。それなら、脇役としての人間的自然の理論は、今度は、どういう役割を果すのでしょうか。一言で申せば、歴史的予測をチェックする機能であります。

御存じの通り、最近は、未来研究や予測の問題が多くの人々の関心を集めております。相変らず、コントはこれらの人々によっても無視されておりますが、実は、彼ほど予見、予測の問題を重要視した人はいないのです。コントについて何一つ知らない人でも、彼の voir pour prévoir（予見するために見る）という言葉は知っているでしょう。彼は、厖大な歴史的資料の研究を通じて、三段階の法則を確立しました。しかし、過去の大規模な研究は、過去を知るためではなく、未来を知るために行われたものであります。彼の歴史哲学は、未来のための歴史哲学であったのです。もちろん、予測は、歴史の平面において行われます。過去に見られる傾向を未来へ延長することによって予測は行われます。謂わゆるエクストラポレーション（外挿法）であります。しかし、過去の傾向を未来へ延長するだけでよいでしょうか。それだけでは、とんでもない予測が成り立つ場合がある、とコントは考えたのです。どうも、コントの挙げている例は、あまり適切でもなく、品位もないと思われるのですが、とにかく、彼によりますと、歴史を通じて、人間の摂取する食物の量が次第に減って来ている。この傾向を未来へ延長して行くと、人類はやがて全く食物を摂取しなくなるであろう、という歴史的予見が成立する。(笑声)そういう場合に、この予測が人間的自然に反しないかどうかを人間的自然の理論によって吟味する必要が出て来るのです。

チェックする機能には、もう一つの面があります。右に触れた面が、事実によるチェックであるならば、もう一つの面は、価値によるチェックと言って言えないことはありません。前に述べた、数学から社会学への六つの科学の順序は、また、それぞれの対象とする領域における予測の困難が増して行く順序であり、同時に、修正の可能性が増して行く順序であります。コントにおいては、最も脆いものが最も高貴なものなのです。蓋然的な知識というものを認めなかったデカルトのことを思い出すと、いよいよ、反デカルト的であります。確かに、過去の研究から得られた傾向を未来へ向って延長することは出来る。しかし、それで未来が限なく照らし出される――と若い時代のコントは考えていたようですが――とは限らない。予測し切れない闇が残り、それと一緒に、人間の手によるコントロールの余地が残る。どういう方向へのコントロールか。人間的自然の完全な実現という方向へのコントロールであります。

六　退職の辞

思わず、コントについて、長い話をしてしまいました。この辺でやめておきます。コントと限らず、古典や古典作者というのは、その一言一句、一挙手一投足を取上げて綿密な解釈を施してみても仕方がありません。そういう仕事をする学者が一人や二人はいてもよいでしょうが、私はあまり好きではありません。古典や古典作者は、そこに窺われる勉強の仕方とか、人生の生き方とか、時々、そういうものを私たちが思い出せば、それでよいのだろうと思います。

私たちは、町を歩いていると、時々、角を曲ります。人生でも、勉強でも、時々、私たちは角を曲ります。曲る時、遠い昔に読んだ古典のこと、それを書いた人のことをちょっと思い出してみるのは、幾らか意味のあることであろうと思います。御存じのように、私自身が、今、学問の上でも、人生の上でも、一つの角を曲りかけております。そのために、オーギュスト・コントのことが自然に思い出されて、この最終講義の題目に彼を選ぶことになったのでございます。

自分の一生を一冊の書物に譬《たと》えて考えてみたいと思います。先ず、第一章は、約二十年間でありまして、私が無邪気な、しかし、やや早熟な少年、生徒、学生として過した日々であります。その時代の締め括りとして、私は、コントをテーマとする卒業論文を書いたわけであります。それから二年間、私は、東京帝国大学文学部の社会学研究室におりました。コントとカロリーヌ・マッサンとの生活は、一つの地獄であったようであります。しかし、私にとっては、この研究室の生活が地獄でありました。一生の中で、あれほど取柄のない期間はなかったと思います。恩師の方々から受けた学恩を一生忘れることはないでしょう。恩師の方々が私を愛していて下さったことも忘れることはないでしょう。その愛に背いたのが私自身であったことも忘れないでしょう。しかし、あの暗い、あの冷たい、あの非人間的な研究室は、私にとって、一つの地獄であったということも、取消すことの出来ない正直な気持であります。私がそういう気持を持ったのは、或る部分、私がコントのことを知っていて、彼の自由な考え方、自由な生き方が私の心を捕えていたためでありましょう。私の側にも心の驕りのようなものがあったに違いありません。コントなどでなく、どこかの大学教授の穏健な学説でも勉強していたら、私は、あの研究室で、もう少し幸せに生きられたのかも知れません。

　私の人生の第二章に入ります。これまた約二十年間です。この期間、私はジャーナリストでございました。学習院大学は違いますが、よその大学では、ジャーナリストだ、というのは、軽蔑の言葉になっているようであります。彼はジャーナリストだ、というと、どうにもならぬ下等な奴だ（笑声）という意味のようであります。しかし、私は、誇りをもって、胸を張って、私はジャーナリストであった、と言います。今も或る程度までジャーナリストである、と言います。大学の教師は、一般にジャーナリストをひどく軽蔑していますが、学生諸君に向って、君の志望は、と聞きますと、異口同音、「とても無理でしょうが、出来ることなら、ジャーナリストになりたい」と言う。誰も、大学の教師になりたい、とは言わない。（笑声）大学の教師がもう少しジャーナリストを尊重するようにならなければ、或いは、学生がもう少しジャーナリストを軽蔑するようにならなければ、学園の正常化は行われないでありましょう。（笑声）この二十年間のうちの四年半ばかり、私は新聞記者をやっておりました。この四年半のうちの一年間は、陸軍徴員としてビルマに行っておりました。他の期間は、すべてフリー・ランサーでございました。ジャーナリストにとって存在するものは、事件と問題とであります。事件や問題の多くは、或る一つの科学の境界線の中にキチンと納まるようなものではありません。境界線とは関係なしに、事件や問題は発生しますし、発展します。それを知的好奇心をもって追いかけるのが、ジャーナリズムの、ジャーナリストの仕事であります。ですから、ジャーナリズムで活動している人々の中には、大学へ連れて来て役に立つ人間が少からずおりますけれども、大学に勤めている人々の間に、ジャーナリズムで役に立つ人間を探しても、なかなか見つからない

でしょう。（笑声）

第三章に入ります。昭和二十四年、学習院大学が設立され、或る種の偶然によって、この大学に勤めることになってから本年三月末日まで、これは約二十年間ではなく、正確に二十年間であります。コントは、一度も大学教授というものになりませんでした。家庭教師や予備校の教師をやって生きて来ました。それに比べますと、月給は安いですが、学習院大学の教授であった私は、コントよりやや仕合せであったかとも思います。この二十年間の前半は、寛大な故安倍能成《よししげ》院長の庇護の下に、勝手気儘《きまま》に平和運動などをやって参りました。一九六〇年の安保闘争敗北の後の十年間は、そこにございます研究室でコツコツ勉強して来ました。かつての東京帝国大学の研究室が地獄であったとすれば、学習院大学の研究室は小さな天国でございました。（笑声）

ここで、私は、新しく第四章を書き始めることにいたしました。第四章を書くために、まだ停年までには九年ばかりあるのですが、私は学習院を退職することにしたのであります。退職して、それから、どうするのか、という質問を方々から受けます。私としては、今までやって来た勉強を少し纏めてみたいと考えております。コントなら、Synthèse（綜合）というところですが、私は、それほど大きなことは考えておりません。

私は、講義を一生懸命にやるたちであります。ところが、一生懸命にやっても、最近は、どうも、後味が悪いのです。もう少し立派な講義が出来る筈だという気持が残るのであります。今日の最終講義もソロソロ終るのですが、やはり、後味がよくありません。そういう状態で講義を続けることは、私自身の精神衛生にとっても良くありませんし、諸君にとっても良いことではありません。この辺でわが家の古い書斎へ戻ろうと思うのであります。家庭には、カロリーヌ・マッサンでもなく、クロティルド・ド・ヴォーでもなく、清水慶子がおります。（拍手、笑声）

私の今後については、いろいろな噂がございまして、近く設立される某大学の学長になるのではないか。（笑声）これは間違いでございます。こういう無責任なことをジャーナリズムが書いている間は、ジャーナリズムが軽蔑されるのも（笑声）仕方がないでしょう。どこの大学へ行くのか、とよく聞かれるのですが、どこかで教えるくらいなら、私は学習院で教えています。教えることをやめようと思ったから、学習院を去るのであります。しかし、教えなくてもよい、静かに勉強していてくれ、という親切な大学が現われましたら、私は慎重に考えるつもりであります。

私の第四章が、どのくらい長いものになるか、どのくらい短いものになるか、豊かなものになるか、貧しいものになるか、私には判りません。誰にも判らないでしょう。しかし、私は、第四章を書き始めようと思います。

私の言うべきことは、以上で終りました。

さようなら。（拍手）

一九六九年（昭和四四）一月一八日　学習院大学中央教室

数学の未来像

遠山　啓

［概説］数学者の数は急速に増え、また学問的性質がより構成的になってきたことからも、数学は社会に多大な影響を及ぼすようになってきた。数学とはいかなる学問であり、数学者はいかにあるべきかといった数学論というものが、これからは必要になってくる。そうした数学の将来を考えるために、遠山はまず数学の発展のしかたを振り返る。経験的で技術的であった古代から、ユークリッドの原論によって中世の数学が始まった。次にデカルトの幾何学によって、やがて微分積分学をもつニュートン力学につながるような広い意味での解析学が始まることで、近代の数学が生まれる。さらにヒルベルトの幾何学基礎論により、現代の数学へと至った。現代の数学では構造が重視されるが、これは一種の建築術であるというブルバキの説明がうまく捉えているように、数学的概念の関係性に重点をおくものとなっている。ここにおいて、自然を写しとるカメラのようなものとしての数学から、自然に働きかけ、能動的につくり変えていくような数学へと考えの転換が生じており、一方でその自由さゆえに、基礎論というものの必要性が生じてきた。遠山は、これからの数学はまず対象が無機物から生物へ、つまり構造的かつ動的なものへとうつることが考えられると語る。さらに、他の科学との対話の必要性や、大学所属の研究者ではないアマチュア数学者の出現への願い、clever ではなく wise であることの重要性などを説く。

最終講義というのは生まれて初めてやるものですから（笑）、何を話していいのかわかりません。が、とにかく最終だから、終わりを全うしなければならないということで、まずきょうは時間どおりにまいりました。私は、今まで講義は一〇分か一五分は必ず遅れて来ました。これは学生のためを思って（笑）、休息の機会を与えるという意味もありましたが、きょうは最終ですので時間どおりにまいりました。〈数学の未来像〉などと偉そうな題を掲げましたが、これはそういう堅苦しいものではなくて、漫談のつもりで聞いていただきたいと思います。私はあまりまじめな話はできないたちで、いつも漫談みたいな講義ばかりやっていましたので、そのつもりでお聞きいただきたいと思います。

数学と社会

四〇年むかし私が数学科を専攻しようと思ったとき、数学は社会とは関係がないし、社会のためには多分ならないだろう、しかし、あまり害にはならないだろうというぐらいのことで、ただおもしろいというだけで、数学科に入りました。ところが、最近はそうばかりもいっておられなくなりました。数学が社会に大きな影響を及ぼしはじめたという事態が出てきたからです。

まず、第一に、数学者の数が急速にふえてきて、現在、日本の大学の数学科を卒業する学生は、毎年おそらく数千人にのぼるのではないかと思われます。そうなると、数学者は社会の中で大きな一つの集団であり、いいにつけ悪いにつけて、社会に種々《いろいろ》な影響を与えるし、また社会からいろんな影響を受けざるを得ない、いままでのように数学者は、社会の中で仙人とか隠者のような存在ではなくなってきた、数学というものはそれだけ社会の中で無視できない役割りを演ずるようになってきたのです。そうなってくると、数学が社会にプラスになるかマイナスになるか、あるいは数学者の生活をどうするかといった問題が当然出てきます。

ところが、現在までそういう議論があまりされていないように思います。たとえば、文学の世界では小説を書くとか詩を書く人のほかに、文学論というのを商売にしている人がいます。または、絵画の世界では、ほんとうに絵を描く人のほかに、美術評論家のような人がいて、この絵はいいとか悪いとか、最近の絵の傾向はどうだというようなことを議論します。文学論とか芸術論とかはある程度確立されていますが、数学の場合は、それらに相当する数学論とでもいうべきものはまだ確立されていません。数学やはり数学論というものがこれからは必要になるのではないでしょうか。

最近は、日本人はみんな評論家になったといわれますが、数学評論家というのが出てきてもいいかもしれません。しかし、数学者というのは、大体において論文しか書かない、つまり、定理——証明、定理——証明、……、という形のものしか書かない習慣があります。したがって、数学論のようなものはなかなか育たないようです。しかし、やはり数学論とでもいうべきものを大いにたたかわせて、この数万、あるいは数十万の社会的集団の中で、共通の職業感というか使命感というか、数学者はいかにあるべきか、あるいは、数学という学問はいかなるものであるかというようなものが、だんだん確立されていく必要があるのではないかと思います。

たとえば、数学以外の自然科学の場合には、第二次大戦後、バナール（Bernal, 1901–1971）という人が、〈科学の社会的機能〉という本を書いて、自然科学が社会の中でどんな役割りを果たすかというようなことを、相当詳しく突っ込んだ研究をしています。数学も自然科学も同じようですが、やや違ったところがあります。そういう点で〈数学の社会的機能〉とでもいうべきものをやはり、だんだん議論として発展させていく必要があるのではないかと思います。

数学の歴史をふり返ってみると

将来の数学を考えるのに、まず第一になすべきことはこれまでの発展のしかたをふり返ってみることではないかと思います。もちろんそれは、数学史を読めば大体わかるわけですが、五〇〇〇年ぐらい前に学問として生まれた数学の、あまりこまかいことをここで議論してもしかたがないので、数学の歴史を大きな時代に区分してみて、その発展のあとをたどってみようと思います。

これは決して定説でも何でもありませんが、私は我流に数学の歴史の発展は四つに、古代、中世、近代、現代と分けて、考えることにしております。この四つの時代の区分の分岐点になっているのは三つの幾何学、ギリシャのユークリッド（Euclid, 330?－275? B.C.）の〈原論〉、いわゆる初等幾何の体系をつくったもので、次はデカルト（Descartes, 1596－1650）の幾何学、三番目がヒルベルト（Hilbert, 1862－1943）の〈幾何学基礎論〉です。ユークリッドの〈原論〉は、大体紀元前三〇〇年ぐらいで、デカルトのは一七世紀の中ごろ、ヒルベルトの〈幾何学基礎論〉は一九世紀の終わりのときに出ました。

古代・中世

バビロニア、エジプト、インド、中国というところに古代の文明が生まれました。その時代の数学の特徴的なことは、経験的で技術的だということです。この時代の数学の本には、やや少しばかり定理、証明というものが出ているという説もありますが、大体においてそういうものはないようです。

ところが、そういう時代の数学から、非常にきわ立って変わってきたのは、ユークリッド幾何学〈原論〉です。これはアレキサンドリアに住んでいたユークリッドという学者がまとめたものであって、ぼう大な本です。演繹《えんえき》的であり、幾何学のいろんな図形を動的ではなくて静的にとらえていて、これから私は中世の数学が始まったと考えております。

ユークリッドの次の時代に出てきたアルキメデス（Archimedes, 287? – 212 B. C.）という人の数学は動的であって、今日の微分積分学の入口のところまでできているという感じがします。しかしこれは、一つの例外であり、アルキメデスは、あまりにも時代をかけ離れていたために、継承者がいませんでした。中世の数学の特徴は、論理を使って演繹的に考えることで、非常に簡単な事実をまず設定して、それを組み合わせて複雑な定理をみつけていくというやり方です。そして、運動とか変化は数学の研究対象から除かれているという感じです。

近代

ところが、第3番目の近代の分岐点になったのは、デカルトの非常に重要な〈方法序説〉――学問の研究方法一般を述べたものの付録として使われているものなのです。だから〈方法序説〉の中に展開されている一般的方法を数学に当てはめるとこんなふうになるのだという書き方がしてあります。

このデカルトの幾何学の特徴は、まず第一に動的で、動くもの、変化するものを扱うのに大変適しています。これは皆さんが解析幾何学でよくご存じのことと思いますが、座標を使うと、運動とか変化をじつにうまくとらえることができます。このデカルトの幾何学と、中世を特徴づけているユークリッドの数学とを比較してみると、大変違っています。デカルト自身が、あるところで、「私はユークリッドから学んだものはほとんどない、ただ、相似三角形の定理と、ピタゴラス（Pythagoras, 572－492 B.C.）の定理だけしか借りてこなかった」といっております。確かによく考えてみますと、相似三角形の定理を使わないと直線が一次方程式であらわされることの証明ができませんし、ピタゴラスの定理を使わないと、2線の区間の距離をあらわすことができません。おそらくそこで使ったのだと思います。

同じ幾何学であっても、大変趣きが違ったもので、これは動的です。ほかにもたくさんの意味をもっていますが、これが、近代の数学の特徴をよくあらわしていると思います。

デカルトによって始められた数学が自然現象に適用されて、そうして出てきたのが、いわゆる太陽系の運動を見事に説明した、ニュートン（Newton, 1642－1727）の力学となったわけです。微分積分学というのは、結局、デカルトの仕事の延長であって、運動を無限に小さな時間とか、あるいは無限に小さな空間に分解するのがいわゆる微分であり、一度分けたものをもう一回もとへつなぎ合わせることが積分にあたります。別の言葉でいうと分析と総合にあたります。

したがって、近代の数学のいちばん大きな柱は、微分積分学から始まる、もっと広い意味での解析学です。

現代

ところが、一八九九年、ちょうど一九世紀の終わったときに、ヒルベルトというドイツの数学者が〈幾何学基礎論〉を出しています。これは近代の数学とはやはり趣きを異にしています。今日ブルバキ（Bourbaki）という人たちによって、「構造」という新しい言葉が出てきています。ヒルベルトは構造という言葉は使っていませんが、この考えは、すでにヒルベルトの中にあったと考えていいと思います。

ヒルベルトの〈幾何学基礎論〉は、いままでの幾何学と大変違っていて、「定義」という言葉がありません。日本訳では「定義」と訳してありますが、原文をみてみると、定義にあたる Definition という言葉ではなく、ドイツ語で Erklärung（説明）という言葉になっています。読む者にとっては定義がないということが、大変異様な感じを与えるのではないか、と思います。ユークリッドの〈原論〉にはまず、定義が出てきます。たとえば線とは部分のないものである、線とは幅のないものである、というふうに、定義とは数学的な概念と、現実の世界とを結びつける橋渡しの役割りをしています。それがヒルベルトの〈幾何学基礎論〉にはいっさいないのです。

もう一つの特徴は、ヒルベルトはユークリッドの幾何学の必要かつ十分な公理をつくりあげることを目的としたのです。それは大体、5種類の公理のグループ、すなわち結合の公理、順序の公理、合同の公理、平行の公理、連続の公理と大きく分けられますが、普通の幾何学だったら公理を全部、本の初めに書き並べておいて、あとから、それを組み合わせて定理が出てくるという形になるのが常識だと思います。ところが〈幾何学基礎論〉はそうではなくて、最初の結合の公理を出してからすぐ、定理が出てきて何かを証明しています。順序の公理等も全部そうで、公理の間に定理がいっぱいはさまっています。これはどういう意味なのでしょうか。

たとえば結合の公理というものだけで、幾何学はもうできたと、ヒルベルトは考えたのでしょう。点と称するものが、有限個しかないような幾何学もその中にはいり得るわけです。つまり、点と点を結べば直線と称するものができる、直線と直線が交われば点ができるといったことでも、もうそこに幾何学はできる、たとえばこの〈幾何学基礎論〉にはありませんが、点が七つしかないような妙な幾何学というものも考えられるというわけです。

マルをつけた点といわれるものが全部で七個あります。直線は三つの点の集まりとすると全部で7本になるわけです。これも幾何学の中にはいるわけです。

こんなものを幾何学と呼ぶのはおかしいと思いますし、こんなものは頭の中に思い浮かべることはできません。こういうのは、できそこないの幾何学だといえましょう。そして、その結合の公理にだんだん別の公理をつけ加えることによって、そういうできそこないの幾何がふるい落されて、最後にわれわれの知っているユークリッドの幾何学が出てくる、という仕かけになっています。

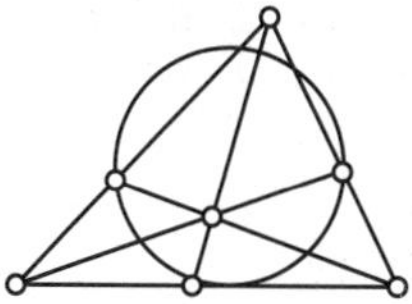

〈幾何学基礎論〉は、最後のユークリッドの幾何学が出てきたところだけで考えると、その意味は大変つまらないものだと思います。二〜三〇〇〇年まえの幾何学の公理を、必要かつ十分な、よけいなものは入れない、必要なものは全部入れるというようなことをやってみても、大した意義があるとは思いませんが、この〈幾何学基礎論〉は途中でいろんな変な幾何学を幾何学の中へ持ち込んだということが、おもしろいのではないかと思います。

ヒルベルトという人は、人を驚かすようなことをいうのが好きで、この〈幾何学基礎論〉が出て、当時大変センセーションを起こしました。そのときに、「ここでいう、点とか直線、平面というのは、じつは机とか椅子とか、ビールのコップだとか、こういうものに置きかえてもいいんだ」といったので、人々が驚いたという話があります。これは極端ないい方であって、われわれが、普通考えている線とか何とかというものでなくてもよいということに過ぎないわけです。しかし、そういうことは、よく考えてみると、ヒルベルトに始まったことではなく、だいぶ前からあります。たとえば、射影幾何学の中には、双対《そうつい》の原理というものがあります。これは、点とか直線というものを、お互いに入れかえてもいい、点と称しているものを普通のわれわれが知っている直線で置きかえ、直線を点に置きかえ、そうして交わるという言葉を結ぶという言葉に置きかえます。結ぶを交わるで置きかえるようにすれば全く同じ定理が成り立つのだ、というものです。つまり、ここで問題になっているのは、点とか直線とかが何であるかということではなくて、そのお互いの関係が何であるかということに、じつは重点があるのだということをいっています。

数学は構造の科学である

こういう考えが、今日いう、構造あるいはStructureというものの考え方であります。構造とは何であるかというと、ブルバキが書いた〈数学の建築術〉という論文の中に大変うまく説明してあります。数学は一種の建築術なんだ、そうすると数学を研

究したり、考えたりしている対象は建物のようなものだ、もちろん建築学がやってい
る建物は物でできている、数学のは概念の建築物のようなものであるという考えです。
数学は構造の学問だということは、いまいった建物という例をとると大変わかりやす
いと思います。建物の設計をする人はこの柱と土台がどうつながっているかというこ
とを定理として設計図をつくる、この設計図に従って建物はできてるし、一つの設計
図があれば、現在の集団住宅のようなものはいくらでもできます。物は違っているけ
れども建物の型は同じです。同型の建物に共通な物、これは物ではなく、一つのパタ
ーンですが、こういうものを研究するのが数学であると考えられてきました。この点
はいままでの数学の見方とかなり違ってきたと思います。

では、ヒルベルト以前の数学はそうではなかったかというと、やはり構造を研究し
ていたのだといえないことはありません。たとえば、小学生の「2＋3」という足し
算でも、やはり構造の研究であると考えてもよい、と思います。だから数学というの
は大昔から、構造の科学であったといえないことはありません。急に新しい考えが出
てくるのではなくて、考えのアクセントが違ってきただけなのかもしれません。

数学を応用する人はよくご存じと思いますが、たとえば、自然現象の中には、ラプ
ラス（Laplace, 1749－1827）の微分方程式を満足させるものはいっぱいあります。

$$\frac{\partial^2 u}{\partial x^2}+\frac{\partial^2 u}{\partial y^2}+\frac{\partial^2 u}{\partial z^2}=0$$

これは皆さんがよくご存じのように、電気にも磁気にも、あるいは重力にも、あるいは流体の速度ポテンシャルというものにも出てきます。あるいは熱伝導にも出てきますが、現象はみな違うけれども、その法則の型は同じです。よくもこういう同じ法則が違ったところに成り立つものだと、ふしぎに思われるくらいです。しかしこれをふしぎだと思う人でなければ数学者にはならなかったでしょう。神様を信じる人は多分神様がつくったからだというに違いありませんが、そうでも説明しないと説明がつかないくらい、いたるところに同じ微分方程式が出てきます。

しかし、ぼくは逆の意味で、神様というのは知恵がないと思います（笑）。バカの一つ覚えみたいに同じ型の法則しかつくらなかったといえないこともないのですから……。

自然現象の中にこういうものがいたるところにありますが、人間はそれを発見する能力をもっています。これは広い意味でパターン認識とでもいえるでしょうが、そういう能力があるので、数学という学問が生まれたのであるといってもよいと思います。数学はそういう学問であります。つまり構造を研究するとなると数学という学問の範囲が非常に広くなってくると思います。

イギリスで非常に有名なハーディー（Hardy, 1877－1947）という数学者が、「数学というのはパターンをつくる学問だ」といっておりますが、大変うまい言葉だと思います。パターンというのはいまも申した構造だといってもいいと思います。

基礎論の起こり

近代の数学までは、数学というのは自然現象を非常によくとらえることのできる、精密なカメラのような役割りをしていたと考えられていました。だから写真的であり、あるいは自然主義的でした。現実を忠実に写し出すということで、微分積分というのは、私は大変倍率の大きい電子顕微鏡のようなものだと考えていいのではないかと思います。しかし、ヒルベルト以後は構成的になってきた点が大変違ってきたのです。この違いが、一昔前に数学を教わった人が、なかなか現代の数学を理解できないところではないかと思います。数学が構成的になったのだということがつかめないのです。

これは私が学校で数学を教えていてよくわかることだけれども、この構成的なところが出てくると、とたんにわからなくなる学生が出てくる、そんなはずではなかったという顔をしている学生がいます。

たとえば、

$$x^2-2=0$$

こういう方程式を解けというと、まず、この根は、1.4142ということをすぐ反射的に考えるのでしょうが、現代の代数学は、そんなことは問題にしません。この x を満足するような、いわゆる体《たい》、つまり体とは加減乗除が自由に行なわれる何かのものの集まりですが、それをつくってみせればいいのですが、これをやっているときに1.4142がちっとも出てこない。「この方程式を満足させる x を含んでいるような、数学の言葉でいうと体がある」というと、講義を聞いている学生はあっ気に取られています。方程式をちっとも解いていないではないかという……。考え方が変わった、つまり、そういう体を構成することがまず必要であり、x が何であるかということは、しばらくたなあげにするのです。

これはヒルベルトが点、線とかいうものは、机や椅子と同じに考えてもいい、何であってもいいのだ、というのと同じような考えであり、決して学生の頭が悪いからではなくて、考えの転換ができないということにあるのです。

このようにヒルベルトの〈幾何学基礎論〉は、幾何学だけではなくて、数学のあらゆる部分に影響を及ぼして、そしてできたのがStructureです。ブルバキが最近〈数学原論〉という、百科辞典のような本を書き始めました。現在日本でも翻訳が進行中でありますが、そういう考えでお読みになると大変おもしろい本ですが、相当しんどい本だと思います。自然のものをただ写し取るだけではなくて組み立てていくという考え方、これは人間の知恵が向上しているということと無関係ではないようです。つまり、人間は力の弱いときは、自然現象に対してただ、受動的にまず法則を知ることしかできませんが、だんだん人間に知恵がついてきて、今度は自然をつくり変えていくという方向に向かうと、やはり建物と同じであり、建築物は人間が自然に働きかけて、自分の都合のいいようにつくりかえたということになります。やはり数学でもそれと同じようなことが起こっていて、自然そのままにないようなものができています。

これが最近の数学が工学と結びつく一つの理由になっているのではないかと思います。工学というのは理学とだいぶ違います。つまり、自然に働きかけて、これをつくりかえ、そして人間の想像力とかいうものを駆使して、大変人間に都合のいいものをつくりあげていくというような工学の考え方と、現代の数学の構造という考え方はやはり、相通ずるものがあると思います。だから数学は昔よりはるかにひんぱんに工学の中で使われるようになったと私は考えております。ただ、数学は勝手なものがつくれるけれども、あまりでたらめなものをつくってもしかたがない、やはり、何らかの形でわれわれの住んでいる世界とかかわり合いがあるものを考える、そうでないものを考えてみてもしかたがないという、むずかしい問題が出てきます。あまりにも数学が自由になり過ぎて、設計図に自己矛盾があっては困るのです。建築家がどんなに自由な設計をしても、一方の設計図には、この柱は土台の上に載せると書いてあって、かた一方には別の土台に載せると書いてあったのでは大工さんは困ってしまいます。そのために、〈証明論〉あるいは、〈数学基礎論〉という新しい学問をつくらなければならなくなったのは当然だと思います。

近代までの数学では、自然現象、あるいは客観的な世界を正確に写し取るということですから、自己矛盾があるという心配はなかったのです。つまり、そういう客観的な世界というのは常に存在している、内部に自己矛盾があっては初めから成り立たないのですから、基礎論というのは必要がなかった。しかし、ヒルベルトはそういうことを問題にせざるを得なくなったのです。基礎論などというものを学問の中にもっているものは数学のほかにはないでしょう。ヒルベルトは数学というものを大変広くした報いといいますか、自業自得といいますか、基礎論なるものを考えざるを得なくなったのです。

これからの数学を予想してみる

そこで、数学の未来像というきょうの題目になりますが、これはまったく夢みたいなもので、あたるかどうかわかりません。多分あたらないのではないかと思いますが、さきほどいったように、近代の数学は動的であった、現代の数学は構造という考えを押し出したかわりに静的になった、これからの数学は、構造的であってしかも動的であるものが出てくるのではないかと予想しています。

いままでの数学は確かに、無機物の世界を研究するのには大変威力がありました。〈相対性理論〉は宇宙の構造を研究するのに非常に強力な武器になります。あるいは、原子物理学をやるのに数学は大変役に立つということもわかりました。しかし、これは両方とも生きているもののいない無機的な世界なのであります。ところが生物というまさに不可思議なものが構造をもっているのです。人間のからだをみても、はっきりと構造をもっていて、たんなる肉や骨のかたまりではなく、しかも変化して動的である、という性格をもっているでしょう。せんだって亡くなった、サイバネティックスの創始者といわれているウィーナ（Wiener, 1894－1964）は、未来のことをいうのが大好きです。ホラを吹くというか、ウィーナの書いたものはそのおもしろさがあると思いますが、ウィーナは「動的体系」という言葉を使っています。「構造をもっていてしかも動的なもの」。これは〈科学と神〉という随筆集のようなものの中にあったと思いますが、そういう性格が数学にも将来出てくるかもしれないし、現在でもそういうものがないとはいえないのではないかと思います。

たとえば最近では、Categoryとか Functorというのが構造的であって、しかも動的な側面をもっています。あるいは確率過程というものは、ちょっとそういう感じがします。ある意味では構造は空間的であり運動とか変化は時間的です。つまり、空間的であって時間的なものが、新しい数学として生まれてくるのではないかと思うのです。これは私のたんなるホラ吹きと考えていただいてもいいと思いますが、そういうことを考えるときに数学の中で非常に大事な概念として、群《ぐん》ということを取り上げてみる必要があると思います。

群というのは皆さんもご存じと思いますが、ガロア（Galois, 1811－1832）という偉い数学者が代数方程式を解く理論に適用して、大事な問題を解きました。しかし、その後代数ばかりではなくて、幾何にも、あるいは最近では原子物理学の中でも盛んに使われるようになった、非常に強力な概念です。しかし、数学の中で非常に強力な概念というのは、大変常識的なものが多く、群も大変常識的な考え方だといえないことはないと思います。一つの例をあげてみますと、八百屋さんがスイカの中が熟れているかどうかをみるのにたたいてみる、しろうとは割ってみないとわからない、スイカを割ってみる法を解剖法、たたいてみる法を打診法とかりに名前をつけてみましょう。解剖法というのは、ある意味では幼稚なやり方であり、打診法は高級なやり方であるともいえます。医者にいっていちいちからだを解剖されたのではかないません（笑）。こういう方法はいたるところで使われており、最近は地下の地質を調べるのに人工地震を起こして返ってくる波で調査をするということも行なわれており、これが打診法です。群が使えるのは大体この打診法で、探ってみてその反応からその中の構造を知ろうという方法だと思います。

ガロアが使った方法もやはり、そうです。ある代数方程式が与えられているとき、その根のつくる体、つまり加減乗除が自由にできる体をどうしてみつけるかということですが、そういう体をまず動かしてみる、簡単にいえば中をひっかきまわしてみる、そしてそのひっかきまわし方に対して、いちばん鈍感なものからつくっていく、つまり、その体について動かないものから出発し、その次はある程度動くものへと、だんだん鈍感なものから敏感なものへ進んでいくというやり方をとります。

これは動いてもいないものをわざわざ動かしてみるやり方で、地面に立っている木をゆさぶってみるのに似ています。ゆさぶると根は動かない、幹は少し動く、枝はもっと動く、葉ははげしく動く、という形になっています。

群とは、何かの構造をゆさぶってみる一つの手数もしくは、操作の集まりと考えてよいと思います。そうすることによってその構造自身を解明してゆく手がかりになるわけです。しかしまた一方、群そのもの、操作の集まりそのものがまた構造であるという二重の性格をもっています。

こういうことが幾何学にも使われ、幾何学では図形を動かしてみる、すなわち形を変えてみるときに、どのくらい変わらない性質があるかというようなことで、いろんな幾何学が出てきました。これはクライン（Klein, 1849－1925）という人が考えたので、考えとしては全くガロアの考え方をそのまま幾何学へもってきたようなものです。

つまり群というのは、それ自身静的な構造であると同時に、また動的でもあるという、そういう二重の性格をもっているように思います。こういうものがすでにあるし、未来にはそういう構造をもっていて、しかも動的なものが出てくることが予想される根拠でもあるのです。

違った専門の人たちともダベりましょう

数学とほかの科学の関係ということも大変大事な問題だと思います。

数学というのは、ほかの学問とは趣きを異にしています。簡単にいうと数学には固有の領土というのはないのではないでしょうか。物理学は大体、原子とか原子の集まりとか、あるいは宇宙というように研究の対象がはっきりしていますけれども、数学にはそれがないのです。研究対象でいろいろ課題を決めるというわけにはいかないのです。だから数学は、地球の上に漂っている空気みたいなもので、どこにでも移動できるのです。

だいぶ前に、〈相対性理論〉とか、〈量子力学〉というものが出てきて、めざましい発展をし、これがいろんな科学に広がっていきました。なかば冗談に「物理帝国主義」という言葉がいわれたことがあります。いろんな狭い縄張りをもった学問がだんだん単一の原理によって統一されてくることは当然です。

数学という学問が最近またひと昔前の物理学のように、いろんなところへ進出していることは事実です。しかし、これは帝国主義ではない、つまり領土を侵略することではないわけで、ちょうどユダヤ人のような広がり方ではないかと私は思います。ユダヤ人は最近、がらにもなく昔はなかった領土をもったために騒がしくなっていますが、いろんな国へ行って実権をもっています。いろんな学問の中へ、ポツンポツンとはいっていく、これはさきほどいった数学の性格から当然なことで、ものは違うけれども同じ型の法則をまとめて研究するのが数学だとすると、数学はどんなものの中にでもはいっていけます。

最近、この東京工大だけをみても数学科でないほかの学科の中に、数学者がだいぶはいり込んでいます。これはユダヤ人的といっては失礼ですが、数学の性格をよくあらわしていると思います。

そういう性格だとすると、数学という学問は、科学全体の中でどんな役割りを果たすべきでしょうか。数学というものは、対象は違っているが法則の型、すなわち構造が同じだということをやるのですから、同型という原理はいろんな違った学問を結びつける働きをもっています。こういうことは学問の世界で大変大事なことではないでしょうか。

つまり、いまの学問はあまりにも専門化して、いわゆるたこつぼになっているといわれておりますが、これではやはりだめなので、いろんな学問が、できるだけ単一の原理で統一されるようになるということが望ましいと思います。とくに日本ではそういうことがいえます。いろんな学問がほんとうにたこつぼのようになって、お互いに何も知らない。もちろん、これは歴史的な原因があると思います。日本人は一つの科学が若木から発展して大きな木になった体験をもたない、大きな木になってしまったものの、一方の枝から実を取ってきて、別の枝からまた実をもってくるというようなことを、明治になってからやらざるを得ませんでした。こういうことは、科学の用語の中によく出ていると思います。最近はどうかしりませんが、同じことばが部門別によってみな違います。たとえば、英国ではplanet——日本では遊星といったり惑星といったりしていますが、これを東京大学と京都大学でどちらかが遊星といい、どちらかが惑星という言葉を使っているそうです。こういうことは、中で交流がないことからきているのです。お互いに話し合いがあれば、どちらかにしようじゃないかということになりますが、それがないから違った言葉を使っても、いっこうに不自由を感じなかったわけです。

ヨーロッパは日本ほどひどくないと思います。とくにヨーロッパの近代の科学が生まれてきた最初のころは、たとえばニュートンとか、あるいは化学者のボイル(Boyle, 1627－1691)とかいう人たちがイギリスで活躍したころはみんな友だちであり、ある日を決めて、専門の違う人たちがダベる会をやっていた。それがだんだん本式になって、今日のイギリスの、Royal Society ができたといわれておりますが、日本にはそういう歴史がないのです。

これはどこでもそうですが、私もこの東京工大に二十何年おりますが、違った学科の人と、あまり学問の話をした経験はありません。最近、ほかの分野でめざましい発展がなされていて、隣りの研究室までちょっと顔を出せば簡単に話を聞けるのに、そういう習慣がないし、失礼なような気がしたり、勉強のじゃまをするような気がしたりしてなかなか行けません。しかし、行ってみると寸暇を惜しまず勉強をしているわけでもないようです(笑)。これは大変惜しいことだと思います。物理学でも、生物学でもわれわれの知らないようなものがどんどん発見されていますが、それをお互いに話し合わないのは残念なことだと思います。

こういう交流がないと、少なくとも日本でのほんとうの科学というのは出てこないと思います。日本の学問は、私はデパートよりもっと悪いと思うのです。デパートは家具を売っているところと洋服を売っているところは、お互いに連絡はあると思いますが、日本の学問は東京駅の名店街みたいです。有名店の支店がいろいろ並んでいるが、それぞれはおそらく何の連絡もない。日本の場合、学問の世界では本店というのはどうも外国にあるらしい。こういう状態は、もう明治も一〇〇年経ったのだからそろそろ直ってもいいのではないでしょうか。私がいるうちはできなかったのですが、やめてからぜひそういうことをやってもらいたいと思います。

たとえば教授会が始まる前に、一時間ばかり専門の違った人が誰にでもわかる話をすることは大変いいことだと思います。じつは教授会の集まりが悪いので人寄せのためにやるというのであってもいいではないかと思います。専門の違ったことを本で読むのは大変しんどいので、やはり話を聞くのがいちばんです。そのためにはもう少し、学生のほうも、先生のほうもひまをつくらなければなりません。私の年来の主張ですが、講義は午前中だけにして、午後は好きなことをやったらよい。朝の九時から四時ごろまで講義はありますが、人間の注意力というのはそんなに続かないと思います。たとえば、映画館に朝八時半にはいったとして（笑）、四時までいてごらんなさい、一日でくたくたになるでしょう。つまり講義というものは映画をみているほどの注意力をもっては聞いていないということです（笑）。そういう大変むだなことをやっているということです。学生諸君は適当に講義をさぼっているようですけれども、講義のやり過ぎというのはやはり、問題ではないかと思います。午後は講義をしないという原則を立てると、大変中味も compact になってよくなる、そしてひまをつくって、違った専門の人がダベるのです。ダベるということは大事なことだと思いますから、これからぜひそれをつくってもらいたいと思います。

数学者はアマチュアに返れ

次は期待される数学者像（笑）。最近は期待される何とか像というのがはやっておりますが、その流行に乗りまして、数学者というのは今後いかにあるべきかということを話したいと思います。

数学者というのは大抵、大学の先生になっています。だから数学者は大学の先生でなくてはいけないのかという考えの人がいますが、数学者が大学の先生になってめしを食っているというのは、ごく最近のことです。大体一九世紀からだろうと思います。それ以前は数学者というのはアマチュアであり、それだけではめしは食えませんでした。たとえばフェルマー（Fermat, 1601－1665）という人は裁判官であったし、パスカル（Pascal, 1623－1662）ももちろん大学の先生ではなく、あるいはライプニッツ（Leibniz, 1646－1716）は外交官、行政官でした。ずっと後になって、さきほどのガロアは大学の先生にならない前に殺されてしまいました。彼は長生きしても大学の先生になったかどうかも怪しい。あんな人間は多分大学には、いられなかったと思います（笑）。アーベル（Abel, 1802－1829）もベルリン大学の先生にしてやるという手紙を受け取ったときにはもう死んでいました。これが一九世紀の初めまでの実情でしたが、その後数学者は大体、大学の先生になったようです。ところが結論的にいうと、数学者はもう少しアマチュアに返る必要があるのではないかと思います。大学の先生であるのもけっこうですが、アマチュアがもっとたくさん出てきてもいいのではないでしょうか。数学者があまり同じ職業についていることはよくありません。最近、大学以外の官庁とか会社に勤めている人がふえていますから、だんだんこういう傾向は崩れてきていると思いますが……。

大学の先生というのはそうでなくても以前から一種のメガネでみられています。先生というのは表面的には尊敬されていますが（笑）、はらの中ではバカにされているというような存在です。「先生といわれるほどのバカでなし」という言葉もあるとおりです。そして自分も何か、どうしても世間の期待にそわなければいけないような錯覚に陥るわけで、数学というものも幅が非常に狭くなります。

最近はそうでもないのですが、以前は大学の先生というのは、月給も安かったけれども、大変のんきな職業でした。数学者というのは大体ぶしょうな人が多いから、大学の先生になるのがいちばん都合がよかったということがあったのでしょう。しかし、もっといろんなところへ進出していく、たとえば、フェルマーとかパスカルの時代にある程度かえってもよいと思います。

クレヴァー亡国論

そういうことと関係があると思いますが、数学者がだんだんりこうになりつつあります。これはちょっと語弊がありますが、りこうという言葉は日本語でいうより英語でいったほうがよいでしょう。りこうとはcleverのことでwiseとは違った意味です。数学者はあまりcleverであってはならない、wiseであってほしい。数学者がcleverになると、ある意味ではけっこうなことかもしれませんが、反面にはあまりよくないと思います。cleverな人というのは、大体において学校の優等生です。wiseな人間が成績がいいというふうに今の学校はなっていません。

昔、私たちが若いころは、数学科にいく人間というのは、りこうかバカかわからないようなのがいました。これはおそらくcleverでない人間がいったということでしょう。wiseであるかどうかは保証の限りではありませんが（笑）、cleverでないということだけは確かです。最近では、数学科には大変優等生がきますが、これはけっこうなことで、先生はあまり何もしないで自分で偉くなるので手がかかりませんが、しかし、あまり優等生だけの数学者になってしまうと、どうも心配なことが起こります。例をあげると、皆さんもご存じだと思いますが、大体同じ時代に活躍した人で、フォン・ノイマン（von Neumann, 1903-1957）とウィーナという人がいます。ノイマンというのはcleverな数学者の典型的な人で、顔をみてもいかにもcleverな顔をしていますが、ウィーナという人はどうもcleverではなさそうで、顔をみているとほんとうにバカかりこうかわからないようで（笑）、とっ拍子もないようなことを考えそうな顔をしています。

ノイマンについては、私はあまり専門の話ではないから、そうたくさんは書いたものを読んだことはないけれども、このぐらい腕力の発達した人はいないのではないかと思います。たくさんの難問を力でねじ伏せたというようなものが多いのです。

しかし、数学者が、ノイマンみたいなあまりcleverな人になってしまうと、悪いことに利用されはしないかという心配があります。たとえば、非常にずるい政治家がいて、どこかを占領してやろうというときに電子計算機で勝つか負けるかをやろうとします。ベトナムでアメリカがそういうことをやっているそうですが、そういうのを簡単にやって、おもしろがるのはちょっと困ります。ウィーナは、思想が大変はっきりしていて、こういうモラルでやっているなということが誰にもわかります。彼は確か〈サイバネティックス〉の中だと思いますが「サイバネティックスを軍事研究と経済研究には使わない。人殺しと搾取には利用させたくないから、私は医学にだけ使う」というようなことを書いていたと思いますが、なかなか心がけのよい人だと思いました。

また〈サイバネティックス〉の中にはできるかできないかわからない夢みたいなことがいたるところに書いてありますが、ノイマンはそういうところがありません。

ウィーナの本のもう一つの特徴は、ミスプリントがたくさんあって、ある本には一ページに必ず二つか三つある。こういう本は学生のゼミには大変都合がよい。こういうのを使いますと、あまり詳しく読んでこない学生はミスプリントを発見できません。「君はあまり考えないできたな」ということがすぐわかります。ミスプリントというのはなかなか教育的なものです（笑）。

clever な人間というのは今日のように情報がうんと出てきた時代には、ややもするとその情報の中におぼれてしまうということがあります。たとえば、数学の中でも、私たちが学生時代だったときと今とでは、数学の学術雑誌の数というのは四、五倍ぐらいになっているのではないかと思います。ものすごい情報量が氾濫しています。その中で wise なところがないとその中に巻き込まれてしまって、人のやっていることを追いかけているだけのことになるという心配があります。情報過多にどう対処するか、これから学問を研究していく上で、考えなければいけない問題であります。

これは皆さんもご存じだと思いますが、今世紀の初まりにいまは亡くなられたが、高木貞治《たかぎていじ》（1875－1960）という偉い人がおられて、その人の〈類体論〉というのは大変りっぱな仕事であると思いますが、この仕事は、第一次大戦のときにできました。どうしてこういうことをやったかといいますと、第一次大戦でヨーロッパとの交流が絶えてヨーロッパの雑誌や本がこなくなりました。そこでひまができたので、むずかしい問題に取り組んでみようという気になったということを先生は書いておられます。これは情報がこなかったということが、一つのきっかけになったといえます。

これからの情報過多の時代にはつまらないものはおれは読まぬというぐらいの wise のところがないといけないようです。あまり人のやったことが気にならないということが必要ではないかと思います。

clever と wise ということをいいましたが、数学ばかりではなくて、日本の現在の学校制度というのは clever な人間をつくることを理想にしているというような感じがします。wise な人間をつくることは忘れられてしまって、何でも一応はできる、いわゆるそつのない人間をつくる。日本には兄弟そろって clever で「そつのない」政治家がいます。もっとも、ぼくはまだあと半月ぐらいは国家公務員ですから、政治批判をやるとおこられるかもしれませんのでやめておきます。ああいう人間像を、期待される人間像としてつくっています。

これは政治家ばかりではなくあらゆるところに clever の人間ばかりが進出していますｏ wise な人間というのはいるだろうけれども目立たなくなってしまいました。これでは人間はどうなるでしょうか。clever 亡国になってしまうでしょう。clever な人間もいなくては困るけれども、こればかりでは困るのです。そういう意味で、clever な人間を養成するのはほかの大学におまかせして、わが東京工大は wise な人間を養成することをめざしてもらいたいものです。これを私の最後の言葉といたします。

一九七〇年（昭和四五）三月一四日　東京工業大学

建築空間の構成と研究

芦原義信

［概説］建築の設計において、特に壁の存在というのは内部と外部の空間を区切るうえで大きな役割を果たす。この内部と外部という概念については、西欧と日本とで考え方が異なっている。たとえば旅館とホテルであれば、旅館の内部は靴を脱ぐ玄関からである一方、ホテルの内部はあくまで個室であって、エレベーターの中や廊下、ロビーといった空間が内外どちらの秩序にあるのかは異なっている。こうした違いは、ヨーロッパにおける「家の内」と「町の内」の同視や、ヨーロッパにおける壁の庇護性の重視といったところにも見て取れる。次に芦原は、建築を「図」と「地」というゲシュタルト心理学で考える有効性を検討する。イタリアの広場や地図における隣棟間隔の空間を見ると、そこに空間のリバーシビリティを指摘できるが、日本ではそうはいかない。こうした点から、近代建築の真価とはゲシュタルト質の否定であり、ひいてはコンテクスチュアリズムの度外視とも考えられる。このようなゲシュタルト的な考え方を発展させて、銀座の街並みにおける袖看板調査から「図」と「地」の関係性がいかにぼやけているか、またシーグラム・ビルを例にしながら、夜景における外壁と窓との「図」と「地」的な転換を考察する。後半では、芦原自身が建築に携わってきた経緯や諸外国の大学における教員としての経験を語り、今後建築に関わる学生や大学のありかたへの率直かつ具体的な意見を述べている。

内的秩序と外的秩序

建築とは、いろいろ定義がございますが、通常、屋根とか、外壁とか、そういったものによりまして、自然から切りとった内部の空間、その実体をいうことだろうと思います。そこで、非常に大きな彫刻だとか、送電線のように、内部空間のないものは、なかなか建築とはいいがたいということがいえると思います。普通常識的にいいますと、建築家の立場から、実体論的にいいますと、床、壁、天井というような三つの空間を限定する要素によって、空間を造っていくわけであります。その中でも、壁の存在というのは、建築空間を規定する上では非常に意義があるわけで、ここに、一枚の壁が立てばそれに、内側とか、外側とか、あるいは内部とか、外部とか、そういう空間が、そこへ出現してくるわけで、建築の設計というのを考えてみますと、非常に大きな自然、その自然の中から、壁を立てることによって内部の空間を造っていく技術、あるいは自然の中から、壁を立てることによって人の住める内部の空間を造っていく技術である、と考えられるわけです。そんなことで、無限の大きさの建築というのはないということによって、いかにその壁の存在が非常に重要な意義を持っているのかがわかると思います。もし壁があると、その壁から、求心的に空間を整えていく技術ということが考えられるわけです。

私が前から非常に関心を持っていることなのですけれども、普通わが国の人たちには、内部と外部の空間の概念に関して、ちょっと西欧の人たちとは違う考え方があると思うのです。それは何かといいますと、うちへ帰って靴を脱ぐ。靴を脱いでうちの中に入る。そうすると、内部の空間に入ったと感ずる。靴をはいている間は外部の空間にいると感ずる、というようなことが、伝統的にわれわれの体の中に住みついているわけでして、これは西欧の空間概念とちょっと違う独特なものだというふうに考えられます。そのことについていち早くいわれたのは、皆さんご承知のとおり、和辻哲郎先生でありまして、先生の書かれました『風土』という本は、その意味では非常に示唆に富んだものであるわけです。

そして、同じ場所でも、われわれは内部と考え、西欧の方は外部と考えたりするということがあるということを、これもまた極めて皆さん誰でも知っているような卑近な例でちょっと説明させていただきますと、たとえば、旅館とホテルを例にして考えてみますと、なかなか意味のあることだと思います。旅館というのは、この頃は外観が鉄筋コンクリートで、非常に近代的なものもあります。それで中に入りますと、じゅうたんの敷いてある玄関ロビーや、奇麗なエレベーターがあるということでありますが、この旅館の内部の秩序というのは、どういうふうになっているかといいますと、玄関で靴を脱ぐ、そして、旅館の中に入る、——いま旅館といっているのは、旅館から発したホテル、観光ホテルというようなものだと思いますが——、靴を脱いで内部に入る、すなわち、部屋に行きまして、まあ風呂にでも入ろうかということになりますと、やはり手拭でもさげてずっと降りていく。エレベーターに乗って、また玄関ロビーを通る。そうすると、玄関ロビー辺の空間は、われわれ日本人にとっては、どうやら靴を脱いだということから考えて、たしかに内部の空間というか、内的秩序の空間というふうに考えられると思います。そして、小さな個室で小さな風呂に入るよりは、大勢一緒に、景色の良い、海や山や谷の見える大きな浴場でみんなで入るほうがいい、ということは、その近代的な旅館の内部は、やはり内的な秩序が支配する空間である、ということがいえると思います。

それに対して、いわゆるインターナショナルなホテルは、どうであるかということになりますと、ここでは、ご承知のとおり靴をはいております。ですから、いまと同じような場所が、玄関ロビーとかそういったものは街の秩序の延長でありまして、これは、外的秩序の支配する空間であるというふうにいえます。個室に入って、鍵をおろして、初めて自分の一人の空間、内的な秩序に入ったことになる、というふうに考えられます。そうしますと、エレベーターの中だとか、あるいは廊下だとか、あるいはロビーだとかいう空間は、一見同じように見えますが、質的にはわれわれは、旅館

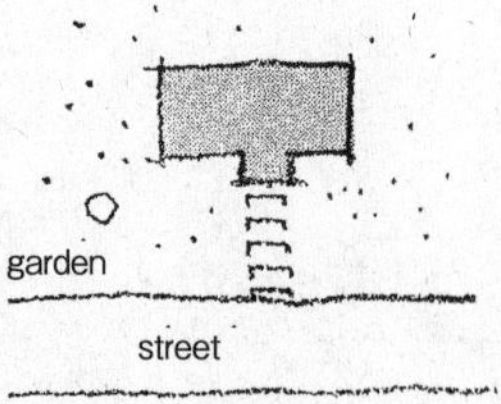

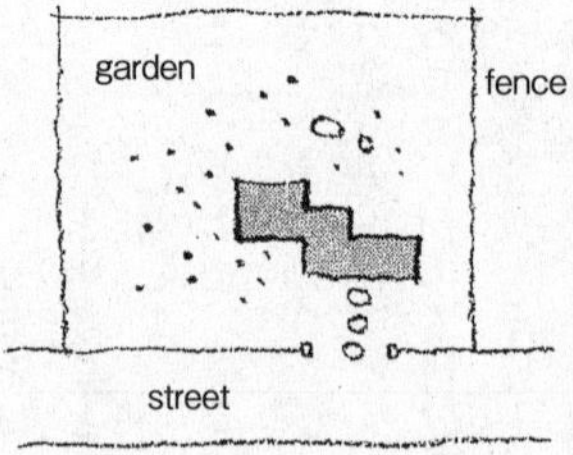

の場合はこれを内的秩序の支配する空間と考え、ホテルの場合はこれを外的秩序の支配する空間と考える、というようなことだと思います。

そういったことは、住宅の配置計画などでもあるのでありまして、たとえば上の右の図をわが国の住宅の配置というふうに考えてみますと、道路がありまして、ここに一軒の家の塀があるとします。塀に囲まれた中の空間は、いったいどういうことかといいますと、少なくとも、自分の土地でありますから、これは自分が勝手にしていいところの土地であると考えられますから、完全に内部の空間である。あるいは、内的秩序の空間であるというふうに考えられます。それに対しまして、左の図は、たとえばアメリカあるいはオーストラリアのシドニーあたりに見られるもので、道から非常に奇麗な家が建っているのが見えまして、ここに、いわゆるフロント・ガーデンというのがございます。フロント・ガーデンはいったい誰に属するかと考えてみますと、ここに窓がありますが、実際この家の中に入ってみますと、窓からこのフロント・ガーデンはあんまりよく見えない。その代わり、道を歩いている人には非常によく見えるのであります。また、この辺の庭に関しましては、隣り近所も非常に注意を払っておりまして、きたなくすることに対して非常に批判もあるし、また、奇麗な庭を造れば、コンテストによって表彰されることもある。この辺の空間は、たしかに家の前の空間であるには違いないけれども、質的に、あるいは、市民感情として、意識の上で外部の空間ということがいえると思うわけです。この二つは、全く同じ家の前の空いている空間でありますが、そのように違うということがいえます。

このことを、大学のキャンパスなんかに応用してみるとどういうことになるかというと、たとえばアメリカの大学に行ってみますと、ずっと歩いていると、いつの間にかキャンパスの中に入ってくる。そのままずっと歩いて行くと、いつの間にか住宅地のほうへ入ってしまうという大学がずいぶんあります。そして、大学の住所も、学部によって違う場合があります。何々大学といっても、なんとかストリート何番地、こちらの学部は、また道が違いますから、なんとかストリート何番地。キャンパスの中で駐車違反の罰金もとられる。アメリカの大学の場合は、いまいいましたことから考えますと、外的な秩序が大学のキャンパスの中まで入っている、ということがいえると思います。それに対して、この東京大学は、ご覧のとおり、正門、赤門、龍岡門、その他いくつかの門がありまして、構内というような形になっています。そうしますと、たとえば、アメリカの大学の建築学科の前の空間と、われわれの教室の前の空間は、同じ土地であるにもかかわらず、質的にはずいぶん違う。これはどういうことかといいますと、門と垣根によって囲まれているということは、やはりこれは内部の空間でありまして、ここに外部の人たちが勝手に入ってきますと、教官も、学生諸君も、なにかみんな家庭の中に知らない人が入ってきたときのような違和感を持つというとだと思います。考えてみますと東京大学の場合、正門や赤門に下足がありまして、靴を下足で預けたような意識で、この大学の中にいるというように考えられる。というとちょっと妙でございますが、私の空間論でいくとそういうふうなことになりまして、これは、どっちかというと宿屋形式の大学であり、あるいはホテル形式の大学とちょっと違うということであると思います。

これは、宿屋が悪くてホテルがいいという問題ではないと思います。たとえば、京都あたりのいい宿屋へいって、ゆっくり泊まりますと、実になんともいえない、ああよかったなと思うのでありますが、これはやはり時と場合によるのでありまして、かなり余裕があって、暇で、ゆっくり外部と関係なく時間があるときはよろしいんですが、この頃のようにいろんなアクティビティなんかがおきますと、ホテルもいいと思います。このようなことが、やはり大学についてもいえるんじゃないかと考えられます。

それに対しまして、やはり和辻哲郎先生の『風土』の中には、また面白いことがいろいろ書いてありまして、ヨーロッパでは、内部の空間と外部の空間の同視がある。それがあるからこそ、都市計画というアイディアが非常に進んできているということについて、触れられております。それは、たとえば靴をはいたままうちの中へ入るじゃないかということ、また逆にいえば、足袋《たび》はだしで町の中へ出て行けるということ、われわれなりに翻訳すれば、そういったようなことであるともいえるわけであります。たとえば、ちょっと『風土』の一部を読んでみますと、へ一歩室を出れば、家庭内の食堂であると街のレストランであると大差はない。すなわち家庭内の食堂がすでに日本の意味における「そと」であるとともに、レストランやオペラなどもいわば茶の間や居間の役目をつとめるのである。だから一方では日本の家に当たるものが戸締まりをする個人の部屋にまで縮小せられるとともに、他方では、日本の家庭内の団欒《だんらん》に当たるものが町全体にひろがっていく。そこには「距《へだ》てなき間柄」ではなくして距てある個人の間の社交が行われる。しかしそれは部屋に対してこそ外であっても、共同生活の意味においては「内」である。町の公園も往来も内である。そこで日本の家の塀や垣根に当たるものが、一方で部屋の錠前にまで縮小したとともに、他方で町の城壁や濠にまで拡大する。日本の玄関に当たるものは町の城門である。だから部屋と城壁との中間に存する家はさほど重大な意味を持たない。……日本人は外形的にはヨーロッパの生活を学んだかも知れない。しかし家に規定せられて、個人主義的、社交的なる公共生活を営み得ない点においては、ほとんど全くヨーロッパ化していないと言ってよいのである。路面にアスファルトを敷いても、それが足袋はだしで出て行ける場所であると誰が感ずるであろうか。あるいはまた靴をはいても、そのままで畳の上にも上がれるはき物であると誰が感ずるであろうか。すなわち「家の内」と「町の内」との同視がどこに存在するであろうか。町をあくまでも家の外として感ずる限り、それはヨーロッパ的ではないのである〉というように書かれていて、そういった問題について、示唆の多いことを述べられております。

さて、そういたしますと、さきほど述べましたように、空間を規定する三つの要素、これは、たとえば建築家が、床と、壁と、天井を使って空間を造っていく、あるいは、私が非常に興味を持っております外部空間の場合は、床と壁だけで、天井というエレメントなしに空間を造っていくということがいえると思いますが、いずれにしても、さっきちょっと触れましたように、壁というのは非常に重要な意味を、建築において持っているわけであります。

いつか新聞を見ていましたら、非常に面白いことがありましたので、それをちょっと引用させていただきますと、そそっかしい大工さんが、釘を、トントン、トントンと打つ。そうすると、長屋ですからブスッと隣りの仏壇にささった。これは、「粗忽《そこつ》の釘」という落語であります。これを聞いたフランス人が、日本にはそんなに長い何十センチもある釘があるのかと、こういったという話なんです。それだけじゃないんです。逆に今度は、壁を自由に通り抜けられる超能力を持った男がフランスにいた。今度はフランスの小話になるわけです。ある日、壁の中に入り込んで、隣室に首だけスーッとこう出して、日頃小言ばかりいう上役を驚かした。これを、マルセル・エィメの「壁抜け男」というんだそうです。今度はこれを聞いた日本人がわからない。壁の向こうへ超能力で出るのはわかるけれど、一〇センチか一二センチ厚の壁の中へ入っちゃうというのはいったいどういうことなんだろうかということで、今度はわれわれがわからない。その新聞の記事の最後のところが面白いのですが、ヨーロッパの住宅の壁はそれほど厚いのである。ロンドン郊外の二戸連続建ての住宅の戸境壁は七〇センチ。ドイツの住宅では、内と外とを隔てる外壁の厚さが四九センチ、部屋を区画する間仕切り壁で二四センチが標準。そして、壁の占める面積が家の総面積の約二〇パーセントもある、というようなことが出ております。これは、非常に面白い引用だと思うのでありまして、たしかに西欧に行ってみますと、壁が厚くて、ホテルに泊まってみましても、ドア——これもダブルドアになっている——をギー、ガチンとしめるわけです。わが国の方はスルスル、スルスルというわけです。まあ、極めて印象的なお話をいたしますとそういうことでありまして、これは、わが国の壁に対する考えというのは、どちらかといえば、徒然草、兼好法師的なものでありまして、自然と連帯するということが非常に重要であります。春の若草、あるいは夏の夕涼み、秋の名月、冬の雪というような感じでありますのに対して、西欧では実存主義的な立場から、あるいは哲学的な立場から、たとえば、バシュラールだとか、ボルノーだとか、ハイデッカーだとか、そのほか大勢の人たちが、空間について、あるいは、その壁によって得られる庇護性につきまして、ずいぶん述べておられるのに対して、わが国では、どちらかというと、いまいったようにスルスル、スルスルッという感じの文学、そういったものが非常に多いわけであります。

これにはいろんな理由がもちろんあると思いますが、きょうは、その辺は省略させていただきますが、これはやっぱり、組積造と木造、あるいは湿度との関係、いろんなことがあると思います。伝統的にわが国の建築の壁に対する考えは極めて希薄でありますのに対して、西欧では、組積造、メーソンリー・コンストラクションというようなことから、非常に堅固な壁を造って、その壁によって、庇護性というようなことを十分に確保するということが強く考えられたと考えられます。これについてはバシュラールだとか、ボルノーだとかが、いろんないいことをいっており、この研究がこの頃大学院でも非常にはやっております。たとえばバシュラールの言葉の中で、『家は勇敢にたたかっていた。それは初めのうちはなげいていた。このうえなく恐ろしい突風が四方からいちどきにおそってきた。……しかし家は頑強に抵抗した。……すでに人間的存在となっていたその存在はいささかも嵐に屈服しなかった。家は、まるで牝狼のように、わたしをつつむように身をちぢめた。そして、時おりそのにおいが母親のにおいのようにわたくしのこころのなかにまで、しみこんでくるのを感じた。この夜、それはほんとうにわたしの母であった……』。こういう感じからいいますと、外が嵐で寒かったりすると家の中が暖かいという感じ。それに対しては、相当頑固なしっかりとした壁の存在というものがなければ、とうてい考えられないものでありま す。この壁の存在というのは、いずれは都市の城壁にまで拡張されていくわけでありまして、都市の壁の存在は、これは都市地理学によりますと、乾燥地帯ということと大変関係が深いようでありますが、いずれにしても都市の城壁、わざわざ石を一個々々担いできて、そしてそれを都市のまわりに造って、空間を収斂《しゅうれん》的に、あるいは、内部に向かって整えていくような考え方と、それから、そういう城壁を造らないで、発散的にものを考えていったわれわれとの間に、空間に対する考え方に違いがあるということがいえると思います。

外部空間の構成原理

さてその次に、街並みの構成について、一言しゃべらせていただきたいと思います。

この街並みということが私の最近の関心事であります。

バーナード・ルドフスキーがイタリアの街路について、次のように述べています。『街路は何もない場所には存在し得ない。すなわち周囲の環境とは切り離すことができないのである。いいかえるなら、街路はそこに建ち並ぶ建物の同伴者にほかならない。街路は母体である。都市の部屋であり、豊かな土壌であり、また養育の場である。……取り囲むのがアフリカのカスバのごときほとんど密室のような家々であろうと、あるいはヴェネツィアの繊細な大理石の宮殿であろうと、要はその囲いの連続性とリズムである。街路はそれを縁どる建物があってこそはじめて街路であると言えよう。摩天楼と空地では都市はできない』というようなことを書いております。最近は、こういった意見があちこちに出てきておりますが、少なくとも二〇世紀初頭、近代建築の教えの中には、たとえばコルビュジエが言ったように、太陽、ソレイユ。空間、エスパース。あるいは、緑、ベルデュールというようなスローガン。建物はなるべく離ればなれに建てる。そしてその中に太陽、空間、そして緑というものを、ということで、ずっと進んでまいりました。それが最近いろんな考え方が出てきているわけであります。こういった、たとえばルドフスキーのように、建築の空間はそのリズムと連続性によって取り囲まれているような空間であるという意見は、あちこちにあるわけであります。

そんなことで、いろんなことを私自身歴史的に考えてみますと、こういうことがあるわけであります。私は、いまから二十数年前、初めてイタリアにまいりました。そしてイタリアの広場に佇《たたず》んでいたことがあります。そのとき、非常に強い印象を受けましたのは、その広場がたまたま木が一本もない。そして舗装は非常に奇麗にされていて、場合によっては模様なんかもあって、その舗装が建物の根元まできちんとされている。そしてそのイタリアの建築は組積造でありまして、煉瓦《れんが》または石を積み重ねております。この組積造の壁というのは、ご承知のとおり、外側も内側も似たような性質のものであります。金太郎飴のように割っても割っても石であり、煉瓦であること。そして家の中へ入っても、外の舗装と同じような舗装がしてあって、靴でそのまま入るということであります。そうすると、イタリアの空間で、内部と外部の差はいったいどこにあるかということを、その広場に佇んで考えてみる。そうすると、天井、屋根のある空間が内部。ない空間が外部。両者は、全く均質なような空間であります。そこでちょっとおいしいワインでも飲んで、イマージュの世界に入ると、向こうにあった屋根がずうっとこっちへ回転してきて、いままで外にいたと思っている空間が今度は内になる。内だと思った空間が外になる、というような、極めて不思議な空間のリバーシビリティというか、空間が逆転しうるということを、その二十何年前かに感じたわけであります。次頁の図は、みなさんご承知のとおり、ゲシュタルト心理学で

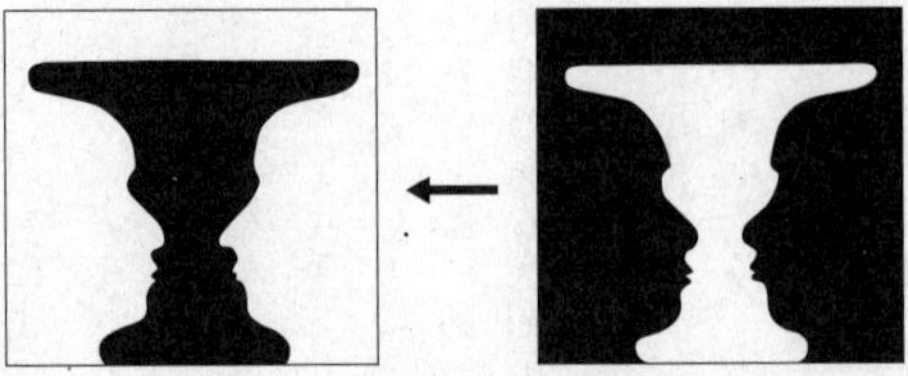

いう、エドガー・ルビンの「盃の図」ですが、これを二つの顔向かいあった二つの顔と見れば、その間の空間は「地」となり、ここに盃を見れば、こちらの顔が「地」になるということは、これは有名な話です。このように、いままで「地」であったものが「図」になり、「図」であったものが「地」になりうるという空間。そういった性質をイタリアの広場は持っているということがいえると思います。というのは逆の言葉でいえば、イタリアの広場には極めてゲシュタルト質があるということであります。それに対して、わが国の空間でこれを逆転しうるような空間というのは、非常に少ないということであります。

それともう一つ、近代建築。さっきいいました太陽、空間、緑というような計画におきまして、その隣棟間隔の空間を転換しうるかというと、これ、なかなかむずかしいわけであります。そこでいろいろと考えてみたのがイタリアの地図の逆転であります。この次頁の地図は、ジャンバチスタ・ノリの作った有名なものでありまして最近いろんな本に使われておりますが、このように地図を、黒白逆転してみるというようなことをやってみますと、イタリアの地図の場合は――ことにノリの地図は、入っていいところが白くなってい

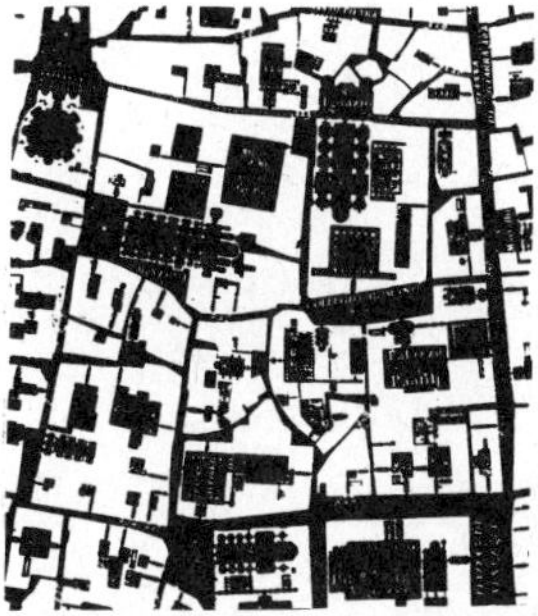

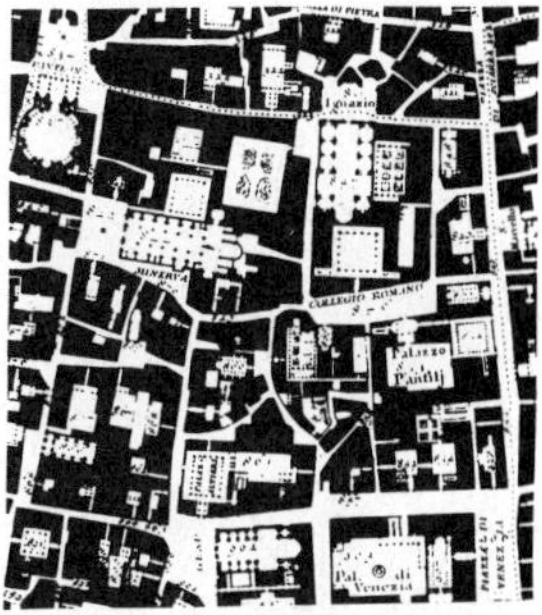
S. Ignazio
MINERVA
COLLEGIO ROMANO
Palazzo Panfilj
Pal. di Venezia

永井
信濃

る——、それを逆転しますと、だいたい似たような感じになりますが、下のわが国のほうの地図は、これを逆転してもあんまり意味がないということであります。これが、だんだんいろんなことと関係しているわけであります。

さて、中央公論ビルを設計しましたが、あれは道路二面に面している建物であります。当時、空間のスピリット・レベル——まあブロイヤーのところにいましたので、そういったことに関心があって——ちょっと床レベルをずらして設計しましたが、その両脇にある隣りの建物との間の空間はどうもおかしな空間で、ほんのこれくらい空いておりますが、その空間も集めると相当の空間になるわけでありまして、これをなんとか積極的な街の空間、あるいはさっきの図面でいいますと、非常に活性化した、あるいはゲシュタルト質を持った空間にすることができないであろうか、ということを考えまして、古い話になりますが、「N－スペース」あるいは「P－スペース」というような問題であったと思います。非常に収斂性のある空間と、発散性のある空間というようなことを、当時考えていたわけでございます。

それともう一つ、隣棟間隔。これは最近よく考えてみると、いろいろと意義があるような気がしてまいりました。これはどういうことかといいますと、たとえば、建物と建物との間の隣棟間隔。この間隔と高さの比率。これをD／Hというふうにいいますと、D／Hが、一、二、三、四。あるいは、〇・五、〇・二五、〇・一二五となると、だんだん迫ってきた空間ということになります。ヘッジマンとピーツの *The American Vitruvius* という大変面白い本がありますが、そのヘッジマン、ピーツによりますと、たとえば建物を十分鑑賞するために、D／Hとして二ぐらいが必要で、建物を一群の景観として鑑賞するためには三ぐらい。建物の高さの三倍ぐらい離れて見なければならないと、そういうようなことが書かれております。また、イタリアの建築におきまして、中世の建築ではD／Hがだいたい〇・五、ルネサンス時代で、たとえばレオナルド・ダ・ヴィンチは一対一ぐらいを理想とした。それからさらにバロック時代になりますと二対一というような比率を考える。そしてみな建物の高さと隣棟間隔の関係を空間構成として、あるいは美学的に考えていたわけであります。それが、近代建築になりましてからは、たとえば冬至において日照四時間を確保するためにはD／Hを一・五以上とするとか、そういう機能的な理由によって空間構成を考えるということが、手法的に非常に行われましたが、空間の構成として、D／Hを考えるというようなことは、少なくとも近代建築の最初の考えのときにはなかった。特に、そういうものを否定するというようなところに、近代建築の真価があったと考えるのであります。

それからもう一つ、「閉鎖空間」という問題があります。角がかためられる「入り隅み」の空間というようなものは、近代建築においては、むしろ否定すべきものの一

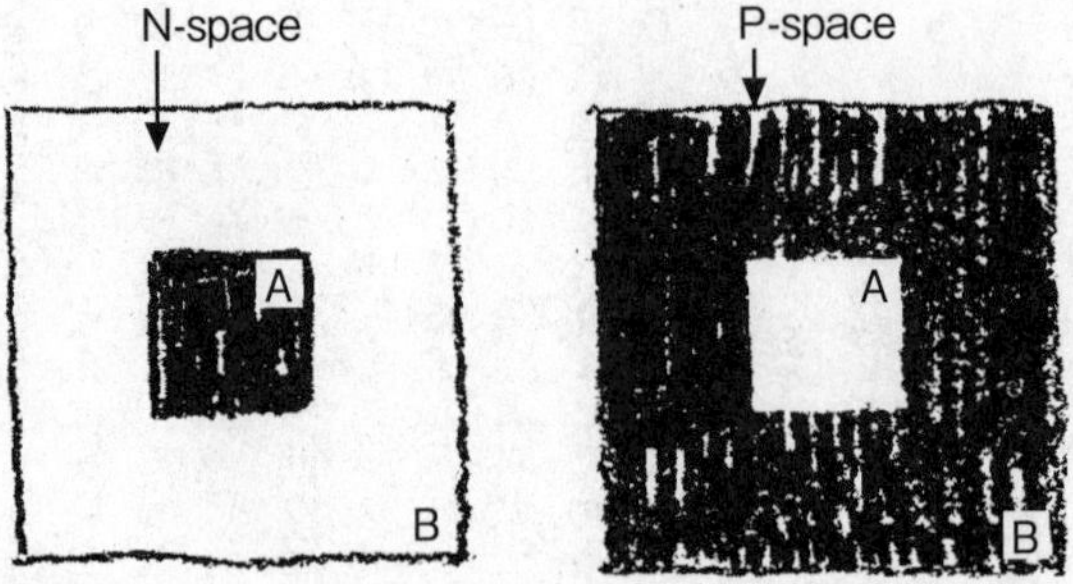
N-space
A
B
P-space
A
B

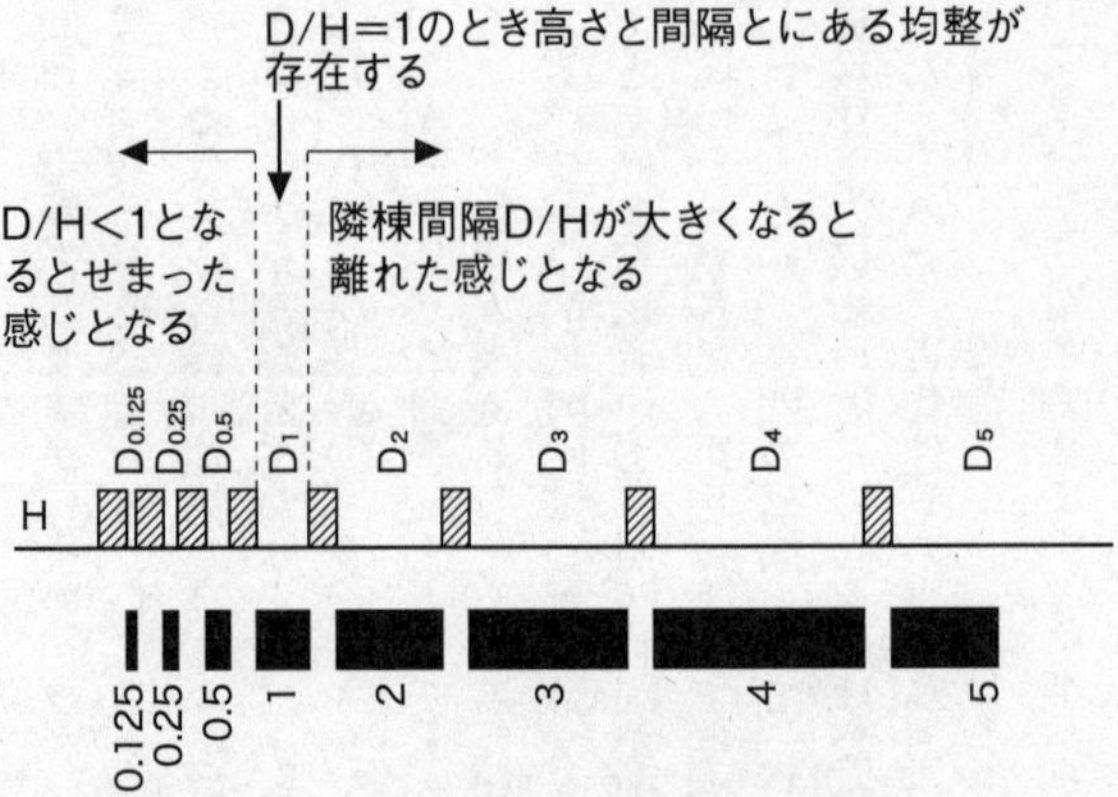
D/H＝1のとき高さと間隔とにある均整が存在する
D/H＜1となるとせまった感じとなる
隣棟間隔D/Hが大きくなると離れた感じとなる
$D_{0.125}$
$D_{0.25}$
$D_{0.5}$
D_1
D_2
D_3
D_4
D_5
H
0.125
0.25
0.5
1
2
3
4
5

つであったというふうに考えられます。こういったことが、D／Hという空間構成のようなことが、また新たな立場で考えられるという時代も来ているような気がいたします。これは、たとえば、D／Hが一対一であるとき、それからもう少しつまってまいりまして、〇・六とか、だんだん小さくなりますと、この面とこの面との間に非常に干渉が発生いたしまして、非常に気になるという変節点になります。それからだんだん離れるにしたがって気にならなくなってくる。そして、たとえばD／Hが四以上になりますと、建物と建物の関係において収斂性がなくなる。たとえばコルビュジエのチャンディガールへ行ってみますと、セクレタリアートとハイコートの間は七〇〇メートルぐらい離れてますから、D／Hは一〇あるいは一二ぐらいの空間を、コルビュジエは平気で使っているということがいえると思います。おそらくコルビュジエは、やはり近代建築の三つの要素から考えて、その隣棟の間にゲシュタルト質を持たせようというような考えは全くなかった、といってよろしいのではないかと考えられます。

一方、「閉鎖空間」というのは、たとえば、エルノ・ゴールドフィンガーとか、あるいはゴードン・カレンなんかが唱えだしたことかと思いますが、私は絵で閉鎖空間というようなことを考えました。たとえば、次頁の図のAは、四本の柱が立っている。そして真中に人がいる。やはり柱と人間との間に、なにか一つの閉鎖力が働く。しかし、その閉鎖力は弱い。しかし、次にBのように壁が四枚立つけれども角が欠けてい

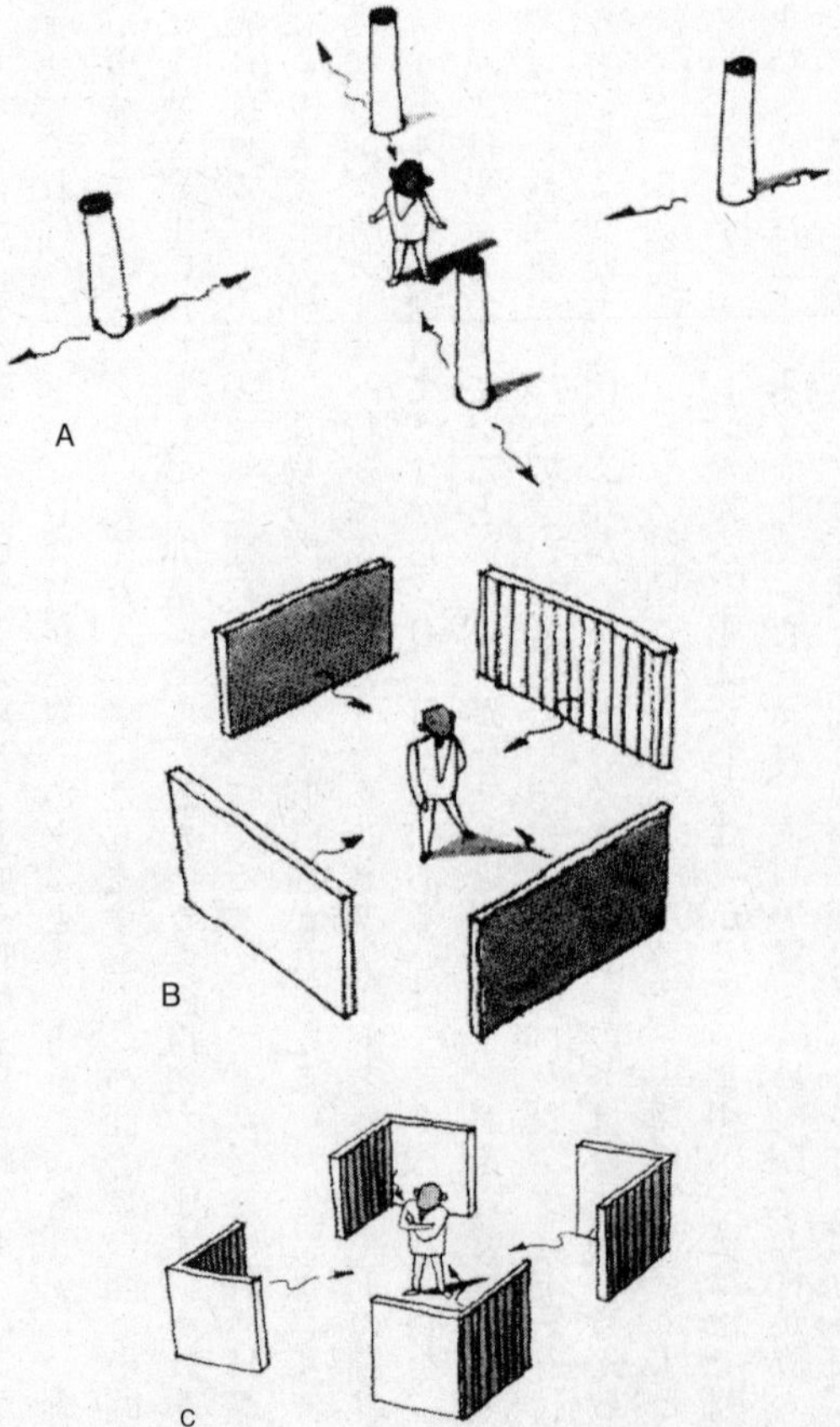
A
B
C

る場合。これは、普通の街並みにおきまして、道路が四隅に入ってまいりますと、こういう空間になるわけであります。この場合の閉鎖感よりも、角が固められる、たとえばCのように道路が各辺の中央についてくるというような広場型、そういったものの閉鎖力というものは非常に強い。その当時、なぜBがCより優れるかという問題について、いろいろ考えてみたわけですが、これは、やはりゲシュタルト心理学の応用によって、「内側の法則」だとか、「取囲みの法則」というようなことで十分に説明できると考えられます。

ゲシュタルト心理学をこんな大きな建築空間等に応用することが、いったいいいのであろうか、悪いのであろうかという問題もあります。これにつきましては、先般文学部に行って、心理学の先生とディスカスしたのですが、ちょっとびっくりしたような顔をして、それはいいんじゃないんでしょうかということでありましたし、世界的には、やはりノルベルグ・シュルツあたりもそういっておりますし、まあだいたいいいようであります。

それから、モニュメンタリティの問題を、考えたこともあります。たとえば次頁の図でありますが、ここに一本のオベリスクのような垂直状のものが立っている。これには、非常に唯我独尊的なモニュメンタリティがある。そして、その逆空間であるところにも非常に奇麗なバランスがとれまして、記念性があるわけでありますが、それ

に対しまして、もしその近所に不思議な格好のものが出てまいりますと、その逆空間に乱れが生じてまいりまして、このモニュメンタリティが失われる場合があるわけであります。そんなことから、たとえば非常に唯我独尊的なモニュメンタリティに対しまして、当時考えた複合的なモニュメンタリティ、たとえば二枚の壁が立って、そしてこういうようなところに陰影ができるような、次頁の図のような空間、そういったものに複合性があるんじゃないかということを考えたことがあります。

これを建築に応用してみますとどういうことかといいますと、コルビュジエのマルセイユにありますユニテ・ダビタシオンの建築。これは、長さ一六〇メートル、幅二四メートル、高さもたしか六〇メートルくらいある、非常に大きな彫りの深い建物であります。これを初めて見に行ったときびっくりしたのですが、本当にいまいったオベリスクのような、非常に強烈な、モニュメンタリティのある建物であります。中に入ってみると、これは、なかなか問題があります。とにかく一戸のユニットの幅が四・一九メートルですが、奥行がその五倍ぐらいの二〇メ

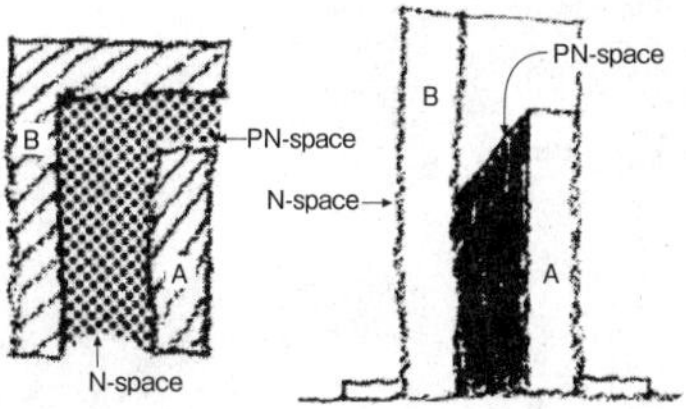

ートルから二四メートルもあります。そういった細長い空間というのは、コートハウスとか、テラスハウスでは、中庭がないと成立しない程度の平面計画でありますが、そういった細長いユニットを取りこむということ、相当内部の空間に対しては犠牲があるわけであります。しかし、外側の形は、一六〇メートル、幅二四メートル、高さ六〇メートルというような非常に美しい形で、パッと建っている。当時、私が見たときはそばになんにもなかった。非常にモニュメンタリティがありましたが、最近は、なにかいろいろできたという話も聞きまして、いまのように逆空間に乱れが出てくると、ちょっと困るんじゃないかなということがいえると思います。

そういったことで、いままでやってきたことを考えてみますと、最近いろんな考えさせられることが出てきています。それは一つにはどういうことかというと、コーネル大学にコーリン・ローという先生がおられますが、その方のもとで、一九六三年〜六七年ぐらいの間に研究された論文がいくつか出ており ます。たとえば、一九六七年に、マスター論文として発表され

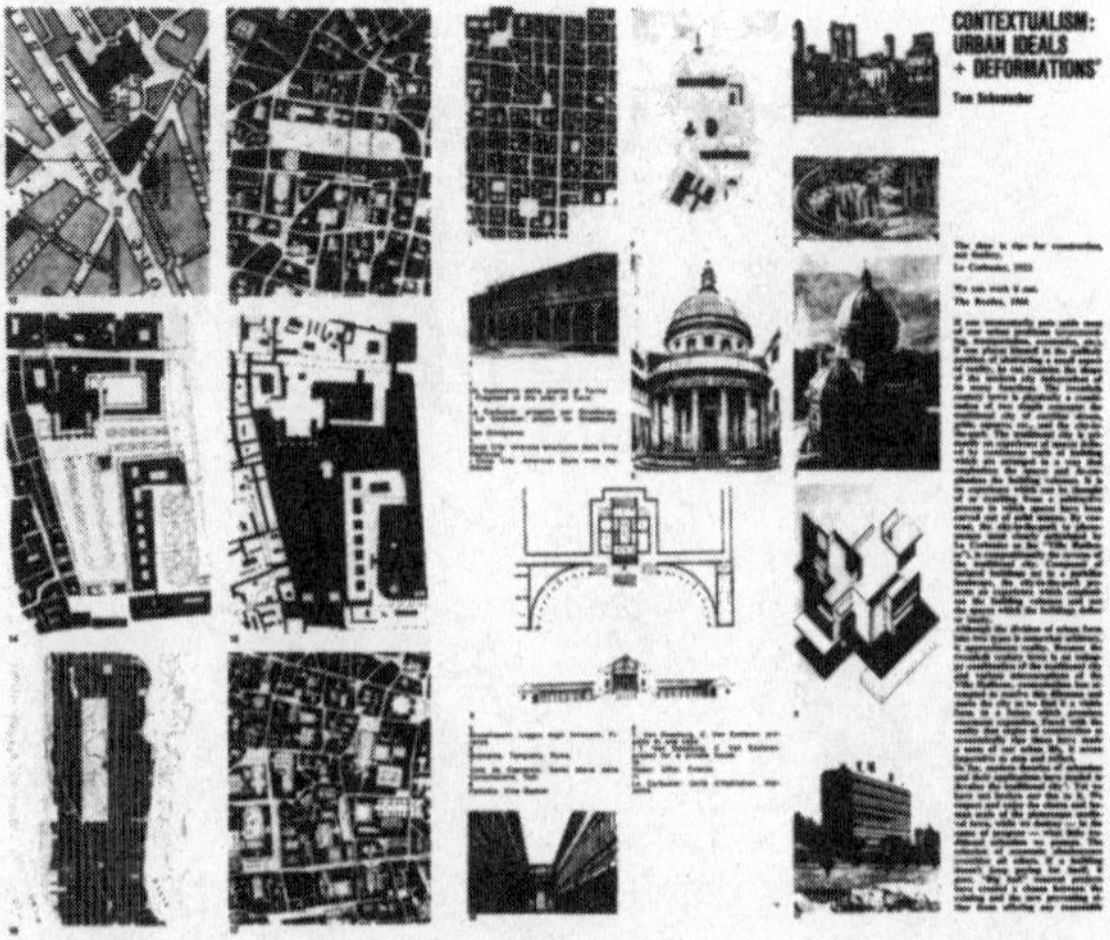

ましたウエイン・コッパーという方の“The Figure-Grounds”という論文——これはまだ手に入らないので読んでないのでありますが——このゲシュタルトの「図」と「地」との関係、あるいは文献を集めてみますと、イェールでやってるオポジションに、スチュアート・コーエンという方が書かれた“Physical Context Cultural Context: Including it All”という論文があります。これが、最初に〝コンテクスチュアリズム〟という言葉を使ったようであります。そしてその次に、トム・シューマッハーの“Contextualism: Urban Ideals + Deformations”（上写真）——これは、カサベラに一九七一年に発表された論文でありますが——これを見

ますと、いろいろ面白いのでありますが、さっきいいました凸空間的な、あるいは非常に強烈なモニュメンタリティのあるコルビュジエのユニテ・ダビタシオンと私がさきに述べました凹空間的で内包的な広場の空間、あるいは閉鎖空間というようなものの例といたしまして、パサーリのフィレンツェのウフィッツィの空間を対比している。その左側に六つある地図のうち、下の図は正しくノリの地図でありまして、そしてまた中段の二つの図は、ヴェネツィアのサン・マルコの広場でありまして、これを黒白逆転して考えているわけであります。そういたしますと、さっきから私が述べてまいりましたものの基本的な考え方と、このトム・シューマッハーがやっているコンテクスチュアリズムとの関係、さらにまた、ここにお見せするのは、グラハム・シェーンのコンテクスチュアリズムでありますが、これを見ますと、まさにさっき私が「P－スペース」あるいは「N－スペース」といっていたようなことが書かれており

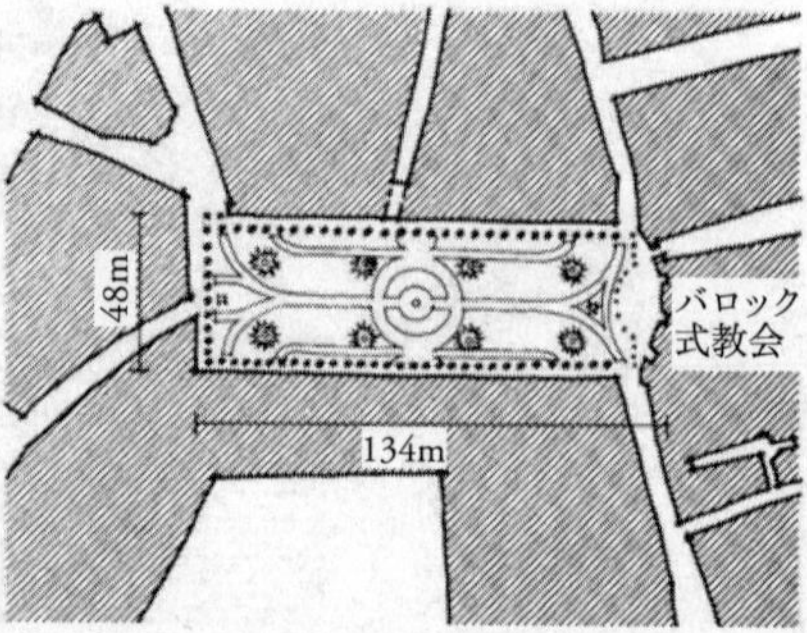

ます。これは、近代建築で忘れられておりました言葉の再登場でありまして、大変面白いというふうに考えられるのです。しかし、このコンテクスチュアリズム的な考えというのは、なにも最近の問題でなくて、非常に昔からあった問題だと思います。これは、いままでの在来の街並みのコンテクスト、——文脈をある程度考えた上で、一つ一つ新しい考えを、あるいは建物を、持ち込もうということであります。

非常に面白い例といたしまして、ミラノの西北の方にヴィジェーヴァノという奇麗な町がございます。この町の中に、ピアッツァ・デュカーレという広場があります。上の図が広場の平面図でありますが、四八×一三四メートルぐらいのルネサンス式の広場であります。三方に非常に奇麗なアーケードがあります。そしてここに、こんな奇麗な舗装の模様があります。ここに一つ不思議なことがあるのですが、ここにバロック風の寺院があります。この建物が、実際はこの広場の軸に対して曲がっているにもかかわらず、この面だけが奇麗に左右対称に軸線を合わせて造ってあります。これは、どういうことかといいますと、アーケードはルネサンス様式でありまして、こちらの寺院はバロック様式ですから、様式史から考えても、寺院が後からできたと考えられますが、実際に現地へ行ってみますと、三方にルネサンス風の奇麗なアーケードがありまして、ここに正面が凹面になりましたところのバロック風のカテドラルが建っています。これは小さな町の奇麗な、小さな広場でありますが、イタリア人にとっても有名な広場ですが、なかなかいいのであります。これをよく考えてみますと、イタリア人にとっては広場のほうが重要である。われわれ建築家は、この建物のほうが重要であるとして設計をすると思いますが、この場合、広場のほうが重要であるとしてこの形を整えていくということ、これは、ある意味ではコンテクスチュアリズムの考えとも一致するものと思います。あるいは私の理論でいえば、これに屋根をかければ、この外壁は、この広場の内壁になる。そして屋根をとれば、この壁はもとの建物の外壁になるという意味あいを持った空間でありまして、また、こういった奇麗な模様のある舗装がしてあるということは、これを、屋根をかければ十分に内部の空間となりうるようなゲシュタルト質のある空間であるということがいえるわけであります。

こういった手法は、イタリアではずいぶんたくさんあちこちにありまして、またダ・ヴィンチやミケランジェロなんかも、ファサードだけやったというようなことも聞いたことがあります。また一方、カミロ・ジッテに対する評価も一方ではあるわけであります。これは、私が初めて知ったのは一九六〇年、論文を書くためにアメリカへ行ったとき、どこの大学からビブリオグラフィをもらっても、ジッテの名前が出ている。しかし、なかなかこの本が入手できないので、本屋さんとも相談してニューヨーク・タイムズに広告を出したらどうだろうかということで、広告を出したこともありましたが結局手に入らなかったのですが、この本は、考えてみれば古くから非常に評価されていたものでありますが、コルビュジエはこの本を問題にしなかったということであります。コルビュジエの言葉を借りていえば、このジッテの本は、いかにも巧みに証明されているようであるけれども、それは過去のつまらない路傍のものを取り上げた程度のものであって、あまり意味がないというようなことをいっているわけでありまして、それ以来、近代建築を推進するに当たっては、ジッテというものは一切口に上らないというようなことであったわけです。それが最近、さっきのコンテクスチュアリズムをやっている人たちは、非常にこれを再評価しておりまして、ジッテにささげる論文を書いている人もいます。ロブ・クリエの"Urban Space in Theory and Praxis"は非常に面白い論文でありまして、まさにこの広場の造形を分析しているわけであります。そういった形で再登場してくるということであります。

それは、どういうことかというと、たとえば、六〇年代のチーム・テンだとか、あるいはアーキグラムだとか、メタボリズムとか、そういった人たちの都市論というのは、いわゆるモビリティとか、情報の伝達とか、発展のダイナミズムというようなものを非常に重要視しておりましたが、このいわゆるコンテクスチュアリズム、あるいはジッテらの考え方、そういったものに一切目を閉じてしまっている。空間自体の問題、それをフォルムとか、あるいは意味というようなことで捉えようとしているということであります。そして、この街区ごとの問題を非常に重要視しているのでありまして、その街区における機能の混在などのことに対しては、わりと寛大であります。用途地域制とかそういうものに対して、たとえば、ジェン・ジェイコブスがかかわっていた用途の混在というようなこと、そういったことを街区ごとに解決していくということ。用途地域制などがはっきりと行われなくていいんじゃないか。そのほうが、かえって街にとってはいいんじゃないか、という考え方も一方には出てきているわけであります。

街並みと建築外観の見え方

さて、そんなことで、私がいままで考えてきたことを、さらにゲシュタルトの「図」と「地」というような関係において発展させてまいりますと、次にはどういうことが起きてくるかということであります。それは、街並みの分析で、内部と外部との空間の境にある壁のあり方がどういう状態にあるかということが、非常な関心事となってくるのでありますが、そのうち特にわが国の壁のあり方というのが、さっき申し上げました兼好法師的な、非常に流動性のあるもの、あるいは非常に面が捉えにくいもの、というようなことで、ゲシュタルトの「図」と「地」との関係が、非常にはっきりと出てこないということであります。

それに対して、一つ考えられるのは、繁華街のようなもの、たとえば銀座の街並みの分析をやってみる、ということであります。銀座の街並みについて、袖看板の数を実際に調査してみる。これは、どういうことかと申しますと、本来街並みのイメージアビリティというか、形を決めているのは建築の外壁であるはずでありますが、わが国の繁華街の場合は壁面から袖看板が出ている。袖看板が一メートル出ることによって、角度によっては全然その側の壁面が見えなくなる。そして壁面からだんだん離れるにしたがって、壁面が見えてまいります。これは計算すればすぐわかることであります。

銀座について分析してみますと、銀座通りは一丁目から八丁目まで西側と東側とありますが、総延長がだいたい九〇〇メートル、それに対しまして袖看板が、上から下までを一列として考えますとだいたい西側で一一一、東側で八八――これは百貨店があると少し少なくなる――、だいたい一〇メートル歩くごとに袖看板が一つあるとい

銀座通りそで看板に関する調査（昭和53年8月現在）

場所	道路総延長（L）m	そで看板の総面積（A）㎡	そで看板の総列数（N）	A/L ㎡	L/N m
銀座1丁目〜8丁目西側	901	960	111	1.07	8.12
銀座1丁目〜8丁目東側	910	563	88	0.62	10.34
銀座1丁目〜8丁目東西側	1,811	1,523	199	0.84	9.10

銀座通り街区別そで看板に関する調査（昭和53年8月現在）

場所		街区の道路長（L）m	街区のそで看板の総面積（A）㎡	街区のそで看板列数（N）	A/L ㎡	L/N m
銀座1丁目	西側	111	92	11	0.83	10.09
	東側	126	115	22	0.91	5.73
銀座2丁目	西側	111	153	17	1.38	6.53
	東側	111	104	8	0.94	13.88
銀座3丁目	西側	119	132	12	1.11	9.92
	東側	119	26	2	0.22	59.50
銀座4丁目	西側	94	79	7	0.84	13.43
	東側	94	55	12	0.59	7.83
銀座5丁目	西側	108	101	6	0.94	18.00
	東側	108	50	7	0.46	15.43
銀座6丁目	西側	113	169	21	1.50	5.38
	東側	113	50	6	0.44	18.83
銀座7丁目	西側	114	101	20	0.89	5.70
	東側	114	59	16	0.52	7.13
銀座8丁目	西側	131	133	17	1.02	7.71
	東側	125	104	15	0.83	8.33

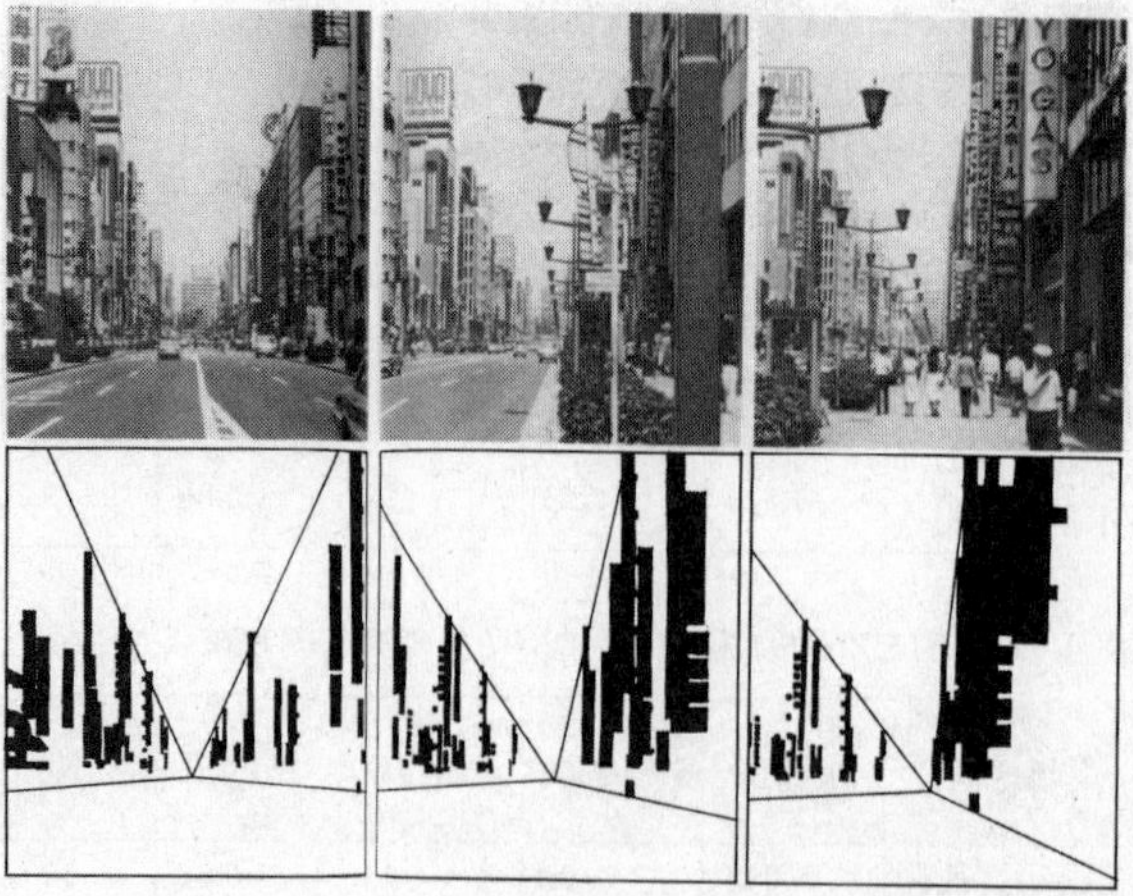

中央　東6m　東3m

う勘定になります。そうしますと、少なくとも銀座通りを歩いているときに、壁面の印象というものは入ってこない。いまそれを写真にしてみますと、上の写真のようになりまして、一番左の写真から銀座通りを壁面から三メートル離れた歩道のところでとった写真、それから、次は六メートル離れたところでとった写真、それから、中央へ行ってとった写真、さらに、反対側の壁面から六メートル離れてとった写真、三メートル離れてとった写真であります。なお、銀座通りは道路幅がだいたい二七メートルぐらいございます。この袖看板だけをこの写真の中から取り出しまして黒く塗ってみますと、下段の図のようになります。中央におきまして

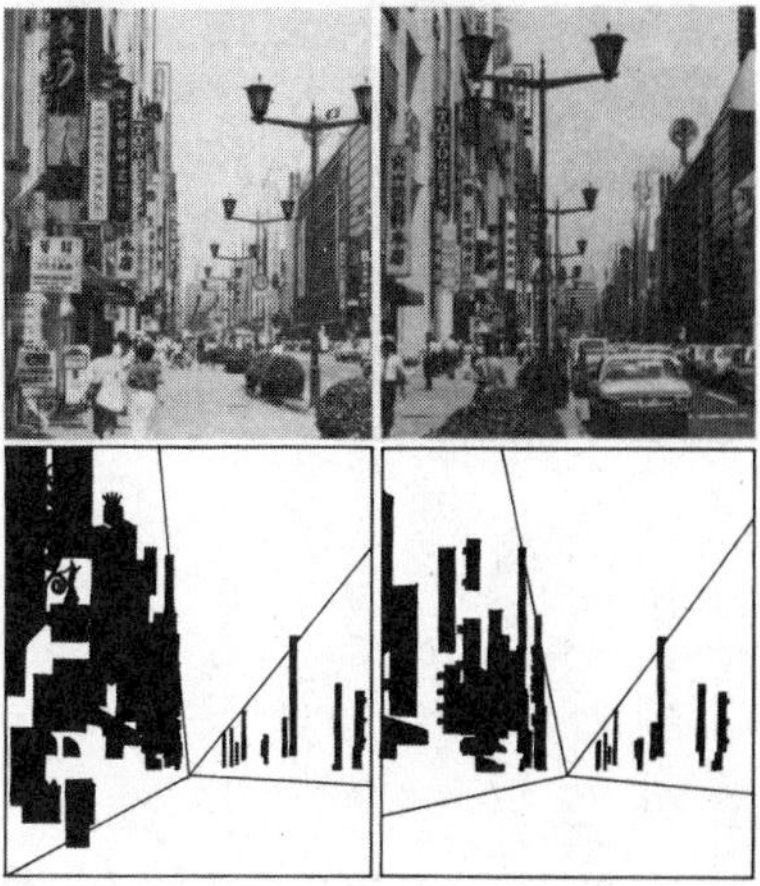

西3m　西6m

は、左右だいたい同じ程度のバランスになりまして、壁面——この白いところですが——も、ほぼ見えます。しかし、こちら側の三メートルぐらいのところですと、ほとんど黒くなってしまい、反対側は見えます。反対側も同様でありまして、こちら側へくると、こういうふうに真黒になって、反対側が見えるということになる。

これはまあ当然のことでありますが、少なくとも袖看板がある限り、歩道が広くて、壁面から離れていれば離れているほど、壁面の印象は強くなるでありましょう。特に歩行者天国のように、真中の車道に出られる、あるいは横断歩道を渡っていくとき見る、あるいはスクランブルのとき出ていくと、街の空間の認識としては異常な高まりを持つ、というようなことがあると思いますが、それは、こういった理由でも説明できるのではないかと思います。

これは、この壁面の内と外との境が、いかにわが国の場合はぼやけているかということを示すものでありまして、これは、文学にも、あるいは絵画にも表われていると思います。だいたい日本の画家も西欧に行きまして絵を描くと、非常に描ける。たとえばパリだとか、ヴェネツィア、ローマあたりへ行って描くと、われわれでもかなり描けます。それが日本へ帰ってくると描けない。描けない理由はこのとおりであろうと考えます。この壁面で規定される輪郭線を、「第一次輪郭線」とし、この壁面以外の、たとえば電柱であるとか、いろんなサインであるとか、あるいは置いてあるもの、動くもの、ヒラヒラするもの、春秋の売出しのなんとか、そういったものをすべて「第二次輪郭線」として分けて考えますと、第一次輪郭線と第二次輪郭線の比率が、わが国では圧倒的に第二次輪郭線が多くて、場合によっては、第二次輪郭線しか見えないというような状景すらあるわけであります。これで絵を描こうというのは、たとえば美人の顔を、全部絆創膏《ばんそうこう》と包帯で巻いたようなもので、どういう顔をしていたかわからない。滞欧作品はできても、滞日作品というものはこれはちょっと描けない。文学においても奥野健男さんなんかもいっているように、昔は、漱石などが、この本郷だの下谷だのを克明に書いた。最近は書こうたって書けない。書けないはずで、何がどうなっているかわからないような顔の描写をするということは、容易でないことでありまして、これは、建築の内と外の関係が極めてゲシュタルト的でない、「図」と「地」との関係が非常にぼやけているからだと考えられます。

外壁における建築素材の比率

	石・タイル・PCコンクリート	ガラス	金属パネル	サッシュ
東京海上ビル	57.9%	35.6%		6.5%
霞ヶ関ビル		33.3	56.3%	10.4
日本IBM本社ビル	63.3	36.5		0.2
富士フイルム本社ビル	8.6	73.0		15.6
NHK放送センター		80.6		19.4
新宿三井ビル		52.1	29.7	18.2
新宿住友ビル		19.1	77.9	3.0
国際通信センター		15.5	82.7	1.8
シーグラム・ビル		57.8	22.1・	20.1
チェース・マンハッタン・ビル		50.0	44.5	5.1

さらに、建物の外観の見え方というような問題について、大学院の学生と研究をやりましたが、たとえば次頁上の表を見ていただきますと、建物の外観におきまして、外壁における建築素材の比率を、たとえば、東京海上ビルと霞ヶ関、日本IBM、富士フイルム、NHK、新宿三井や、アメリカのシーグラム・ビル、あるいは、チェース・マンハッタン・ビル等について分析してみますと、石、ガラス、金属パネルというようなものの比率は、表のようになります。それを今度は、建物の見え方からいいますと、こういう問題があります。次頁の図の右半分のようにサッシュが外に飛び出しているものと、左半分のようにサッシュが内部に引っ込んで強度を保っているものとの、外観の見え方を比較しますと、ちょ

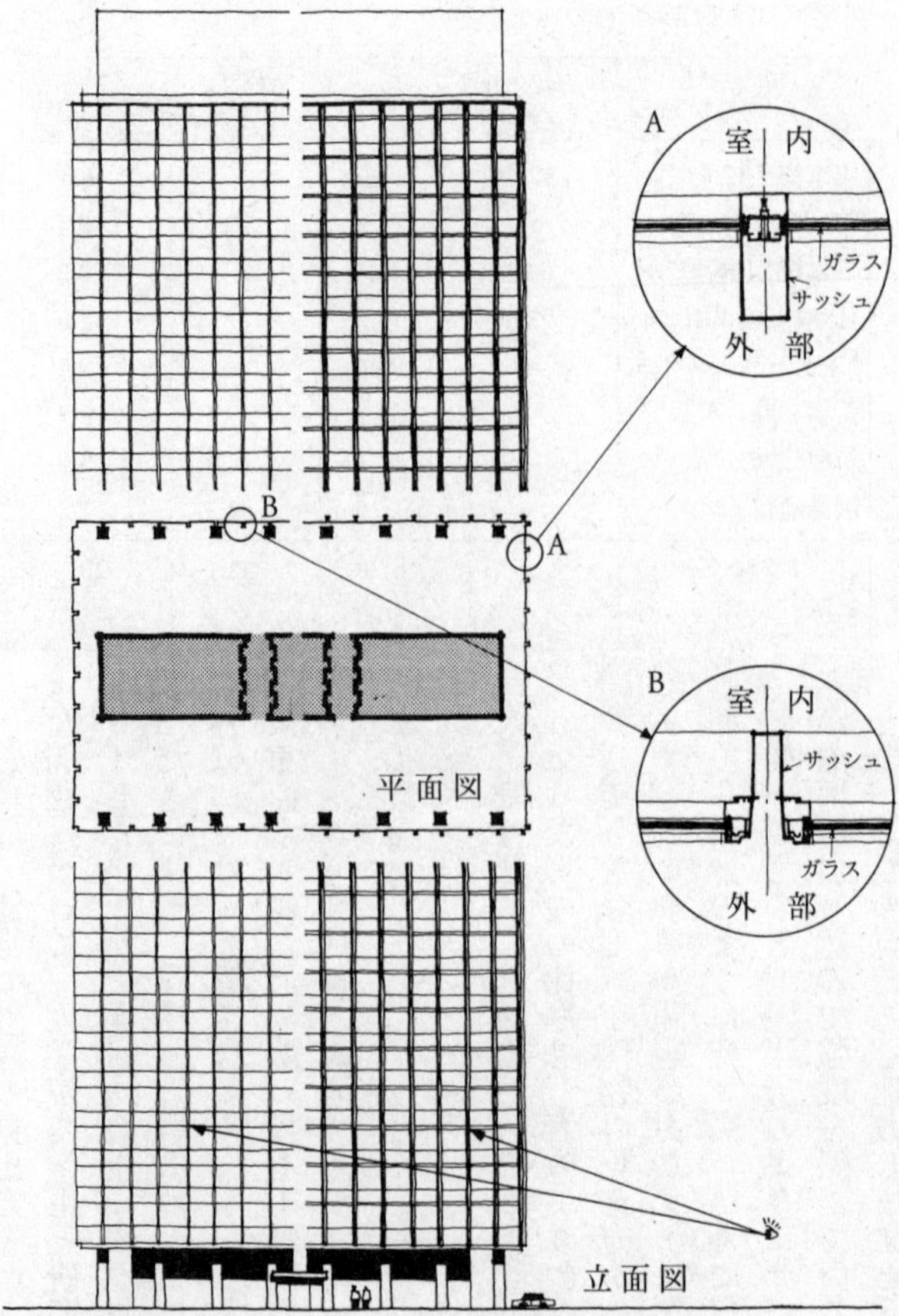

左半分は、サッシュが
ひっこんでいるもの

右半分は、サッシュが
とびだしているもの

っと斜めの方に行ってみますと、サッシュが飛び出てるものは、いまいった袖看板の理由と同じことで、ガラス面が非常に見えにくくなる。この引っ込んでいるもの――たとえば新宿でいえば、三井ビルのようなもの――、これは、どこまでいってもガラス面がかなり見えます。さっきのガラス率、あるいは、石だとか、他の金属パネルとかそういったものの量もさることながら、このサッシュの飛び出し方、そういったものによってこの外観はかなり違ってくる。元来真正面から見れば非常にガラスっぽくて、さっきの表ではガラス率が多くても、横の方へ行くとガラスの見え率が非常に減る建物と、逆にどこまで行ってもわりと見えやすい建物とがあります。これをいろいろ分析してみますと、シーグラム・ビル――これは、皆さんご承知のニューヨークのパーク・アベニューにある非常に奇麗なビルでありますが――、これを見ますと、縦方向のマリオンが一六センチぐらい飛び出しているのに対して、横方向のスパンドレルはだいたい平らでありますから、上から下に対しては、サーッと見えますが、ちょっと横に行くといまの理由でガラス面は見えなくなる。ところがシーグラム・ビルは真中に玄関がありまして、両脇は池になってまして、この両脇に行かれないようになっている。ということは、これを下から上へずうっと眺めるには大変都合がいいのでありますが、横からは見にくくしてあるのであります。次に夜景についてミースは非常に考えたのではないかと思われるのは、たとえば（旧）東京都庁のように庇《ひさし》が出ている建物、これは昼、陽が当たりますと強烈な影が出まして非常に強い印象を持つ。ところが夜になりますと、庇が邪魔して仰ぎ見るとガラス面が見えなくなるということがあります。シーグラムの場合、いまのように横線に関しては出張っているものはない、縦線だけある。ということは、つまり夜景を意識した建物であるということがいえると思います。

さらに今度は、夜景の問題でありますが、やはり「図」と「地」の転換、あるいは外壁のあり方というので、大学院の学生と夜景の研究をやっておりますが、たとえば昼間建物を見る場合、この建物の外壁によって建物を認識している。窓は黒く引っ込んだものになっております。それが、夜景になってまいりますと、あたりが暗くなるにつれ外壁がだんだん見えなくなってくる。そして今度は、窓に灯りがついてくるというような状景になります。その場合に、建物からの距離を、一〇〇メートル、二〇〇メートル、三〇〇メートル、四〇〇メートルと分けて観察してみますと、一〇〇メートルぐらいで見ると、たとえば新宿の超高層ビルを観察してみますと、蛍光灯がずうっとじかに見えまして、窓の認識というよりも蛍光灯の認識のほうが強くなります。それが、だんだん離れて、たとえば八〇〇メートルぐらいのところへ行くと、蛍光灯という形でなくて窓が一つのゲシュタルトとして浮かんでくる。そして完全に壁面が見えなくなるという点が出てまいります。だいたいみんなで八〇〇メートルぐらいで、

「図」と「地」とが逆転するなあということになりました。

夜景の美しさということは、都市にとって非常に重要な問題であります。たとえばネオンのようなものを考える場合、われわれ建築家は、一生懸命建築のプロポーション、あるいは塔屋のプロポーションを考えて、こんなものを取りつけられてたまったもんじゃないと思いますが、そのたまったもんじゃないものが、夜になるとなんとなく美しく見える。これはどういうことかといえば、極めて簡単な理由でありまして、さっきいったように、夜になれば建物が見えなくなってくる。そうすると今度はネオンだけが浮かんでくるということになります。これは、たまたま奇麗な和服を着た女の方が、なにか変な羽根のついた帽子をかぶればおかしいんだが、和服のほうがすうっと消えてくれれば、帽子だけ見れば見られるということと同じことでありまして、夜景の美ということも大切です。たとえば、ゴシックの建物でも、ルネサンスの建物でも、バロックの建物でも昼見れば奇麗なのです。それらの建物は彫りが深く、非常にいいんでありますが、これが夜になると、やはり、石のかたまりにならざるをえない。夜景というものを強く意識しだしたのはおそらくあのシーグラム・ビルではないかと思います。これには、非常に考えたような痕跡があります。直接聞いたわけではありませんけれど、たとえば、電気が一斉点灯する。各部屋にスイッチがなくて、一斉点灯する。勝手に消せない。ということは、ゲシュタルト的に考えて、窓が明るかったり暗かったりすると、非常にミースは困るのであろうと思います。それから窓側から何メートルかまではいろんなものをつけちゃいけない、勝手なカーテンはつけちゃいけないということがあります。そして、ディテールを見るとよくわかりますが、窓台が低くしてあって、ペリメーターの空調器をわざわざスラブの中に入れて、背を小さくしている。逆に「図」と「地」と転換してみたときも、非常に美しい建物であります。それに対して、横にいろんなものを出したり、窓面を深く引っ込めますと、昼は彫りが深くなりますが、夜になると今度は、彫りが深いということはガラス面が見えにくいということになりまして、さっきいった形が斜めになったり、ゆがんでくるのでありまして、これが夜景として非常にむずかしい問題になってくる、というようなことであります。

　そんなことやこんなことから、建物の形を規定する線、壁のあり方、これが、いまいった第一次輪郭線、第二次輪郭線から、いずれは夜景の問題にまで、いま発展してきております。そして、今後この壁のあり方というような問題について、いったいどんなふうになっていくんだろうかということについて、いろいろ考えなければならないと思いますが、その境界線に非常に浸透性があったり、受け入れる面、あるいは拒否する面、アミーバ状に滲《にじ》み出したり、あるいは浸透した線のあり方、その辺の「図」と「地」との間の線のあり方ということが、街並みや、建築の外観等を決める上で非常に重要な意義があるのではないかと考えているわけであります。

以上で、建築空間の研究の問題について終わらせていただきまして、次にはどのようにして建築家になったかということについて簡単にしゃべらせていただきたいと思います。

私の経歴

私は、昭和一五年に東大に入学したわけでありますが、そのとき、戦争が近くなっておりまして、金ボタンの大学の服が間に合わなくて和服を着ていったわけであります。そのときの同級生が、この間亡くなられた池辺先生でありまして、――アイウエオ順で芦原、池辺というわけで、席がわりと近く、入った日に早速議論になりました。――彼は、大学に入る前から建築学科に行きたくて勉強しておりました。私はなんかのはずみで建築に入りました。いきなり和風、洋風というので大議論になりました。これは、おかしな人だな、畳が敷いてあれば和風じゃないのということで、大分議論しました。彼はあとで、私が和服を着てるから右翼じゃないかと思ったそうであります。これは、この間お通夜で聞いた話でありまして、極めて新しい情報であります。そしてだんだん戦争の気配も強くなってまいりまして、二年半で卒業ということで卒論と卒業計画と両方大急ぎでやるということになりました。私は、構造というようなことは一生やることがないだろうと考えたので、武藤先生のもとで〝塑性領域におけるラーメンの研究〟というのを、来る日も来る日も、撓角《とうかく》法によるラーメンの解析をやっておりました。これがまさか今日の超高層理論につながるとは、そのときは全く夢にも考えなかったわけであります。そして卒業すると同時に、もう戦争になっておりまして、皆一緒に、海軍なり、陸軍なりに入ったわけであります。

なぜ私が建築をやりたかったかということの一つは、働くときはうんと働くけれど、一段落したらなにかグッと休みたい、毎日同じように銀行へ行って、お金の計算するなんていうのは非常に厭《いや》でありまして、やるときは大いにやるけれど、休むときは大いに休むというような職業はないか。そして、父は医者でありましたが、母方に芸術家が多くて、母の弟は藤田嗣治だとか、従兄弟《いとこ》が小山内薫だとか、いろんなのがいまして、なんとか芸術と科学との融合、建築がいいなあという程度で入学しまして、池辺君にやられたわけでありますが、そんなことでまあ卒業いたしました。

戦争になるわけですが、戦争の話は本当は酒を飲まないとしないことになっているのですが、これから定年退官される先生は、戦争の話をしたくてもおそらくできないと思いますので、最後に少しだけ、一、二分だけさせていただきたいと思います。

青島《チンタオ》に行って帰ってきてから、いきなり海軍技術中尉でありますが、ちょうど皆さんぐらい、大学院生ぐらいだと思いますが、ニューギニアに飛行場を造るべく徴用工員を一、〇〇〇人ほど連れて、そのうち二〇〇人ぐらいが私の中隊――私は中隊長にさせられました――、それを一緒にひっぱっていきました。隊員の中には、いま思い出すと、大学で話をするにはふさわしくないかもしれませんが、め組の親分大庭高太郎、横浜の博徒三森宗五郎、それから浅草の小熊の安さん、というようなそうそうたる者が、私の隊におりました。これは弱ったなあ。ちょうど皆さんぐらいの年だった。ところが、フィリピンを出ますと、サンギ海峡というところへかならず潜水艦が出ると聞いておりましたが、本当に出ましてボカンとやられまして、そして半分を、とにかくやられないほうの船にひきとって、どうやらこうやらニューギニア島に到着いたしました。そこで飛行場を造りましたが、ついにわが国の飛行機は一機も来ず、向こうの双胴機がワーッと飛んできて、最後に、できた飛行場でなんにもしないのは残念だというので、海軍が積んでくれましたラケットと球、それを軍医さんとパッパと一、二回ぐらい打ちあって、それで帰ってきました。

アンボン島に引き揚げるので、輸送指揮官をやれといわれました。君は少なくとも大学を出たんだから、何かできるであろう、と。この頃は教養学部でいろんなことを習われます。天文学から物理学から力学から。私も、簡単なものを考えて、「ハハア、ニューギニアからアンボンへ、間のところに島がある。その島のあたりで何時何分にちょうど月が沈むから、それに間に合うようにスースースーと、三、〇〇〇人の隊員を乗せて連れて行かなければならない。船が、こっそり夜陰に乗じて入ってくるから、一人何秒かでこの巡洋艦に乗せる」。初めてでやったことのないことをとにかく考えて、まあ度胸があったというんでしょうか、とにかくその三、〇〇〇人と機材を乗せて、輸送指揮官の任務を果たしました。これは全く大変なことでありまして、当時、私と一緒の医学部を出たのは——この連中は三年半で出ました——、手術をやったことがないのですが、隊員が盲腸炎になった。さて、切る。なかなか盲腸が出てこない。どうしたんだろう。看護兵がそれは腹膜というもので、その下に盲腸があると。そうかともう一度切ると何か出てくる。それだ！　と。こちらも全く何もやってこないけれど、建築出たから、木造の大きな橋が造れるだろうといわれて、何か一生懸命橋をつくりました。それがいまや軍医は医者になり、私は建築家になり、まあやってるわけですが、大学で教わったたったチョッピリの知識でも、それが何か専門家意識として一生懸命やると、ちゃんとなんとかなるようであります。

最後に、いよいよだんだんおかしくなってまいりまして、やっぱり命をかけていることでありますので、ちょっとだけしゃべらしていただきます。最後にテルナーテ島というハルマヘラの脇の小さな島に、傷病兵を連れて、私ともう一人、いま清水建設にいる男と二人で、私は指揮官で行っておりましたとき、敵前上陸がありました。私は司令官から捕虜になってはいかんということを強くいわれていましたから、断固これを撃滅してやらなくちゃいかんと、本当に曳光弾《えいこう》が飛び交う中に、「突撃！」といったけれど、皆ついてこない。ちょっと待ちなさい。もしかすると上がってこないかもしれないから、というので、それで暫《しばら》くして行きましたら、その日に限って上がらなかった。本当にその日だけ上がらなくて、あとで上がったんですが、それでいま助かってここにいるわけでありますが、その人は朝日保君という中尉でありますが、私共は死をおそれず本当に勇ましかった。私もそんな時代があったのかなと思いまして、非常にまあうれしかった。そのときは、本当に生死なんということは考えていなかったのであります。

それからやがて終戦となり復員してきて、本当に食うものもなく、どうしようかなというふうなことを考えましたとき、たまたま東京都の復興のコンペがありまして、どうしそれを一生懸命、製図板がないので床にケント紙を張って書いたりしたのが、どうしたはずみか、びりっかすで入選いたしましたので、待てよ、設計をやってみようかなあという感じになりました。それからまた、池辺君が戦争から帰ってくると、どうだ、坂倉事務所に来たらというので、それじゃあというので連れていってもらった覚えもあります。

その後、なんとしても外国へ行ってみたいということで、留学生試験を受けたわけでありますが、これが、われわれがいままでならっていた英語の試験と全然違うんです。英語に関しては、受験英語ではかなり自信がありましたが、試験を受けに行きましたら、いきなり、アメリカの婦人が出てきて、ラガーディア飛行場に迎えにきてなんとかかんとかペラペラといって、それで、質問、「いま来た女の人は、何色の洋服着てたか?」さっぱりわからんってなことになったり、とにかくいろんな、われわれが受験英語で考えていた英語と全然違う試験で、全く面くらいまして、見事落っこちました。それで、よしきた、こういうことなら来年、ということでやりましたところ、うまく入りまして、戦後初めてのハーバード留学ということになりました。その頃は本当に――この間工学部ニュースにもちょっと書きましたけど――、靴をはいているアと気持ちが悪くないかとか聞きにくる学生がいたり、私はワイシャツを二枚持ってアメリカへ行ったわけでありますが、洗濯屋へ一枚持っていったら一枚じゃ受け付けないい、最低四枚じゃないと受け付けないということで、あと三枚ぐらいを乏しい金で買って、一枚を残して洗濯屋に出した。こういうように、われわれの生活とは非常に食い違っていた時代でありまして、日本人は本当に歯をくいしばって頑張っていないと、はだしの人たちにはいい成績は取れないだろうといわれそうな感じの時代でありまして、最近留学される皆さんとは大分違います。しかしながら当時いた人たちがいまみんな活躍していて――たとえばハーバードの同級生ではノルベルグ・シュルツがいましたが、彼はその頃から設計はあんまりやらなかったけれど、一生懸命理論のほうをやっておりました。彼は当時からセマンティックスに非常に興味をもっていて、ミスター・セマンティックスと呼ばれ、ドミトリへ帰ってからもまた議論をやるので大変でした。彼は*Existence, Space and Architecture* あるいは、*Intentions in Architecture* という、いろんな本を書いてますが、当時、もう今から三〇年ぐらい前からこういった考えを持っていたということで、やはり、学問の展開には非常に長い道のりがかかっていると思います。それからまた、フィリップ・シールだとか、デビッド・クレインとかそういう連中もおりました。シールは、東京にもときどき来る人であります。

それから、ハーバードを終わってブロイヤーの事務所で一年働いたわけですが、どうしてもヨーロッパへ行きたいというので、ロックフェラー財団に申請いたしまして、ヨーロッパへ行くトラベル・グラントをお願いいたしましたところ、よろしいということで行けることになりまして、さっきのイタリアの空間のことに展開してまいったわけであります。

そして帰国いたしまして、さあ、どうしようかなと思って丸ビルをフラフラ歩いておりましたところ——これからどうやって建築の設計をやるのかという話になるかと思うのですが——、昔ちょっと知っていました、当時中央公論の専務をしておられました栗本和夫さんという方が歩いている。「芦原君、何してるんだ」「実は、ハーバードへ行って、建築の勉強をして帰ってきたんだけど、これから何か設計ないかなと思って考えているんです」と。「それじゃ君、わが社は今七〇周年の記念で、社屋を清水建設に設計施工で頼んでるけど、せっかくだから一つ案を出してみなさい」ということになりました。清水建設には幾分恨まれたようでありますが、同級生らに集まってもらって一生懸命やって持っていったところ、よかろう、これでやろうということになりましてやったわけですが、それで幸いにして学会賞をもらうことができたわけです。そして、そのビルの中に入れてもらったわけです。

冷暖房のついたビル、そこで設計をやるなんてのはうらやましいなあって、ずいぶんみんなにいわれたんですが、さて、その次にやることがなくなって困ったなあっていうときに、われわれの先輩で、内藤亮一さんという方が横浜市におられました。その方が当時建築局長をしておられまして、実はやることがなくて困っているんだといって遊びに行った。「君、病院やったことあるか」っていうから、「いや、そんなものやったことない」と。「なかなかいいことをいう。面白いね、君は。じゃあ一つ病院やってみたらどうだ。普通、何かやったような歯ぎれの悪い話をするけど、全くやったことないなんていうのは面白いね」。そこで今度つくる市民病院を設計してみなさいということになりまして、やったわけであります。これがやっぱり賞を頂きまして、

――実は、何を話したいかというと、皆さん若い方が、建築の設計をやろうといって

やっておられますが、だいたい初めは住宅みたいなものをやるわけです。われわれもそうでありました。ハーバードへ行く前には、本当にもうささやかな住宅だけをやってたのですが、それをいかにして、幾分大きな、公共的なスケールのものに切り換えるかということを皆悩むわけでありますが、それにはいろんな方法があると思います。それで私の思いつく方法をいくつか紹介してみたいと思うのであります。

よい設計を手掛ける方法

一つは、コンペがあります。コンペに入ること。これは若い人の登竜門でありまして、これによって正々堂々と仕事をやる。これは非常にいいことだろうと思います。ただコンペがあまりないんで、腕がむずむずしてもなかなかいかないと思います。

次には、恩人というか、私の場合はさっきいった栗本さんとか、内藤さんとか、全く当時三四歳ぐらいの、ヒョロヒョロッとした、あまり栄養のよくないような男に、いま考えてみるとよく頼んだなと思うんでありますが、そういった、何かこう不思議な恩人みたいな人、そういった人がいるといいんじゃないかと思います。これは、ものの縁でありますから、自分のほうだけで決めててもいけない。ただいえることは、建築家は何かやりたいといって仕事を探しているといいますが、それも真理でありましょうが、建物を建てたい人も、同時に誰か真剣になってやってくれる人がいないかと探している。これは全く男女の仲のようなものでありまして、男だけが探すんじゃなくて両方が探しているのだということは真理だろうと思います。ときどきそういう恩人みたいな人がいて、君、やったらどうだと、こういうわけであります。

それともう一つ問題は、やったことがないとき、君、何やったの？　と聞かれるのは一番困るのですね。これをなんとかうまくいう方法はないかということであります。これは、そろそろわれわれもいろんなのをやって、聞いてもらってもおかしくないというと聞かないんですね。それで、聞かれると困るなというと顔に出るのか、君、これやったことあるかと。それが実に困る。なんとかならないかなということでありまして、それがさっきの、いや、やったことありません。あ、そうか、君、なかなかはっきりしてるなと。そういうこともあるわけであります。

それともう一つは、たとえば私の場合は、アメリカから帰ってきて、向こうではストラクチュアル・エンジニア、あるいはメカニカル・エンジニア、アーキテクトというような三本立てでやっておられるというようなことで、考えまして、同級生でありますす織本匠君、それから機械を出た犬塚恵三君、そういった人たち、構造と設備と、それを一緒のビルでやることにしました。これが非常に重要なことであります。離ればなれの構造事務所に頼むと、なんとなく組織力が弱いような感じがする。実際は同じなんですけど、ビルが同じというようなことは一つの力になる。それが、他の設計の方が遠くのほうの構造事務所に頼むと、なんとなくプライオリティがないが、われわれの場合は同じところにいるから、非常にこっちだけのことを一見やっているような雰囲気があって、何か非常に構造、設備、建築、そういったものが総合的にできるんじゃないかという、錯覚を起こしうるということがあります。

それと当時、私はハーバードから帰ってきたとき、ハーバードの組織は非常にいいと思った。それは、グラデュエイト・スクール・オブ・デザインという中に、アーキテクチュアと、ランドスケープ・アーキテクチュアとシティ・プランニングというのがありまして、いわゆる計画学部、建築学部のようになってました。日本は、構造、設備、一切が一緒に教育されるので、だから都市環境が悪くなるんだというようなことを考えていたんでありますが、最近はむしろ逆でありまして、日本のようなのがいいと思うようになりました。一緒にいるということは、少なくともストラクチュアル・エンジニアとは、同じ釜の飯を食べてる。まあ君、同級じゃないのとか、今度は建設会社の人もいるわけです。君とは同級だとか、先輩だ、後輩だ、いろんなことがありますが、アメリカや他の国に行きますと、少なくとも建設会社に行ってる人だとか、ストラクチュアル・エンジニアと同級生なんてことは、小学校か中学校ではありましょうが大学ではありえないということであります。そういうようなことで、わが国のような人的なつながりが必要な国では、ハーバードのような組織より、この日本の現在の組織というのは非常にうまいわけであります。きょうは、都市工学科の方もおるのかおらないのかよく知りませんが、都市工と建築科が分かれたというのも、いまになって考えてみるとどんなものかという感じがします。これも建築のほうが伝統があって古いわけですから、こっちにいてくれたほうがもっとよかったんじゃないかと思うほどです。なんでも分ければいいということは、わが国の場合においてはどうかと考えるわけであります。

それともう一つは、やはり夢とロマンみたいなものを、何か輝く夢みたいな印象が――これは印象だけじゃなくて、本当にそう思っていないと駄目だと思いますが――、その人に頼むと、何か陰気くさいとか、何か駄目になりそうだというような人には、決して頼まない。この人に頼めば、なんとかよく上向きになるんじゃないかというような感じが、ファーッと出てなければ駄目だということであります。これに関しては、皆さん自身いろいろ研究していただくのがよいと思います。何も私はうまくいったか、そういう意味でいってるわけではありませんで、先輩として、自分でできなかったこと、そういったことにつきまして感想を述べているわけであります。

それで、そんなことをやっているうちにだんだん実績もできてきて、そろそろ聞かれてもいいなあというふうに最近思いますと、誰も聞いてくれないということでありまして、まあ残念……でもないのですけど、幸いだと思ってるわけであります。

次に、コンペのことについて、一言お話したいと思います。コンペは、何回か審査員をやりました。それから、応募したこともあります。最初が、戦後本当に苦しいときに、床にはいつくばって描いた東京都復興の図面、——こんなことで設計の道を選んじゃったと思いますが——、その後、事務所で挙げてやってみようといってやったのは、京都の国際会議場。これは、大谷先生が最優秀賞というので実現されましたが、われわれと、大高君と菊竹君だったかが、優秀賞ということで入賞いたしました。そのときの実感として、わあ、これは大変だ、もう二度とこういうことをやれないやと。そのあと非常に経済的に苦しくなりまして負担になりました。まあ入ればいいですけど、入って京都へ行くかあなんてみんなでいってたんですけれど、それもついに夢となって駄目でしたけれども、大谷先生の計画もなかなかいい計画ででき上がりました。それから最近は、いよいよもう定年にもなるし、還暦にもなるし、一つやってみるかというので、イランのコンペをやってみました。不幸にも落っこっちゃったのですが、いまになって考えてみると、これで入っているといま頃またどきどき心配したりしなけりゃならない。これも落ちてよかったかなあというふうに思ったりしております。

それと今度は審査員のほうですが、審査員も、国際コンペの審査員もいくつかやりました。これの経験を皆さんの参考のために申し述べたいと思います。

一番最初にやったのがアフリカのタンザニアで、国会議事堂を建てようということでタンザニア政府に頼まれまして、審査員で行きました。アフリカというのは、ヨーロッパ・アレルギーがありまして、ヨーロッパのうちでも北欧、東欧か、あるいは日本というのが非常に好意を寄せられているわけです。北欧からノルウェーの審査員、東欧からはユーゴの審査員、それから私と、それからUIAという国際機関の推薦でブルガリアの建築家と、四名で審査に当たりました。これは、私が審査員になるというようなことを、誰かが雑誌かなんかに書いてくださったせいだったか、とにかく日本から二〇〇点近く来て、たしか三つに一つは日本のだったというぐらいに日本のが来て、ちょっとうれしいような、日本は大変な国だなというから、いや、ちょっといま不景気なんでみんなやってるんだ。そうするとまた東欧の人はびっくりするのですね。不景気だったらコンペがやれるの？　不景気だったら何もやれないのと違うかというから、そこがちょっと違うんだということをいったわけであります。そのときつくづく思ったのですが、コンペの図面というのは、やはり、数メートル離れたところでこう見る。だいたい図面の大きさで、さっきのD／Hということを考えて、目の高さがどれぐらいのところにあるかとか、模型はどういうようなところで見るかというようなことを考える。そうすると、四〇〇点も五〇〇点もある中で、なんとなく群鳥の中にフアッと白鳥がいるがごときものが、見てるうちに一〇羽ぐらい出てくるということになり、その中に入ってないと入選はなかなかむずかしいということであります。ですから、よく見てみるといいことが書いてあっても――五点か六点の指名コンペは別でありますが――、オープン・コンペの場合は、何か光輝くようなものがないと、なかなかむずかしいということであります。それと、やはりD／H、少し離れて、ときどき図面を壁に張ってはこうやって、いいなあ、これならいけるなあというようなことが、非常に必要であるということ。それから説明書やなんかも、国によっては開けるとフーッとなんとないにおいなんかしまして、何か一生懸命タイプなんか打ったり、消したり書いたり、消しゴムのかすが入っていたり、なんとも異様な、ここへ設計を頼んで、本当にできるのかなあと、そんな感じもありまして、審査員もいろいろ迷うわけでありますが、やっぱりこう、一人だけ目立つような人がいますが、少なくともそんなことになるとよいのですが、そのときに入ったのが黒川紀章君の案でした。これは最初からシューッとしてましてね、みんなこれアメリカだろうっていってたんです。私もアメリカかなあと思って開けたら、それは日本だった。やはりいま、アメリカか、日本かなんて、みんな審査員はいいます。日本の技術に対する評価は非常に高く、アメリカと日本だけがなんかこうすばらしいようにみんな思っているようであります。

次にアブダビで二回ほどやりました。これは、カイロ大学の教授とバグダード大学の教授と、私と。私に委員長になれというので委員長を二回ほどやりました。それから国内では、学会だの日新工業のコンペなどいろんなのでやりましたが、これは割愛させていただきます。いまいったようにコンペというのは、なんかフアッと見えるようなことを、ぜひやってくださると入ります。もちろん実力がなければ駄目ですけど、実力の前にやっぱりそういうことも大切であるということがいえると思います。

国際交流について

それから次に、海外での大学で教えた経験について一言二言しゃべらしていただきたいと思うのですが、まず最初に、オーストラリアのニュー・サウス・ウェルズ大学──シドニーにありますが──、これは国立大学でありまして、東大なんかと違いまして、入りたい人は全部入れる。そして卒業するときは一〇人ぐらいに減ります。私は五年生で一三人ほどいるクラスを教えてくれということでありました。とにかく学生を退学させたり落とすということは非常に容易でないので、先生は本当に真剣であります。というのは、一年のときは八〇〇人ぐらい。二年になると半分もいない。どんどん、どんどんふるい落とされて、最後になると一〇人ぐらいになるわけですが、その間にどんどん落ちていくわけで、日本のように最初から受験勉強で落とされるのでなくて、途中で落とされる。いったん落とされるともう大学へ二度と行かれないというので、非常に大変なんでありますから、大議論になるんですね。君はこういう点で悪い。こういう点も悪い。全部調べておかないと、先生もなかなか容易でないわけであります。

そこへ呼ばれて行ってびっくりしたのですが、最初の日にまず食堂へ連れて行かれました。その食堂では、一段高いテーブルで、しかもバックの高い椅子に座らされました。先生がずらっと並ぶと、食べよ、というようなことをいわれ、みんなが食べだすような感じでありまして、ここで毎日羊でも食べさせられたのではとても大変だし、外へ出たほうがいいんじゃないかと思いました。びっくりしたのは建築学部、これにはディーンが一人いまして、それから正教授が一人、それから助教授が一人、あとはシニヤー・レクチャラー、レクチャラー、インストラクター、いろんな人で八〇人近くのティーチング・スタッフがいました。私はビジティング・プロフェッサーで行きましたので、ナンバー三です。ディーン、プロフェッサー、ビジティング・プロフェッサー、アソシエート・プロフェッサー、アシスタントとなり、非常に偉いということがわかったんです。たとえば、ウッツォンのシドニーのオペラハウスを見学したいというと、帽子をかぶった運転手つきのキャデラックが来ましてね、ニュー・サウス・ウェルズの建設担当ミニスターが出迎えてくれて案内する。これは大変なところへ来たな、ということでありました。そして、イギリス風でありますから、バイス・チャンセラーというのが総長みたいで——チャンセラーというのは総理とか、だいたいそういう感じの人がなっております——、バイス・チャンセラーに挨拶したり大変な歓待でありました。

なんで日本の建築家である私をこんなにしたのかなと思って、いろいろ聞いてみますとわかったんですが、オーストラリアにも、そりゃハリー・サイドラーだとか、ジョンソンだとか、実際やってる方で大学で教えている人もいますが、いまいいましたように、どんどん落第させるためには先生が全くフルタイムで仕事につかないとできない。そんなことで、シドニーあたりで建築の設計をしながらチョイチョイと行くというようなことは、とうていできない雰囲気です。もう本当にフルタイムで働かなければならない。そうしますと、オーストラリアの人もハーバードへ行けば電話もかかってこないから、ハリー・サイドラーなんかも行けますが、オーストラリアにいる限りは、なかなか、そう全く縁を切るということもできない。そうすると、私なんかもオーストラリアへ行けば全く用はない。もうフルタイムに学校のことをやる以外に何もやることがない。電話も掛かってこないということになると、一生懸命にやるというようなことで、やっぱり外来の人を連れてくるということがある。しかも、オーストラリアのディーンも、プロフェッサーも、建築の設計をやったことがないということで、なんとなく私に遠慮をしてくれました。そういうことで非常に面白い経験をしました。

今度はハワイ大学で、ビジティング・プロフェッサーで来ないかというのでまいりました。これまた驚きました。先生だか学生だかさっぱりわからない。オーストラリアのブリティッシュなのと違って、ことにハワイ大学はキャンパスでみんなムウムウみたいなの着て、赤や青や黄色い服の女の人が右往左往して、そして、ハーイなんとか、ハーイなんとか、全く教授だかなんだかわからない雰囲気でありまして、しかも建築学科は、なにか木造の、バンガロー風のものでありました。行ってみてびっくりしたのですが、英語使って教えるんだろうと思って行ってみたら、三分の一ぐらいが日本から来た日本語しかできない学生でありまして、なんだか、行っているうちに面倒くさくなっちゃってときどき泳いだりなんかしながらやってました。

そんなことで、アメリカの大学はハワイ大学だけでありますが、アメリカの大学は昔から非常に厳しいカリキュラムを持ってやっておられまして、いまの雰囲気はちょっと違う雰囲気でありますが、普通教職につくということは容易でないということでありますす。最近は、年度の終わりにいろいろ学生の投票みたいなものがある学校もあるようであります。投票って、もちろん人気投票とかそういうものでなくて、どういう教え方をするかとか、非常に細かく分析するようでありますが、それによって適否を決めて、首になるということもあるやに聞いております。なかなか容易でないポジションのようであります。

そんなことで、この間MITについて工学部ニュースでちょっと触れましたけども、テニュアーという一生保証されているプロフェッサーになるということは非常に容易でないのでありまして、よっぽど業績がないとまあワン・イヤー・アポイントメント、あるいはうまくいってスリー・イヤーズ、三年契約というようなことで、それでいつでも見直ししていくということでありまして、テニュアーになるということは容易でない。そしてもう一つ、たとえばMITでは、六〇歳から六五歳の間に自由に定年退官できると。東大は六〇歳でないといけないということはないんでしょうが、いろいろな都合で工合が悪いようであります。それと、一年のうち半分だけ教えればいいこと。エドワード・ホールもいってましたけど、あとの半分は別荘に籠《こも》って、本を書くんだ、そうじゃなけりゃ僕なんか本を書けないよなんてことをいっておられて、半分は月給をもらわんそうでありますから、大学のほうも、二人いい先生を雇って、宝塚ではないんですけど月組、花組、……。東大も、今度は雪組でいこうとか、今度は花組でいこうとかそういうふうになりましたら、日本の大学もずいぶん変わるんじゃないか。じゃあ花組のときに入ろうかなとか、もうちょっと待とうかなとか、いろんなこともできるんじゃないかなというふうにも思います。

それから、もう少し人事も外国の大学のように流動的になるといいと思うのは、たとえば、非常に長い間教育にたずさわるということは容易でないと思います。私は、教育にたずさわったのは日本では三つの大学で、だいたい八年ぐらいずつ。これは昔からセブン・イヤーズ・イッチといって、七年経つとなんかもぞもぞしてくるといいますが、ちょうど東大が今八年一〇か月。むずむずということもありませんが、まあいいかと思いますが、海外の大学で二か所やってみましたが、三〇年以上も同じテンポで教育にたずさわるということは、非常に容易でないことと思います。そんなことで、東大も生産技術研究所だとか総合試験所だとかいろいろありますから、そんなもので三年間は一生懸命教える。その代わりあと三年間はそっちで研究だけやらしてもらう。そういうような時代も来たらいいと、よく冗談みたいにいっています。これはなかなかむずかしい問題だとは思いますけれども、そういうことも考えていい時代がそろそろ来ているんじゃないでしょうか。

それと、やはり国際交流ということは非常に重要な問題だと思います。今ＭＩＴからもいろんなプロポーズが東大にあるようでありますし、他の大学と交流してもいいんじゃないか。それから、村松さんの本によりますと、明治一〇年、ジョサイヤ・コンドル先生が初めてここへ来られて建築学の講義をされ、辰野金吾先生以下が皆英文で論文を書かれて、それにいろいろコメントを書いたのがいままだ図書室にあるそうですが、明治一〇年頃の人、その人たちはみんな英語で書いた。だからかならずしもいま英語で書かなきゃいかんというのじゃないけど、いまはやはり第二の国際化時代というか、アメリカの大学に日本人のプロフェッサーがいることはちっとも不思議でなくて、いくらでもあるんですけども、日本の大学にももっとも適する人が、そのポジションにつくなんてことが、国際的にありうる時代がくるんじゃないかという気がいたします。

それともう一つ、最後に、学生諸君、皆さんにいい残したいと思うのですが、東大ほどいい大学はないというのが――私は日本でも、外国でも大学で教えたことがあるのですが――、実感であります。なんか少しよすぎるんじゃないかというのも、実感であります。ですから、ここだけにいると何かいいような気がいたしますが、やはり世の中はどんどん進歩しておりまして、技術的にも、あるいは社会的にも、どんどん進歩している。明治一〇年の頃の大学と現在とは非常に違っているというような認識も必要であろうと思います。そしてまた、日本ではポスト・テクノロジー時代に対する教育みたいのをやってますが、この間中国に行ったり、この間またナイロビに行きましたけど、そこで大学の様子を聞いてみますと本当にテクノロジー時代でありまして、われわれのほうはどうやってコンクリートをこねるかというようなことでなくて、向こうはどうやったらこねられるかということをみな教えているわけでありまして、とうてい日本の先生では教えられないような職人的なことを、中国でも、アフリカでもやっているわけであります。そういう現実でいくと、本当に向こうへ行って、海外へ出ていって指導したり、あるいは教えたりということになりますと、これは容易でないことであります。そんなことで、ときどきはチェンジ・オブ・ペースというか、外の空気も吸って、そして勉強したくなったときにはまた戻ってきて大学で勉強するということは、非常にいいんじゃないか。それが私のいっていたリターン組というか、大学院にすぐ入らないで、外へ行って、そして三年なり四年なりして戻ってきて、そしてエンジンがかかってパッとやるというのがいいんじゃないかということであります。それが最近だんだん実現されまして、またそういった方が再び世の中に帰っていくという場合に、そういうのがいいといって賛成して採ってくださる方もおられますので、非常にいいことじゃないかとつくづく感じる次第であります。

それから、このたった八年一〇か月でありまして、本当に何も教えることもできず、ただ一つあるとすれば、みんな若い人たちを励ましたり、一緒にとにかくやろうじゃないかという、そういった幾分精神的なことぐらいしかできなかったわけでありますが、この八年の間に非常に優秀な学生諸君が集まってくれまして、私は非常に幸福な感じがいましているわけです。この人たちの中から建築の理論家や建築哲学、あるいはフィロソフィー、あるいはベーシック・プリンシプルというものについて通暁する世界的な人たちや、あるいは設計が非常にうまい、偉大なる建築家が現れてくるんじゃないか。東大設計黄金時代がきっと来るんじゃないかという気がいたします。これは、国家的にみていいことかどうかはよく知りませんけど、とにかく東大を出て設計なんかやることないという考え方もあるかもしれませんけど、だけれども現実として、本当に諸君の中から、かならずや世界の中で、コルビュジエよりも、まあ、ベンチューリなんてみんな一生懸命読みますけど、あまり設計がうまくないから、こんなのより遥かにうまい、しかも理論ができるというような人がかならず出てくるんじゃないか。やはり、理論がいるわけですから、大学で一生懸命理論を勉強して、そして力を蓄えて、ワーッと出ていくと。まず体さえ丈夫であって、さっきいったいくつかのこと、そんなことをやっていけば、私の目の黒いうちかどうか知りませんけど、かならずこの中から世界に雄飛してやる方が出てくるという確信のもとに、私はいま、非常にああよかったなあ、うれしいなあという気持ちで、この東大を出るわけであります。どうも本当に八年間、いろいろ楽しい思い出ばかりで、ありがとうございました。どうか、あと頑張ってやってください。

一九七九年（昭和五四）二月二一日　東京大学工学部

私の学問の原点——一九二〇年代から三〇年代にかけて　家永三郎

［概説］戦前の一九二〇─三〇年代に青少年時代を過ごした日本史学者の家永は、どのような著作を通じて自己の学問形成をしてきたのか。当時の日本では、国家至上主義、天皇至上主義の正統的道徳教育が徹底され、歴史観としても国体観念を基にした天皇中心主義が採られていた。そのようななかで、H・G・ウェルズ『世界文化史大系』や西村真次『大和時代』（『国民の日本史』シリーズ第一巻）は、天照大神から始まる日本の歴史がまったくのつくり話であると教えてくれた書物であったという。家永はまた、美濃部達吉『憲法撮要』の皇位継承についての記述に、法律学がみごとに事実を割り切っているありさまを見て感嘆したと述べる。国家の正統的なイデオロギーを教育された小中学生から転じて、旧制高等学校に入ってマルクス主義という「異端」の思想に触れ、さらに土田杏村『社会哲学原論』や三谷隆正『国家哲学』といった書物とも出会う。これをきっかけに、新カント派哲学に依拠しながら、とりわけ国家の存在理由とその権力の限界を画することについて考え始めた。その成果が高校生時代に書いた「国家哲学の根本問題について」という論文に結実する。また島崎藤村や土井晩翠、白楽天などの読書経験から、言葉のリズムといった形式美、特に文語体の文章の美しさに魅せられてきたともいい、そうした古典主義的傾向が、戦後に『上宮聖徳法王帝説の研究』という文語体の著作になったと振り返る。

私が中央大学を退職するに当たりまして、最終講義に、このように多数の学生諸君が集まってくださり、私の拙《つたな》い話を聞いてくださることを、心から光栄に思い厚く御礼申し上げます。

また、ただいま学部長より過分のご紹介をいただき、これまた感謝に堪えないところであります。

今日、お話し申し上げますことは、この題目に掲げたとおりでありまして、いわば自分の、個人のメンタル－ヒストリーのようなものでありますが、恐らく学生諸君の大部分にとっては、一九二〇年代から三〇年代初めという時点は、ちょうど私たちが、明治維新あるいは幕末の時代を考えると同じような距離をもっている、まったくの歴史的時代と思いますので、私のささやかな体験の話ではありますけれども、一九二〇年代から三〇年代に少年、青年時代を送った一人の日本人のサンプルとして、歴史の素材になるかと思い、時間の制約もありますので、できるだけ焦点を絞ってお話し申し上げたいと思います。

まず第一に、大前提として、理解しておいていただきたいことは、私たちの世代においては、公教育を通し、あるいは家庭や社会の影響によって、徹底した国家至上主義、天皇至上主義の正統的道徳を植えつけられていたということであります。そして私が、後に専攻する日本史学につきましては、もちろん国体観念を基にした天皇中心主義の歴史観によって貫かれており、例えば、小学校五年、六年で教えられた日本史、当時は「国史」と言っておりましたが、それを私は一九二四年から五年にかけて学んだのでありますが、そのときに教科書の冒頭に書いてあった文句は「第一　天照大神天皇陛下の御先祖を天照大神と申す。大神は御徳きはめて高き御方にて、はじめて田畑に稲・麦などをうゑさせ、又蚕をかはせて、万民をめぐみたまへり」と書いてありまして、それが歴史の初めなのです。つまり石器時代も何もなく、最初から天皇の祖先である君主がいて、そして農業耕作が行われ、蚕糸《さんし》業まである、それはすべて天照大神が万民をお恵みになる仁徳の賜物であるという形から歴史が始まっているのでありまして、私などはそういうことを教えられて少しも不思議に思わず、そのまま受け取っていたのであります。しかし、これは当時の状況から考えまして、決して私一人のことではなく、また必ずしも日本だけの現象ではなく、二一世紀が近づいている現代においても、例えばアメリカの南部の保守的ないくつかのステーツにおいては、モンキーローというものがあって、進化論を教えることが禁止され、バイブルに書いてある天地創造から歴史が始まるというように学校で教えなければならないと強制される。その違憲性をめぐって訴訟もあり、またさまざまな制度の変革があるようですが、そういうことが先進ヨーロッパ・アメリカのいわゆる自由主義国家においてさえあるとするならば、明治憲法下の日本で私がそういう教育を受けたとしても、それほど奇異なことではないのでありまして、不思議といえばむしろそういうことを教えられて少しも疑わなかった、私たち子供の頭のほうがよほど不思議だったというほかないのであります。

しかし幸いに私は、まだ十五年戦争以前の大正デモクラシー末期に小学校の教育を受けましたので、そしてまた、当時の出版界などにおいても、ある程度、科学的、民主的とまでは言えないまでも、自由主義的な言論が自由を享受しており、小学校、中学校のときは全然知らなかったのですけれども、マルキシズムやアナーキズムの思想も次第に世に広まりつつあった時期であります。このことは、後でまたちょっと触れますけれども、私が最初に今、ご紹介しましたような天照大神から始まる日本の歴史が全くのつくり話であるということを教えてくれた書物が公刊された事実にもあらわれております。今日、その実物を持って参りました。その前に、その日本の歴史プロパーに入る前の一つの前段階があったのです。ここにH・G－ウエルズの“The Outline of History”という書物の翻訳——『世界文化史大系』という訳名になっておりますが、その当時私が読んだ実物を持って参りました。裏に買い取った日付が書いてありますが、「昭和二年六月二十七日」と書いてあるので、当時一九二七年、これを読んだことが明白であります。これは、今日から見ればなんでもないことなのですが、歴史を物質から生物、人類と一貫した発展としてとらえ、まず第一編に「世界の創成」、

第一章「空間と時間との中に於ける地球」、第二章「岩石に刻まれた過去帳」、第三章「自然淘汰と「種」の変化」、第四章「生物と気候」、第五章「爬虫類の時代」、第六章「哺乳類の時代」、そして第二編が「人類の創成」、第七章「人類の祖先」、そこには、ハイデルベルグ古人、ピルトダウンの曙人、第八章「ネアンデルタール人」、第九章で「氷河後の後期古石器時代の人」、最初の真の人間ホモサピエンスの出現が説かれ、第十章「欧羅巴に於ける新石器代人」、こういう構成になって、これが全十二冊ですから、これは一番始まりの部分ですが、その冒頭にネアンデルタール人が洞窟生活をしている想像図がいかにもカラー写真のような色刷で刷り込まれていまして、どこまでこれが本当なのか私には判別できませんけれども、こういうものを一九二七年の六月に読んだということが、まずそもそも私にとって一つの重要なステップであったのであります。そして、その次にはからずも読んだのが、これもその当時買った実物でありまして、早稲田大学出版部から出されている『国民の日本史』というシリーズ、今中央公論や小学館などで出している日本歴史シリーズがありますが、それと似たような、国民大衆のためのシリーズでありまして、第一巻が『大和時代』という大変クラシックなネームがついておりますが、著者は人類学者西村真次という早稲田大学の教授でありまして、ここにウエルズにならって、最初に第一章「土地と民衆」、その第一節が「地球の生成と其発達」、第二節「人類の出現と其進化」、第三節「日本群島の地勢」、第四節「古代民衆の移動」、第五節「石器時代の遺跡と遺物」というような形で、地球の創成から始まって生物・人類の発生、そういうプロセスをたどって今日の人類の出現したことを説いております。そうして第二章が「先住民の生活」、これは当時の考古学や人類学の水準を反映いたしまして、日本列島の先住民はアイヌであるという前提で書かれております。第一節「旧アイヌ種族の移住」、第二節「旧アイヌの生活様式」、第三節「旧アイヌの経済状態」、第四節「旧アイヌの宗教」、第五節「旧アイヌの芸術」、ここに「旧アイヌ」とありますのは、今のアイヌと異なり、その前身をなす種族であるという意味であります。そうしてその後に、別の人種として今の日本人の祖先であるプロト－ジャパニーズ、「原日本人」が渡来した、これはツングース族であるというふうに規定しております。これも当時の考古学、人類学の学界の水準に制約せられたものでありまして、今日ではこういう先住民族と日本人との交代ということは、大体において否定されているのでありますが、一応ここではそういう構成をとっております。第三章「原日本人の生活」、第一節「ツングース族の移動」、第二節「民衆移動の動因」、第三節「原日本人の社会生活」、第四節「原日本人の経済状態」、第五節「美の追求と生の享楽」、第六節「精霊と霊魂と神と」、第七節「未来観と死体埋葬」、第四章に「南西民衆の移住」とありまして、そこにネグリートと、印度支那族、インドネシア族、漢族、こういう種族も日本列島に渡来し、これらの混血のうえに「原日本人」が形成され、さらに今の日本人に転化して行くという、そういう日本民族起源説をとっています。

その次が、一番重要なところでありまして、第五章「日本帝国の萌芽」、第一節「群島の牽引力」、第二節「聚落の生成と其発達」、その次に第三節「皇室の勃興」というのがくるのです。第四節「原始形の政治観念」、第五節「法制思想の黎明」、それから後、第六章「社会組織と政治組織」、第七章「文化生活の昂揚」、こういう構成になっておりまして、この「旧アイヌ」と「原日本人」との交代という、その点を除きますと、ほとんど現代における歴史の教科書に書いてある科学的な日本の起源のアウトラインと全く一致しております。そして非常に注目すべきことは、そのうちの「皇室の勃興」という節の大部分が、ほとんどシベリアにおけるシャマンの実態の紹介に当てられておりまして、挿絵にもシャマンの写真が掲げられており、これをなんら皇室と結びつけることなく、淡々と叙述して、最後に「如上の記述は極めて簡単であるけれど、兎も角もシャマンの仕事《ロール》が神憑《かんがかり》によつて精霊と交通し、時には卜占《ぼくせん》をするものであつたことがよく知られる。又シャマンに婦人が適すること、そしてそれが男装をすることなども窺はれる。かうした原始的のシャマンが、家族的、団体的から次第に個人的、職業的になつて、其職業シャマンの頭に王冠の輝く日が来たことは疑問を挟む余地がない。――もつと具体的に云はうならば、出雲民衆の間には、それを統率するほどの大きな力をもつたシャマンが現はれ、日向にも、大和にも、それぐ〵力と富とをもつたシャマンが現はれたが、それらは遂に互譲の精神から合同し、或はいくらかの葛藤を経歴した後に合同して、遂に大和国家が、最も大きく、最も力強く、最も評判よく発達して、宗教国家から政治国家に発達したのであつた。伝説の私達に語るところでは、日向国家が出雲国家と任意合同をなした後、大和国家を征服した形になつてゐる。しかし、それは所詮神話であつて、それから正確な歴史を知ることは出来ない」。こう書かれているのであります。これは現在、教科書検定で文部省がもっとも好んでいない見解でありまして、それが明治憲法下のこの時点で、活字になっていたということは、やはり大正デモクラシーの雰囲気の然らしめたところだと思います。これは私が、ウエルズの『世界文化史大系』を読んだ直後でありまして、ここに買い入れた日付が書いてありますが、「昭和弐年九月一日」とあり、一応ウエルズによってこういう自然史と人類史を一貫する歴史の見方があることを知った後に、それを受け入れて日本に適用したこの書物を読んで、私は初めて小学校で教えられてきた日本の歴史がいかに真実に遠いものであるかということを悟ることができたのであります。私にとって、この書物との出会いは極めて大きな意味があり、当時私は中学の一年生でありましたけれども、遡《さかのぼ》って考えますと、すでに今日における私の古代史への見方をそこで培ってくれたと思われますので、これを第一の私の学問の原点として、遡及《そきゅう》的に認めたいと思います。

その次に、社会的・政治的な意味で、私に目を覚まさせてくれたのが、まず第一が美濃部達吉の『憲法撮要』であります。これはそのとき兄の持っていた大学の教科書の『憲法撮要』を借りて読みましたので、残念ながら最初に読んだその実物をご覧に入れることはできませんけれども、それと同じ版のものを今、図書館から借り出してまいりました。大正十二年（一九二三年）初版、昭和四年（一九二九年）の第十四刷であります。後にこれは増補されて厚い本になりますが、前のものです。これを私が生意気にも中学一年のときに読みまして、もちろん当時天皇機関説とかなんとか、そういう思想的なこと、あるいは憲法論的なことはわかりませんでしたけれども、非常に文章が明晳《めいせき》でありまして、あたかも幾何学の証明を読むような印象を受け、つまり頭の中が非常にすっきりした、そういう印象でこれを読んだのであります。だからこの本から美濃部憲法学のリベラリズムや立憲主義というようなものを学んだとは、そのときには申せません。私のように、天皇制教育を受けて、皇室の問題をいつも考えさせられていた人間にとって、この中で最初に印象づけられたのはむしろ「天皇」の部分でありました。この本はそれ以来何十年の間何回も繰り返し読んでおりますので、最初に受けた印象と、それから後で受けた印象とがダブっておりまして、どれが最初の印象かということを今から析出するのは非常に困難ですが、おそらくこれがたぶん最初の私の受けた印象ではないかと思いますのは、第三章「天皇」、その第一節「皇位継承」のところに「皇位ノ継承ハ法律行為ニ非ズシテ法律上当然ニ発生スル事実ナリ。皇位継承ト共ニ践祚ノ式ヲ行フト雖モ是レ唯儀礼ニ止リ、践祚ノ式ニ依リテ始メテ皇位ニ上ルニ非ズ、先帝崩ズルノ瞬間ハ即チ皇嗣位ニ即クノ瞬間ニシテ、何等ノ行為ヲ要セズ、崩御ノ事実ト共ニ皇嗣ガ即チ皇位ニ在ルナリ。時トシテハ一時皇嗣明ナラザルガ為ニ事実上ノ空位期間ヲ生ズルコトアリ得ベシト雖モ、此場合ニ於テモ皇嗣明ナルニ至ルトキハ常ニ先帝崩御ノ時ヨリ皇位ニ在リタルモノト看做サル」と書いてありまして、私はこれを読んで、ああ法律学というものはこういうふうにみごとに事実を割り切るものかと感嘆したのであります。

私は、当時の幼稚な歴史についての常識から、天皇の位につくのは、践祚の式においてで「三種の神器」を与えられて初めて皇位につくのかと思っていましたところ、これはもちろん明治の皇室典範の解釈でありますけれども、とにかく先帝が死ぬと自動的に新帝が位につくのだという、そういう解釈がとられているので、たいへん面白かったわけです。そしてもう一つ、この「三種の神器」の問題、この「三種の神器」というのははなはだ曲者《くせもの》でありまして本当は詳しくご説明する必要があるのですが、それをやりますとそれだけで一時間ぐらいかかりますので省略いたしまして、ただ一応三種の神器が皇位の継承とともに天皇の位に伝えられて行くという当時の常識だけをご紹介して、それを前提といたしますが、「皇位ノ表徴ハ古来三種ノ神器ヲ以テス。神器ハ鏡剣璽ノ三ナリ。神鏡ハ賢所ニ奉安シ、剣璽ハ常ニ側近ニ捧持ス。天皇践祚スルトキハ即チ神器ヲ承ク。但シ神器ヲ承クルニ依リテ始メテ践祚ノ効力ヲ生ズルニ非ズ、皇位アル所神器之ニ伴フト雖モ、神器アル所即チ皇位アルニ非ズ」と。これもまた非常に印象的でありました。と申しますのは、私たちが教えられた歴史では、南北朝の対立、「南北朝」という言葉は当時タブーになっておりまして、「吉野の朝廷」ということになっており、京都のいわゆる北朝、今日のいう北朝はニセの天子であるということになっておりましたが、何故吉野の朝廷が正統の天子であるかといえば、吉野に三種の神器があるからだと、これは南朝の中心とされる北畠親房《きたばたけちかふさ》の『神皇正統記』に書いてあることから、それが水戸の『大日本史』に受け継がれ、明治以後もそれがオーソドックスの見解になっておりました。それはもちろん前近代のことでありますから、明治の皇室典範の解釈と違っていても不思議はないのですけれども、ここに「皇位アル所神器之ニ伴フト雖モ、神器アル所即チ皇位アルニ非ズ」というのは極めて合理主義的な解釈でありまして、その当時子供のことですから、そういう合理主義などという言葉はもちろん知りませんでしたけれども、非常に合理的な解釈であるという印象が残っております。

私は、美濃部達吉から四度にわたって大きな精神的な影響を受けております。第一回はこの『憲法撮要』をただ文章と論理の明晢さに魅せられて読んだとき、第二は一九三五年（昭和十年）に天皇機関説問題が起こったとき、このときちょうど私は諸君と同じ年齢の大学生でありましたが、右翼が天皇機関説は叛逆思想であるという誹謗を加えて美濃部博士を迫害したのにたいして憤慨に堪えず、巻紙に美濃部博士に対する激励の言葉を書いて送ったことがあります。そのとき美濃部博士がどういう態度を示されましたか。まず貴族院において貴族院の極端な天皇至上主義者が「学匪」という言葉を使って美濃部博士を非難したとき、美濃部博士は学匪と言われては黙認できないと言って、あえて本会議において一身上の弁明と称して堂々と反駁《はんばく》を加えられたのであります。そのためにかえって迫害に油を注ぐ結果になったのでありますが、当時の新聞紙上において、美濃部博士は新聞記者に向かい、「議会での一身上の弁明がかうした波瀾《はらん》を生んだとしても、やつぱり私はあの時いつてよかつたと思ってゐます。私は誰かに相談すればキッと留められると思ひましたから、全く単独の意思でやりました。発言を通告した時、事務局の人は留めたのですが、学匪と罵《ののし》られては起たないわけには行きませんでした。外国なら決闘するところです」と語っております。そしてやがて激しい非難によって美濃部博士は刑事訴追の危険にさらされるのでありますけれども、そのときにも新聞記者に向かってこう言っております。「いかなる迫害があらうとも私の学説は変革修正することは出来ぬ、私は自分の学説に対して一歩たりとも退くことは出来ない」。私はこの言葉を読んで電撃を受けたような感動を受けました。この一言は、私のその後における研究者としての貴重な指針となって今日に及んでおります。この一節は新聞から切り抜きまして、私がその後買い入れました『憲法撮要』の見返しに張りつけて今日なお保存しております。その本の実物を持ってくればよかったのですけれども、大変本がたくさんで重くてたいへんなものですから今日は持って参りませんでしたけれども、こういう言葉によって、このときは直接美濃部博士と接触はしておりませんが、美濃部博士の一言が、私の生涯に対して永久に消えない教訓を与えてくれたのであります。

その次、偶然でありますが、一九四三年太平洋戦争の最中において、ほとんど追放同様いわばすっかり世間からパージされていた形になっていた美濃部博士が唯一の活動場所とされたのが帝国学士院（今の日本学士院の前身）の帝室制度史編纂室というところで、『帝室制度史』という非常に地味な皇室制度についての歴史書を編纂している部屋であります。私がそこにたまたま専任嘱託として半年ばかりの短期間でありますが就職することになり、美濃部博士と私の大学の恩師である辻善之助博士の両先生の下で、編纂の仕事の手伝いをすることになったのであります。そこで専任嘱託として同僚であったのが、亡くなった佐倉の歴史民俗博物館長の井上光貞君と、それから私より一年先輩ですが、京都大学教授であった井上清氏との三人でした。この組み合わせもたいへん面白いのですが、ここで私ははからずも多年尊敬してきた美濃部達吉先生その人に直接接触する機会を得ました。非常に短期間でありましたが、私の一生の中で貴重な思い出となりました。

それから四回目が、この『美濃部達吉の思想史的研究』という書物を書くことになった時期でありまして、一九六〇年代初めだったかと思います。このとき私は、いままで断片的にしか読んでいなかった美濃部博士の著書を、単に憲法書ばかりでなく、行政法、それから経済刑法、法哲学、判例批評に至るまで片っ端から通読しまして、この一冊を書きまして、それを一九六四年（昭和三十九年）に一冊の本にまとめましたが、こういう作業を通して私は美濃部博士と四回、非常に貴重なめぐり合いをしているのであります。

この『大和時代』と『憲法撮要』に会って、神がかり的な天皇至上主義からとにかく解放されたということができます。しかし、これらの書物はいずれも天皇制をトータルに批判しているのではなくて、むしろ神がかり的な天皇制を近代化合理化することによってこれをむしろ守ろうとする意思が背後にあります。美濃部博士の場合は、イギリス流の立憲君主主義が日本にも実現できるという確信のもとに、明治憲法をできるだけ民主的に解釈する方針をもって一貫されているのでありますが、そのためにかえって私は、神がかり的な天皇制イデオロギーの呪縛から解放される反面、天皇制を本当に突き放してトータルに科学的に見据える視点を持ち得なかったという反面のあったということも、はっきり告白しておきたいと思います。

一九三一年(昭和六年)の四月に私は旧制高等学校に入学しました。大体旧制中学以下の学校では、すべて正統的なイデオロギーのみが教えられ、禁断の書物は中学生や小学生には全くタブーであったのでありますが、旧制高等学校で初めて私は、友人の間に多くのマルクス主義者を見出し、今まで全く聞いたこともない「異端」の思想に触れることができ、大きな衝撃を受け、自分の今まで少しも疑わなかった正統的国家主義思想が根底から崩れて行くのを感じ、自分の新しい立脚点を求めて苦闘を重ねたのですが、そのときに見出した一つの血路が新カント派の哲学であったのでありまず。そのうちでもとりわけ国家の問題について、国家の一定の限度における存在理由を求めるとともに国家権力の限界を画するということ、これも今、私が遡って現代用語で言っているのでありまして、当時そういう言葉まで意識していたのでありませんけれども、そういう作業に取りかかりました。そのきっかけを与えてくれた二冊の書物があります。その一つが土田杏村《つちだきょうそん》の『社会哲学原論』という本でありまして、もう一つが三谷隆正の『国家哲学』という本で、残念ながら私は後にこんなものはたいしたものでないと錯覚して、自分の精神生活の上に大きな意味を持っていたにもかかわらず処分してしまいまして、そのとき買った実物を持っておりませんが、どちらも一九二八年（昭和三年）に発行されているものでありまして、たまたま本学の図書館に土田杏村の『社会哲学原論』の実物がありましたので、それを今借り出して参りました。三谷隆正の『国家哲学』のほうは実物がないので三谷隆正の全集の第三巻に収められているそれしかありませんでした。どちらも同じ年に出ております。

この『社会哲学原論』は、京都哲学を学んだ土田杏村が、独自の立場から社会とその理想とを理論的に構成しようとしたものでありまして、ここで社会理想論として一方の極に社会主義、他方の極にアナーキズムというものを置いております。これは社会主義によって没却される恐れのある個人的自由を確保する極限概念としてアナーキズムというのを立てているのであり、どちらも、それは土田の基礎的な哲学である当為というものは直ちに実現できるものでなく、常に現実の内に内在して現実を理想に向かって近づけて行く規制原理であるというふうに方法論的に位置づけられておりますので、社会主義と言っても、アナーキズムと言っても、実体概念としてのそれではないのでありますが、そういう形で、一方では集団的な社会生活の充実を、他方では個人的人格的自由の確保というその二つのイデアルティプスを立てていることに私は深く教えられたのであります。土田杏村という人は、当時のマルクス主義者からはブルジョア的な小市民思想として反動的なものとみなされ、また他方固陋《ころう》な国家主義者からは危険思想家とされて、いわば板挟みのような形となり、またアカデミズムの哲学者からは、通俗的な啓蒙家であるとして軽蔑されておりましたけれども、今日土田杏村に対する再評価の動きが高まっていることを考えますと、私はこの本を読んで大きな教訓を得たということも、今から考えると、そんなに間違ってはいなかったので、むしろ、それを後にいたってあまり重視しないで、この本を売り払ってしまった私のほうが、はるかに愚かだったということになります。

三谷隆正という人は、これは、後の東大総長南原繁の精神上の親友でありまして、共に内村鑑三門下の無教会キリスト者であります。私はそういうことを知らないでこれを読んだのでありますが、その中でやはり一番感銘を受けましたのは、国家というものは必要である、なぜならばやはりそれは人間生活を最低限に保障するものであるから、その限り国家というものは必要である、「国家とは、人間が生き営み出づる所のものであり、其主眼は、人間生活の一般的基礎的条件を一般的に保障することにあると言ふことができる。而して斯の一般的基礎的条件として先づ考へられなければならぬものは、（中略）人間の肉体的生命、其生活資料、並びに其生活地である。而も人間生活資料は要するに土地の上に又は其中にある。此意味に於いて、英国の経済学者が自然の代りに土地 land といふ言葉を用ゐるのは正しい」というように言いまして、そういう形で人間生活の一般的基礎的条件を一般的に保障するものとして、国家を認めながらも、「私が人間生活に於ける一般的基礎的条件の第一として数へたる

『肉体的生命』は、決して単純なる物的機械的休戚の問題でない。故にこの意味に於いて暗黙のうちに特定の宗教的施設が一般的に当然なる基礎的生活条件なりと思為せらるゝ時、特定の宗教的施設を一般的に強行する事が国家の任務なりと考へられ、反対の見解が国家生活を指導すれば、如此強行は国家の任務に背くものなりとして郤《しりぞ》けらるゝであらう。其他教育につき衛生につき風俗につき産業につき軍務につき、各般の人間生活問題について、そのいかなる具体的特定実質が、いかに一般的基礎的生活条件であるかにつき、具体的に現実なる断案の甲なるか乙なるかによつて、また国家生活の具体的なる内容も右し又は左するであらう。然しいづれにしても国家生活の意義目的が、人間生活の一般的基礎的生活条件を保障することに存して、個々の人格の個別的なる独自の生活に干渉することにない事は、動かすべからざる国家生活原理である。故に此原理に背いて、みだりに一般的にも基礎的にもあらざる生活条件に干渉し、或ひは極めて特殊なる生活条件を一般的に強要し、更に進んでは個々の人格の生活目的それ自身にまで干渉して、其独自にして自由なる生活完成を妨ぐるが如きは、国家生活の本領に悖る悪配慮にして悪政治である」と書いてあります。同じようなことが、その後に、「現代に於いては、学問芸術が特殊なる少数者のみの特殊なる休戚ではなく、人間生活に於ける一般的基礎的関心事でなければならぬとの思想が、所謂文明世界に於ける国家的常識となつて居る。随つて学芸の進歩発達の為めには、各国とも国家的なる助勢に努めて怠らざらんとしてゐる。然しさうした国家的助勢に於いて、国家が真に有効に成し就げ得る事は、要するに学芸の為めの条件を整備することに過ぎない。例へば学校を建てるとか、美術院を設けるとか言つた類の事である、それも主として家を建てること、資金を供給すること等についての指図であつて、学芸そのもの、実質的内容は、国家的には一指をも染め得ざる別世界である。若し強ひて一指を染めようとすれば、学芸の方で逃げ去つて終ふ。真理それ自身、美それ自身、すべて生活目的それ自身は、各個の人格の裏《うち》より湧き出づべきものであつて、全然国家の手の及び得る範囲外の事である」と。これは精神的分野は、国家の干渉できない聖域であるという宣言であります。これも私にとって非常に大きな意義のある命題でありました。

こうして私は、その他いろいろな書物、私は外国語にたいへん弱いので、当時の旧制高等学校の生徒の優秀な友人たちは既に高校生時代から原書で西洋の古典を読破しておりましたけれども、私は残念ながらそういう力がありませんでしたので、もっぱら翻訳のみでありますけれども、翻訳とか、優れた研究者のこういう図書などを通じて、いろいろ国家について自分の考えをまとめ、高校二年のときであったかと思いますが、一九三三年（昭和八年）に私の在学した旧制東京高等学校の『文芸部雑誌』に「国家哲学の根本問題について」という論文を発表いたしました。これは実物を今でも持っておりますけれども、記念のためにこの全文を全く一字も添削を加えることなく、ただ誤植を訂正するだけにして、そのまま一九七三年に法政大学出版局から刊行しました『戦争と教育をめぐって』という評論集の巻末にそっくり再録しておきましたので、興味のある方はそれを直接読んでいただきたいと思いますが、私はここで、当時流行の新カント派の哲学のカテゴリーを使いまして「純粋国家」というイデアルティプスを設定し、「純粋国家」が内在することによって所与の歴史的国家がはじめて意義を持つ、しかしその「純粋国家」というものは、やはり三谷の言ったような、人間社会の最低生活条件を保障するにとどまるべきであるということをそのまま取り入れまして、こういう原則を立てております。そして、「純粋国家」の先験的形式として「包括性」という「純粋国家の範疇」を立て、さらに「包括性」から展開される具体的な「国家政策原理」を導き出し、その第一原則として「普遍拡充の原理」を立て、その拡充には、「外延的拡充」と「内包的拡充」があって、「外延的拡充」とは、「小なる共同社会（例へば村落等）からより大なる同心円的共同社会（例へば民族等）に対して拡充せんとするものであり」、「内包的拡充」とは「同一共同社会内の各部分に徹底せんとするものである。国際化運動は前者を理念として行はるるものであり、世界主義なるものは其の実現の可能性の如何にかかわらず之が当然の帰結として要望されるのである」。このコスモポリタニズムということになりますので、今日の用語でいえばむしろ「人類主義」とでも言い換えたほうが適切かと思いますが、その当時としても私は、そういうつもりで「世界主義」という言葉を使ったと記憶しております。また「民主主義」、ここでは民本主義ではなく、はっきり「民主主義」という言葉を使っております。「又民主主義及それの発展として最近頓に重要性を帯び来れる諸種の社会化運動――例へば社会主義・ギルド社会主義・サンヂカリズムの如き――は先験的に還元すればいづれも後者の理念（つまり内包的拡充の理念）に帰することができる」といたしまして、こういう範疇を立てるとともに、「純粋国家の認可性」、この論文ではドイツ哲学の用語をやたらに踏襲しているので、むずかしい言葉なのですが、これは法律哲学における法の効力論 die Geltung des Rechts の借用であります。なぜ国家の存立が是認されなければならないかということです。これについては、多くの言を費す必要はないという前提で、「何となれば純粋国家は普遍妥当なる生活の唯一の保障形式であり、これなくして文化生活は不可能なるが故にその存立は絶対に必要だからである。しかしながら、ここに一の疑問が起ってくるであらう。文化価値を対象とする実践は当然自律を以て要件となすものである。もし国家がその優越性に於て与へられたる支配力をもつときはこの自律が脅やかされるではないかといふのである。けれども純粋国家は実践の公準に従ふ生活の保障形式であつて産出形式則ち行動主体たらんとするものではない。行動の主体は常に個人若しくは其聯関としての共同社会或は目的社会であつて純粋国家は自ら文化を生産せんとするものではないのである。自律とはただ実践の主体が文化価値生産をなさんとするときその生産の形式として要請せられるのであるから純粋国家の本質に関する限り之が脅やかされることはない。しかしその為には国家が自ら文化生産の主体となることを禁止するものとして国家政策原理の第二原則たる外部性の原則が成立せねばならぬのであつて、この原則が遵守せられざる時に例へば信教自由の圧迫の如き政治の越権が起つてくるのである。自由主義と称せられる政策もその先験的基礎をこの外部性の原則に置いてゐるのである」と書いております。これは三谷隆正の国家哲学の影響が端的に現われているところでありますが、この論文と呼ぶ資格があるかどうかわからない高校生の作文ではありますけれども、ここに書いてあることは、今日でも私は基本的に間違ってはいないと思いますし、そしてまた現に私はこの原理に沿って今日行動しているつもりであります。その意味で、この高校生時代の一九三三年のときの「国家哲学の根本問題について」という論文が、私の学問生活における最初の論文であると言っても、そんなに大げさではないと信じております。

その次に私が出合いましたのが仏教とキリスト教でありますが、これはたいへんむずかしい問題をはらんでおりまして、到底お話しする時間がないので、割愛させていただきます。

第四に今までお話ししてきたことと非常に次元が違うのですけれども、私の学問の一つの特色に、文芸作品を史料として非常によく使うという傾向があります。そのことが、こういう理論的・実践的な関心と並行して、私の文学趣味となって、小学校の上級生のころから中学生のころにかけてだんだんと成長して行き、そしてやがて学問生活を始め研究者となって後にも、文芸作品を史料として多く使う、特に歴史学界ではあまり文芸作品は史料として使われませんで、もっぱら国文学者の研究対象としてのみ使われているのでありますが、私は文芸作品を非常に広く史料として使っておりまして、その原点もやはり私の少年から青年にわたる時期に形成せられております。

私はしばしば一部の学派の人々から「近代主義者」というレッテルをはられておりまして、私は近代主義をすべてマイナスと思ってはおりません、封建社会から近代社会への発展ということは、歴史としてやはり一度はくぐらなければならないことであり、その意味において、近代主義もまた歴史の発展過程の中の一つのぜひともふまなければならないステップだと考えております。したがって、近代主義者でもあるということに私は少しも劣等感を持っておりませんが、単に私は近代主義だけではないのでありまして、それと一見相反するように見えます古典主義的な傾向を持っているということも理解していただきたいのであります。そのように申しますのは、私の文学趣味が単なる文学一般ではなく、非常に言葉としてのリズムの優れた古典的文章から入って行ったということからも言えると思います。

ここに、一九二八年（昭和三年）に八十版を重ねた大正四年（一九一五年）初版の新潮社の代表的名作選詩歌編『明治詩歌選』という明治の詩歌の傑作を選んだものがあります。その中に島崎藤村の『若菜集』その他、それから土井晩翠《つちいばんすい》の『天地有情』、この人は昭和に入ってから世間で「どいばんすい」と読んで自分も世間がそういうなら「どい」と改名しようということで「どい」と読むことにしたそうですけれども、明治時代は「つちい」ですから、明治の作品として「つちい」と読みます。土井晩翠の『天地有情』の幾編かが収められております。この中の『若菜集』の「おえふ」という詩の最初の一節、

処女ぞ経ぬるおほかたの
われは夢路を越えてけり
わが世の坂にふりかへり
いく山河をながむれば

こういうリズムに非常に魅せられましたし、また土井晩翠の「星落秋風五丈原」という諸葛孔明の死を読んだ長い詩があります。

祁山悲秋の風更けて
陣雲暗し五丈原
零露の文は繁くして
草枯れ馬は肥ゆれども
蜀軍の旗光無く
鼓角の音も今しづか。

丞相病篤かりき。

この第一節に始まる非常に長い詩なのですが、私はこれを高校時代までは全部暗《あん》誦《しょう》しておりました。しかし残念ながら今は第一節しか暗誦できません。

それからもう一つ、ここに和漢の名詩集で、日本、中国の漢詩の優れたものを集めた、『詳解名詩新選』という本を、当時のこれは実物ですが、持って参りました。これには、「昭和五年四月二十九日」という購入の日付があり、私の旧制中学生の時代に買った本ですが、ここの中の多くの詩を愛読し、中でも白楽天の「長恨歌」などをくり返し読み、とうとう暗誦できるようになりました。今はその三分の二ぐらいしか覚えておりませんが、その三分の二をそらで読んでみます。私がでたらめを言うとお考えになるといけないので、誰かに見ていただきますから（学生の一人に本を渡す）。残念ながら全文は言えません、三分の二ぐらいです。

漢皇色を重んじ傾国を思ふ、御宇多年求めて得ず。楊家に女有り初めて長成す、養はれて深閨に在り人未だ識らず。（以下、「悠々たる生死別れて年を経、魂魄曾て来つて夢に入らず」までの七四句を暗誦したが、省略する）

それから後は忘れてしまいましたが、最後の三節だけは覚えております。

七月七日長生殿、夜半人無く私語の時、天に在りては願はくは比翼の鳥となり、地に在りては願はくは連理の枝と為らん。天長地久時有つて尽く。この恨み緜緜として絶ゆる期無し。

それが終わりであります。（学生に確認してもらう）間違ってないという保証がありましたので……（拍手）。楊貴妃という美人を唐の玄宗皇帝が愛して、そのために臣下の間から非常な不満が出て、安禄山が謀叛を起こし皇帝が蜀に亡命する、その途中軍隊が楊貴妃を殺さなければ命令に従わないというので、涙をのんで楊貴妃を殺し、そして蜀の地に逃れました。やがて乱が平いで宮殿に帰って来たけれどももはや楊貴妃は亡く、追懐の念に堪えずに、私がもう忘れてしまった部分には、道士に仙宮にいる楊貴妃の魂を訪ねさせ話を聞いて帰って来させるというところで、最後に楊貴妃が玄宗皇帝と二人だけ閨《ねや》の中で語った誰も知らない言葉を証拠として伝えるのであります。有名な「比翼連理」という言葉の由来が出てまいります。これを私は中国の古典として読んだのではなく、日本の古典として読んだのであります。というのは、中国の古典として読むならば音読しなければならないのでありまして、そうしなければ平《ひょう》仄《そく》とか押韻とかの漢詩のもつ韻律美はわからないわけであります。これを今のように訓読して読むのは全く日本文として読むわけでありまして、従って「長恨歌」は、例えば『源氏物語』などが非常に大きな影響を受けているのでありまして、その点からもなかば日本の古典に化していたとも言えますが、私は日本文学の古典として読んだわけであります。ただ、こういうようなところから入りまして最初はもっぱら韻文のほうを読んでいたのでありますが、やがて散文の世界のほうに魅せられて、もっぱら小説とか戯曲とかを読むようになりました。しかし、こういう古典的文章から文学の世界へ入って行ったために、私はいつでも文章というものの形式美に魅せられる側面があり、特に文語体の文章の美しさが忘れられないのでありまして、私は戦後に文語体の著作を一つ書いております。戦争中に原稿にしたのですが、出版の機会がなく、戦後初めて活字にした『上宮聖徳法王帝説の研究』という本は文語体で書いてあります。おそらく戦後文語体の文章で公刊された著作としては、文芸界では吉田満の『戦艦大和ノ最期』、それから学問の世界では私のこの本だけではないかと思います。たぶん私は文語体をつかって書いたもの書きの最後の一人だろうと思っております。それはこういうような過去の私の原点に基づくものであります。

本来ならば一番大事な宗教の問題にも入らなければならないと思いますけれども、立って聞いてくださっている方々にあまり長時間苦行を強いることは残酷でありますから、このあたりで拙い話を終わりといたしますが、六年間、短くはありましたけれど、私にとってたいへん楽しい生活を送らせていただいた中央大学の最終講義において、かようにたくさんの学生諸君が集まってくださって、また、先生方の中にもおいそがしい時間を割いてご列席くださいましたことを心から御礼申し上げて、私の最終講義を終わりといたします。御静聴ありがとうございました。（拍手）

一九八三年（昭和五八）一二月一七日　中央大学法学部

独裁五六年

猪木正道

［概説］政治学者である猪木が独裁研究を決心したのは一九三三年一月三〇日、ヒットラーの政権奪取の一報を読んだときであった。自身も深い交流のあったドイツ社会民主党がやられたとき、我々が理解し得なかったヒットラーの運動の魔力とは何だろうかという疑問を抱き、これが研究の直接の動機となる。翌年二月一二日、オーストリア社会民主党が国軍と市街戦を始めたという記事を読み、惨敗したものの勇ましく戦ったことに感心した。戦後のオーストリア訪問の際、党本部のカール・チェルネッツに伝えると、「ああいう敗北主義では駄目で、いまは国家権力を合法的に奪取する形で戦っている」と言われて目をさまし、独裁研究が一段と深まったと猪木は回顧する。そもそも独裁の定義とは、あくまでもその独裁を必要としないような状態を作るための非常手段である。これを任期なく長くやると、例外なく暴君になるものだ。国家における独裁の形成過程としては、まず国際条件として、全体主義独裁の当事国が包囲され孤立しているという恐怖心を持つこと、次に政権与党以外の政党の禁止と、党内部での分派の禁止、社会的集団の解体、大学や教会の支配などが挙げられる。崩壊過程としては、敗戦などの国際関係上における衝撃、特にソ連については中央集権的強権経済の失敗や政治局の分裂、民族問題の重大化などが挙げられる。こうした考察を通して、最後に猪木は、ソ連がいずれ解体するだろうと締め括る。

ただいま斉藤先生の開発援助に関する非常に含蓄のある話しをうけたまわっておりまして思い出しましたのは、今から二〇数年前ですけれども、ワシントンDCのジョンズ・ホプキンズ大学の高等学術研究所といいますか、サイス（SAIS）と略称されますがそこへ招かれましたときに、これくらいの部屋で皆さんの半分ぐらいの人数の、主として研究者、かなり年配の人もいましたが、奇妙な質問を受けました。それはいま自分たちが困っているのは、開発途上国に教育援助をするんだが、その援助を受けた開発途上国の青年たちが、ひどい場合にはもう全員沈没してしまうというんです。パリに沈没する、ニューヨークに沈没する、ロンドンに沈没して、祖国へ帰ってこないというんです。非常に困っているんだが、日本は明治維新以来ずいぶんたくさんの留学生を外国に派遣しておるけれども、極めて少数の例外を除いては沈没した者がおるということを聞かない、みんな祖国に帰って日本の近代化のために努力して成果を上げておる。その秘訣を教えてくれということをいうんです、その相当年配のサイス（SAIS）の教授が。そのとき咄嗟に答えたのは極めて皮肉な答えなんですけれども、日本は明治維新以来、先進諸国から何らの開発援助を受けていないと、全部自力でやったんだと、だからアメリカに留学した人も英国に研究に出掛けた人もフランスに勉強に行った人もドイツに留学した人も、みんな当時の政府、維新後には明治政府のお金、あるいは個人のお金あるいは財閥のお金、いずれも血の出るようなお金を持って勉強に行っているから、だから沈没するといったような気は毛頭起こらない。外国人の技術者に対して。みんなとてつもない高い俸給を払っていた。明治初年に年俸一万ドルも払っていた外国人もいたんですから、いまの一万ドルと違いますよ。何とかしなければならないというんでみんな必死になって勉強したんです。それで勉強をすますとすぐ帰ったんだ。だから開発援助というものは考えもので有害な面もあるぞということを僕は言っていたんです。これは決して斉藤先生のお話しに反論するんじゃなくて、私も最近はだんだん考え方を変えまして、やっぱり開発援助をしなくちゃいけないという考え方に変わっているんですけれども。しかし日本が自立の精神でいかなる国からも何の援助も受けないで、自力でやってきたということはこれは大変なものです。その真似をしろと言ったってアジア、アフリカのあるいは中南米の開発途上国にはできません。だからそれはそういうことを言うとまた日本人はアロガントになったといって叱られますけれど、とにかくそんなことがありました。

なおこの機会にこういう最終講義という機会を与えてくださった学部並びに学会に対して心から御礼を申しあげたい。もし京都大学法学部で定年を迎えていたらこういう機会は与えられないんです。青学にその招いていただいたお陰でこういう機会を与えられました。なお大木先生が亡くなったということを最近つくづくその損失がいかに大きいかということを感じます。そして私に青学に来ないかということをおっしゃっていただいたのは大木先生ですから、私はこの機会に大木先生に対して改めて心からご冥福を祈りたいんです。クリスチャンであられるからご冥福という言葉は適当じゃないと思いますけれども、私自身は仏教徒なもんですから御許し願いたい。少し大げさにいえば真言宗の、空海の弟子でございますから、だから冥福という言葉を使った。

今日私がこれから申しあげますことはだいたい二つでございます。一つはこの五六年という数字が示しておりますとおり、これは私が五六年間独裁したんじゃないんですよ。これはもう皆さん私の顔を見たら説明無用なんで、私はおよそ独裁者とは縁の遠い顔をしています。雑談している学生に出ていけというときなんかはちょっと独裁者みたいに見えるかも知れませんが。そうじゃなくて私が独裁の研究に決意したのが今から五六年と一一ヶ月前であるという意味です。今になったら五七年といったほうがいいんですけれども。言葉を代えていえば一九三三年の一月の三〇日、これは私にとってもう忘れがたい日でありまして、私はこの日に独裁の研究を決心したなんて言うとちょっと大袈裟ですけれども、今から考えてみるとそういってもあまり誇張ではないと思います。昔を振り返りますとどうしても後から学んだことやなんかがそれに加わりまして、初めからそういうつもりでいたような錯覚に陥るもんなんで、その意味で自叙伝なんて信用できないんですな。これはもうまったく眉唾物が多いんですけれども、そういうことをお含みの上でお聞き願いたいが、これは昭和でいいますと八年です。僕は昭和とか平成とかいうことを言いません。そういう国際的に通用しないものは、国際政治経済学部では使ったらいけないと思うのであまり使わない。

一九三三年一月三〇日、これは私が一八歳ですかな、一八歳のときでした。そして私は一九三一年にドイツ語を第一外国語に選んだもんですから、その当時は英語の辞書は、英和辞典も和英辞典も売りとばしました。しかし英語という課目が一週間に四時間ありますからね。これはやっぱり英語の準備も必要だから英独辞典を買ってきたんです。それから独英辞典を買ってきてそしてまあ何とか英語の力を維持したんですけれども、今でも英語の文章を読むと肯定か否定かよく分らないことがあってですね、想像していると後でどうも間違いで反対だったらしいということになるんです。私の英語ははなはだ頼りないんですけれども、そういうドイツ漬けの私にとってドイツにおける政情というものははなはだ興味深いというか、非常に私にとっては気になったんですね。私がマルゼンを通じまして二つの新聞、フランクフルター・ツアイトンクー、――今のフランクフルターアルゲマイネとは違います――の週刊版を取っておりましてね、それからしばらくしてから今度はケルニッシエ・ツアイトンクの週刊版を取りました。もちろん船でどんぶらこどんぶらこ来るんですからね、今のように飛行機は飛んでいませんから、四〇日間ぐらいかかって来るんです。シベリア経由なら二〇日間位で着きます。だからずいぶん遅れてくるんですけれども、とにかくドイツの政情というものに対して非常に注意深く勉強していたわけです。そしたらその昭和八年、一九三三年の一月三〇日に突如としてチョビ髭をつけたどこの馬の骨か牛の骨か分らない――こういう表現は差別的表現だというんで嫌がられるらしい――私はそれをNHKラジオで今から三〇年ほど前にやりましたらね、そしたら九州の療養所で治療しておる老人から猛烈な手紙が来ましてね、「おまえは人間を差別するのか」というんですね。僕は差別の意図は毛頭ないんで、ようするにヒットラーというのがおとうさんとおかあさんは分っているんですけれども、祖父母は誰でも四人持ってますが、そのうちの一人が分らないんです。その意味で私はどこの馬の骨か牛の骨か分らないという表現を使った。そういう男がまったくあれ滑稽ですよ。チャップリンをちょっとこう悪くしたような顔をしてですね、そうしてがなり立てるんですね、初めのうちは低い声でしゃべっている、最後はああいうのを獅子吼というんですかな、日本語では獅子吼はできません。日本語という言葉は雄弁には向かない。ドイツ語とかロシア語とかというのは獅子吼に向いていますよ。

私はヒットラーが政権をとったんで非常なショックを受けたんです。なぜショックを受けたかといいますと、私はその当時までに既にドイツ社会民主党に対して大きな関心を持ち、かつ、支持をしておりまして、ドイツ社会民主党の名誉党員のような気持ていたんです。その後戦後、ドイツへ一年間滞在しましたときにも、ドイツ社会民主党の人ともっぱら交際して、ドイツ社会民主党の名誉党員並みの扱いを受けていたんです。そういう人間です。そういう人間にとって、その当時までに七〇年の歴史を持っているドイツ最大にして最も古い政党であるところのドイツ社会民主党が本当にもろくもヒットラーのような無法者の集団によって、アウトローの集団によってもろくもその姿を消した。僕はもう失望落胆してどうして社会民主主義というのは駄目なんだろう、日本の社会党をお考えいただいちゃ困りますよ。日本の社会党というのは、社会民主主義じゃありませんから。あれはわけの分らない空想主義です。ドイツ社会民主党というのはちゃんと防衛政策、安全保障政策を持ってますから、だからそれと混同していただいちゃ困るんですけれども。そのドイツ社会民主党の私は客員党員のつもりでおった、それがあっさりとやられてしまったから、よほどヒットラーの運動というものには一つの、それまで我々が理解し得なかった魔力があるに違いない。それは何だろうと、そういう疑問を持ったんですね、それが私の独裁研究に至った直接の動機でございます。

日本はもうご承知の通り一九三一年の九月一八日から満州事変を始め、一九三二年の五・一五事件で犬養総理を海軍将校とそうして陸軍士官学校生徒が白昼公然とこれを射殺したんですから、無茶な話しですよ。私は防衛大学の校長をしているときに園遊会に招かれましたら、亡くなられた昭和天皇が私の前に近づいて来られて、「防衛大学校はどうですか」と言われたから、「五・一五事件を起こしたようなああいう不逞なやからは教育しないようにしております」というふうにお答えしようと思ったんですけれどね、これはちょっとやっぱり陛下のお顔を見ているとそこまで言うのは少し言い過ぎだと思ったから、だから「国法に従って防衛のために生命を捧げるような青年を教育しています」というようにお答えして間接的な表現にしたんです。だけど私は白昼公然と総理大臣を、総理大臣の公邸におそって射殺するようなそういうアウトロー、無法者を教育しておった陸軍の士官学校のその責任たるや大きいですよ。その陸軍の士官学校を管理しておる陸軍省の最高責任者は荒木陸軍大臣です。当然辞めなきゃいけませんよ。ところが彼は辞めないんですよ。辞めないばかりか、ああいう行動に出た青年の純粋な気持を思うと涙が出る、非常に彼らは純真であるから、我々は彼らのその純真な気持を尊重しなけりゃならんというようなまるで誉めているような、まるで犬養さんが悪者であるかのような発言をした。犬養さんは立派な政治家ですけど、それをけなしてそしてテロリストを賛美するような発言をしたんです。僕は荒木陸軍大臣というやつは大嫌いなんです。こんな嫌いなやつはいませんでね、というのは私が三高生のときに彼は京都大学へ講演に来まして、そして偉そうな顔をして陸軍大臣として講演したんですよ。僕は行って前のほうで聞いていたんですけれど、まったく無知蒙昧なこと、その支離滅裂なこと、その論理の通らないこと、こんなやつが陸軍を率いているとなるとこれは日本の前途はどうなるんだろうと思って僕は心配したんです。本当に悪いやつです。たまたま私の祖父とちょっと顔が似ていまして、私の祖父は荒木に似ているといって喜んでいました。だけど私は荒木陸軍大臣というのは、そのときに辞めなかったということで日本国民の無責任の象徴であるというふうに私は思っている次第です。

五・一五事件の翌年にヒットラーが政権をとってちょうどドイツがヨーロッパで、そして日本はアジアでそれぞれ諸々の集団が勢力を得て、そうしてテロやなんかを通じて民主主義を、人権を蹂躪してそしてだんだんと全体主義独裁へと発展していくわけなんです。日本はその一九三三年の三月二七日に国際連盟を脱退した。昭和天皇はこの国際連盟を脱退する際の詔書に今や国際連盟を脱退することははなはだ遺憾であると説かれ、豈《あに》朕が志ならんやといわれ、再び日本が国際社会の一員として協力するような時代がくることを望むということをその詔書に書いておられるんです、そこにも昭和天皇の平和への意志がよく表われているんですね。ドイツは日本の真似をしてその年の一〇月の一四日に国際連盟を脱退したんです。日本のほうが先に脱退したんですよ。私はドイツに行きましたらね、ドイツ人の中にはうぬぼれの強いのがいますからね、日本は真似ばかりしている、日本が国際連盟を脱退したのはドイツが脱退したからだということを言いました。立派な学者がそういうことを言うんですよ。だから僕は「冗談じゃないとそれは逆だと、君帰って一つ年表を調べてみろと、日本のほうがはるかに前に七ヶ月も前に脱退した。模倣したのはヒットラーのドイツであって、日本が先鞭をつけたんだ」。あんまり自慢にならないけれども、そういってドイツ人と争ったことがあるんです。そしてその翌年の一九三四年にはこれまた私の一生にとってもう感動的な、最も感動的な事件が起こったんです。それは起こったのは二月の一二日でございまして、食事をしに近所の食堂にまいりましたら、そこに新聞の夕刊が置いてあって、私も新聞を取っていたんですがまだ読んでいなかった、その夕刊に写真が出ていてですね、ウィーンの街でオーストリア社会民主党が——戦後は社会民主党と言わないでオーストリア社会党と言うんですけれども——オーストリア社会党がシュッツブントという武装兵力を動員してそして国軍と戦って三日間ぐらい市街戦をやったという記事が出ているんです、結局は惨敗しましたが。僕はドイツ社会民主党は駄目だと、ヒットラーというあんなチョビ髭のどこの馬の骨か牛の骨か分らない男にやられてそれきりだ、しかしオーストリアの社会党は大したもんだ。負けたとはいえちゃんと大砲までひっぱりだして勇ましく戦った。後に私ウィーンへ参りましてウィーンの労働者の住宅を見て回って、その労働者の住宅が要塞になっているんで驚きました。これは地方から攻めよせてくる保守反動の軍隊に対してウィーンを守るために、そのウィーンはオーストリアの社会党の牙城ですから、その労働者の居住住宅を要塞にしてあるんですよ、大したもんですよ、今でもありますからウィーンにいらしたらもし時間があればご覧いただきたい。その時は雪が降ってましたがその雪を血に染めてオーストリアの社会党も負けたわけです。そしてドルフスというのが宰相になった。これは小さな男でしてね、オーストリアのナポレオンといわれたんです。これがファシスト独裁者になったんですが、やがてヒットラーの一味に殺されてオーストリアはドイツに併合される、合邦されるのです。

その息づまるような戦いを、私は京都から声援していた。オーストリア社会党のシュッツブントがオーストリアの国軍と戦って、そして華々しく負けたというその状況を私は血をおどらせながら見ておりまして、そして社会民主主義も捨てたもんじゃないと、ドイツは駄目だけれどもオーストリアは大したもんだと感心しました。戦後オーストリアを訪問して真先にオーストリア社会党の本部へ参りまして、そしてその当時戦ったカール・チェルネッツというオーストリア社会党の最高首脳の一人に会いまして「自分が今日来たのは、自分がまだ若いとき（二〇歳前後に）あなたの党が大砲まで使って、機関銃を使ってそして軍隊に抵抗してよく頑張ったと、あの英雄的抵抗に敬意を表しに来たんだ」と言いましたら、そのカール・チェルネッツという人が迷惑そうな顔をしまして「それは猪木さんね、そういう敬意を表してもらうのは有難いけど結局敗北です。ああいう敗北主義は駄目なんです。国軍に大砲を使い、機関銃を使って抵抗したって結局国軍には負けるにきまっている。だから戦後のオーストリア社会党はそういう市街戦をやり内戦をやって政権を取ろうとは思わない。国会で絶対多数をとってそして国権を、国家権力を合法的に奪取するという形で戦っている」と言われまして、私は目がさめたような気がしたんです。そこで私の独裁研究は一段と深められたような気がします。

そこで独裁の定義に一寸ふれておきましょう。独裁、独裁と申しておりますけれどもこれに似た言葉がたくさんあるんですね。独裁というのはご承知のとおりディクテータシップ（dictatorship）でしょう。これは語源はディクタートルというラテン語からきているんですね。このディクテートするというのは、ディクティションというのがあるでしょう。私も旧制高校の入学試験でディクテートというのは口授するという意味です。ディクティションをやられて答案を書いた記憶がありますけれども、つまりディクテートというのは口授するという意味ですね。ディクというのはしゃべるという意味なんです。それにtがつきますと強くしゃべると、強く指示するという意味になるんですね。強く指示する人という意味でディクタートルというのはつまり独裁官なんです。これは大事な点ですから私の『独裁の政治思想』という著書にも書いてありますけれども、ここでそういうものをお読みになっていない方のためにも一言触れておきますと、非常に大事な点はね、暴君とか

Despotとかあるいはタイラントとかいろいろあります。僭主や暴君とは本来の独裁は違うんですね。どこが違うかというと独裁というのはその独裁を必要としないような状態を作るための非常手段なんです。だから専制とかアウトクラシーというのはこれは永久に続くかもしれない。しかし独裁というのはすべて一時的なもので非常手段なんです。そこが違うんですね。だけども人間は弱いものですから独裁者を長くやってますといつのまにかみんな暴君になります、例外なしに。スターリンも暴君になりましたし、ヒットラーも暴君になりましたし、チャウシェスクも暴君になりました。そういうわけでこれは理論的には一応区別できるけれども、実際問題としてはあまり区別しても意味はないと思われるほどであります。しかし本来のローマのディクタートルはどういうものであったかというとBC五〇〇年から二〇二年まで三世紀間続いた制度でありまして、ご承知のとおりローマ共和国というのは君主制にこりたもんですからコンスルという統領を二人置いたんです。二人置けばそれが専制的な権力者になる恐れがないと、二人おれば一方が左に行くといい、他方が右に行こうと言えばどこも行けないから安全だということで二人コンスルを置いたんです。しかもおもしろいことはローマ法ではコンスルは任期一年、短いですね、長くするといかんというんです。それからディクタートルはどういうときに置くかというと、内乱もしくは戦争の時、内乱を鎮定しあるいは外戦を遂行するために二人のコンスルが軍を統制することはできないから、だから元老院の推薦に基づいてコンスルが任命したのがディクタートルです。これはもう非常な権力を持っていまして、もう生殺与奪の権を持っているんです。一切の実定法あるいは慣習法を超越してローマの市民に対して殺すも生かすも与えるも奪うもみなディクタートルの思うとおりなんです。それは内乱の鎮定とか外戦の遂行とかという限定した目的があるからですよ。しかも自分でなったんではなくて元老院の推薦によってコンスルによって任命されたというところが値打があるんです。しかも任期は六ヶ月なんです。これ非常に意味がある、これ六ヶ月以上にすると危ない、なぜ六ヶ月に限定したかというと内乱なんというのは六ヶ月で鎮定できないようではそれはもうディクタートルの資格はないというわけです。外戦といってもその当時の外戦はまだポエニ戦争じゃありませんから、だいたい六ヶ月あれば片付く。当時の戦争というのはのんきなもので、夏の間だけやって冬は休むんですから。だから六ヶ月あれば十分だというんで独裁官の任期は六ヶ月というふうに限定されておりました。そういうところに独裁という言葉の語源があって、それからいろんな事態が現われてくるんですけれども、独裁の概念に関しては以上にして、皆さんがおそらく最も関心を持っておられると思う現下の事態を、私の独裁研究の立場からどういうふうにそれを考察すべきかという点について私の意見を申しあげます。一部は文藝春秋の一二月号に私が執筆しております。短いものですけれども一五枚から二〇枚のものですけれども、それは題は文藝春秋が勝手につけたんで「ネオナショナリズムを警戒する」とかそういう題になっています。石原慎太郎とか何とかいうそういう無責任なデマゴーグの言うことを聞いちゃいけないということを僕は言ったんですね。それは米ソの冷戦が終わると日米間の経済摩擦が激化するから、そうすると必ずアメリカには変なのがたくさんいますから、僕はアメリカという国は大好きですけれども、あの国ほど変なのがたくさんいる国はありません。ホワイトハウスの前をヒットラーの制服、ナチの腕章を付けた、ナチのSAと同じ服装をした青年が大きなハーケンクロイツの旗を持ってデモをやってますよ。僕はホワイトハウスから2ブロックス離れた所に住んでまして、必ず毎日ホワイトハウスの前を通ったもんですから、それによくぶつかってそれをほとんどニグロばかりの警察官が、ニグロ排撃の人種主義者のその右翼の活動を取締っているというよりはむしろそれを保護しているんです。僕はアメリカという国はえらい国だと思いました。そういうような少数者の言論の自由といえどもそれを守ってやると、……僕はますますアメリカに対する尊敬の念を深めたんですけど。そのアメリカ人の雰囲気の中からすれば必ず日本を異質的な国であるとか、あるいは日本というのはとうてい西欧民主主義社会にはなれない別なもんだから、別な手段でどんどんいじめてやれというそういう意見が出てくる。それはウオルフレンとかファローズとかでいう、みんなあれ札付きの男ですよ。あんなものがアメリカの世論を代表しているんじゃないです。それをまた石原慎太郎のような思慮の足らない〝政治家〟がノーと言える国になれなんて、アメリカに何でもノーと言ってどうなりますか。安全保障も何もなくなっちゃうじゃないですか。日本が消えてしまいますよ、日本沈没ですよ。日本は資源がないから主としてアメリカ並びにアメリカ合衆国の支配する地域から原材料、燃料その他を輸入して、そして日本人の優れた能力でもって加工して第一級の製品を作って、それを主としてアメリカ合衆国並びにその勢力圏に輸出して生きているんです。その厳然たる事実を忘れてアメリカにノーと言えというのは大馬鹿ですよ。そういうことをちょっと触れましたら、そういう視点は日本ではまだ不十分じゃないかというんで『文藝春秋』で、東ヨーロッパ情勢を分析した私の論文にそのことをちょっと触れたら「ネオナショナリズムを警戒する」という題になって出てます。それから二月号の『正論』という雑誌の巻頭に私のソ連並びに東ヨーロッパの事件に関するものがのっています。これは一寸長いものですけれども、講演を速記したものに手を入れたのです。機会があったらご覧いただきたい。なお、文藝春秋はこの二月の特別号で「社会主義の崩壊にどう対処するか」という題で特集をするそうで、私もごく少ないスペースですけれども書きました。機会があったらご覧ください。

今日私が申しあげたいことは、本当はもっと基本的な政治権力論からやっていかなければいけないんですけれど、そんなことをする時間はありませんし、それはもう政治学原論で講義してあるからそれは止めて、私はこれから余すところの、二〇分足らずを利用して全体主義独裁の形成過程とその崩壊過程をお話ししたいと思うんです。全体主義独裁の形成過程は、まず第一番にそれはその全体主義独裁をやる国がまわりの国から包囲されて孤立しておるという恐怖心が国際条件としてある。孤立感があるのです。例えばヒットラー・ドイツの場合でもベルサイユ条約で陸軍はわずか一〇万、重砲・戦車も飛行機も持てないと、そういうふうに制限されていた。まわりのポーランドは爪の先まで武装しているし、フランスは世界最強の陸軍を持っておる。英国もフランスの事実上の同盟国だし、ソビエト連邦はドイツとは不倶戴天の敵であるというようなわけで、ドイツは孤立していた。ヒットラーはドイツ人のそういう孤立感を利用してうまく政権を取ったんですね。ソ連の場合でも、スターリンがレーニンの死後——レーニンも共犯者ですけれども——ああいう全体主義独裁をでっちあげたのはやっぱり資本主義の諸国によってソ連は包囲されているという包囲の恐怖から脱するのにはこれはもう全体主義独裁しかないとこういうことであります。これが国際的条件です。

その次はそういう状態のもとでヒットラーも国粋社会主義ドイツ労働者党以外の政党を全部禁止した。スターリンは共産党以外の政党を全部禁止して、新しい政党の結成を禁止した。それからやったことは社会的集団をみな解体した。それは私は一九三三年の一月三〇日からヒットラーが何をするのかと思って見ておりましたら、真先に弾圧したのは労働組合です。ドイツの伝統ある労働組合は解消されました。それから大学という大きな重要な役割を中世以来演じてきたドイツの文化の中心をこれを党の支配下におきました。教会というこれはドイツはご承知のとおりカトリック教会とプロテスタント教会とが両立しておって、ヒットラー時代にはプロテスタント教会のほうが多数派、カトリック教会のほうが少数派でした。プロテスタント教会のほうはヒットラーの任命するライヒスビショフ、つまり帝国大司教といいますか、それのもとで党の統制に服せということを言った。それに不満な連中が告白教会（ベケンネンデ・キルへ）というのを作って勇敢に抵抗した。マルティン・ニーメラーという第一次世界大戦で潜水艦に乗って活躍した勇士がその告白教会の中心でした。私は、大したもんだと思って感動しました。カトリック教会のほうも抵抗した人がいたんですけれども、ローマ教皇庁がその当時たいへん反動的でしてね、今のローマ教皇庁は非常に進歩的ですよ、いい意味で。ヴォイチュラというポーランド人がローマ教皇さんですけれども、たいへんな優秀な人です。おそらく私は現在地球上に住んでおる四〇億人の人間の中で一番誰を尊敬するか、一番誰が優秀だと思うかといわれたら、私は躊躇することなくヴォイチュラさん、ローマ教皇さんをあげますね。たいへんな人ですよこれは。この間もゴルバチョフとロシア語で会話したというんですが、ヨーロッパの言葉はほとんど皆完璧にできるのです。とにかくこれは非常な偉い人です。しかし一九三三、四年頃のローマン・カトリック教会は非常に反動的でヒットラーとの間にコンコルダートという条約を結んだんです。これは日本で普通法皇庁といいますけどあれは教皇庁と訳すべきです。教皇庁との間の条約のことを普通は条約といわないでコンコルダートというんです。教皇庁はヒットラー・ドイツとコンコルダートを結んで妥協した。その意味においてカトリック教会は大きな罪を犯したんです。それを反省して今のカトリック教会は動いているわけです。

それから社会的集団の解体としては、そのほか学生団体も弾圧される、経営者団体も弾圧され、解体される、そして今度は国粋社会主義ドイツ労働者党の中に分派、フアクションを作ることを禁止した。左派も右派も中間派もないことにし、いやしくも分派を作るものはみんな粛清するということで、ご承知の一九三四年の六月三〇日の〝セントバルトロメウスの夜〟と言われている大虐殺事件が起こった。何人殺されたか分らない、ロエームという突撃隊の隊長以下前首相のシュライヒアその他重要な人物が殺害されました。突撃隊の幹部はほとんど一網打尽にヒットラーによって殺されたわけです、これはたいへんなもんですよ。その一九三四年の六月三〇日から七月一日、二日にかけてのそのヒットラーの粛清が実はソ連の粛清を呼んでいるんです。スターリンはそれを見てまして、ヒットラーというのは大したやつだと、これはああいうふうにやらなきゃいけないなと思ったんでしょうね。思ったら自分の回りを見てみると、どうもソ連共産党の中ではスターリンの評判が悪くてキーロフというレニングラードの第一書記のほうが評判がいいんです。党大会で中央委員を投票しますからね、そうすると第一位になったのはキーロフでスターリンは第二位になった。スターリンはその屈辱に耐えられない、そこでキーロフをニコライエフという名前のならず者を使って暗殺した。その翌年から有名な血みどろの粛清が始まるんです。だからヒットラー独裁とスターリン独裁とは相乗作用しているわけです。

そこで今度はいよいよ全体的独裁の崩壊過程に入るわけです。私は独裁の政治思想という本の中では、独裁は必ず暴政に転化する、堕落するというところまで書いてある。しかし、その暴政がいかに崩壊するか、全体主義独裁がいかに崩壊するかということはまだ書いてないんです。それは暴政は長続きしない、それは二〇年、三〇年、四〇年、五〇年たっているうちには必ず崩壊する。そういう含蓄で書いたんです。そこでなおお断りしておきたいことで重要なことなんですけれども、全体主義独裁と言いましても定義によりますと、人間生活の全局面を一党が支配するのが、全体主義独裁だというんですけれども、それは嘘ですよ、そんなことはありませんよ。これはようするにマックス・ウェーバーのいわゆるイデアルテュープスすなわち理想型にほかなりません。極限状態を考えればそういうことが考えられるというだけのことです。その証拠に私はミュンヘンに着くやいなや耳をドイツ語に馴らすためにラジオを買おうと思って近所のラジオ店へ行った話しをしましょう。私はラジオをくれといったところ、向こうのおやじが私に「交流か直流か」というんですよ、ヴェクセルシュトロームかグライヒシュトロームかというんです。私はびっくりしましたね、直流といったら私は乾電池の電流だけだと思っていたんです。こういうところに街の中を走っている電流の中に直流があるとは考えなかった。全部交流だと思っていたのです。日本はそうでしょう。日本は全部交流一〇〇ボルトです。交流という電流については日本は完全な全体主義んです。ところがドイツのようなあの先進国はそう簡単にはいかないです。だから交流の家と直流の家とがあるんです。ラジオも交流用と直流用とがあるんですよ。そこで僕は泡くって下宿に帰りまして下宿のおばさんに「うちの電流はどっちだ」と聞いたらそのおばさんの答えが「直流だ」というんですよ。「しかし交流にする工事がもう一〇〇メートルほど向こうまでせまっておる。だから今あなたが直流の無線セットを買ったら損だと、それまで私のを貸してあげるからしばらく我慢しなさい」というんです。それで私はラジオ屋へとってかえして「実はこういう事情で自分のところは今直流から交流へ切り換える作業が進行中でもうじき交流になるので下宿のおばさんの好意に甘えて借りることにした」と言いましたら、そのラジオ屋のおやじから「それはやむを得ないと、しかし二二五ボルトか一二五ボルトかということをよく注意して使わないと駄目だぞ」ということを言われまして、私は何とミュンヘンのあの小さな街で四種類の電流があるということを知ってですね、僕はこれはドイツというのは中小企業の国だなあ、全体主義なんて嘘だなあ、ヒットラーが一二年間独裁していたけど、ついにミュンヘンというヒットラーリズムの発祥の地の電流を一本化することすらできなかったということに僕はあきれたんですけれども。

これだけの留保をして全体主義独裁の崩壊過程についてあますところ五分間でお話しをいたします。まず第一番には、国際関係の衝撃ということがあります。これは全ての権力の変化過程においてあるわけです。フランスの大革命の場合、アンシャン・レジームが崩壊したのは、インドにおいて新大陸においてフランスが英国に負けたからですね。第二次英仏戦争においてフランスが完敗したからブルボン王朝のアンシャン・レジームは倒れたんです。帝政ロシアが崩壊したのは日露戦争で日本に負けたから、このロシアの負け方は妙な負け方で、日本の勝ち方もこれ変な勝ち方なんですけれども、その変な勝ち方を本当に勝ったと思ったことがこの第二次世界大戦という悲劇を生んだ原因なんですけど、これは余談に渡りますからやめておきましょう。とにかく国際関係の変化は今度東欧・ソ連の場合、戦後四〇年以上続いた冷戦で、アメリカが完勝してソ連が完敗したということなんです。どうもこの点がね、日本ではまだ徹底していないように思うんですね。まだソ連は超大国でそしてアメリカと四つに組んでいる横綱だと思っている人が多いらしいですね。僕は冗談じゃないといいたい。もう八〇年代に入ってからソ連は大関に転落し、関脇に転落し前頭に転落してもうそのうちに十両になってしまうとそういう状態なのです。冷戦におけるアメリカの勝方、完勝、そしてソ連の完敗、これがゴルバチョフ書記長のような有能な人でもですね、今度のあの東ヨーロッパの動乱に対して何にもできなかった原因なんです。大いにやれやれという以外にですね、それを軍隊を使ったりなんかして止めるとかなんとかいうことはできない。なぜできないかというと、アメリカとの冷戦に完敗したからです。それからその次にはソ連の命令経済、コマンドエコノミーすなわち中央集権的強権経済が失敗して行き詰まって、生産性が低下しハイテクノロジーの戦いでアメリカには負けたのはもちろんのこと日本にも完敗し、近ごろでは韓国にまで負けるようになってきた。命令経済の失敗はひどいもので今年はごく最近にアベル・アガンベギャンというソ連の最も著名な改革派の経済学者の一人の書いた「ペレストロイカと経済」という本を手に入れまして、この間から一生懸命になって読み終わったんですけれども、たいへんいろいろ教えられました。なにしろトラクターをソ連はアメリカの実質的に六倍作っているというんですよ。それでいてトラクターはいくら作っても足らないのです。足らない、足らない、足らないなんです。なぜかというと作ったもののの大部分が修理中なんです。修理は安い労賃ではできないです、それは壊れる現場の労賃は高いですからね、それはもう寒いところだったり極端に寒いツンドラ地帯だったりしますから、そういうところは労賃がびっくりするほど高い。そこで修理をしなければならない。だからソ連のトラクターは実質的にアメリカの六倍作っているんだけれども、アメリカのトラクターはほとんど全部が有効に動いているけれども、ソ連のトラクターはほとんど大部分がアウトオブオーダーだということなんです。これはもうトラクターだけではありません、あらゆる点に関して言えます。それから石鹸まてない、歯ぶらし、歯みがきまでないという。砂糖がなくなったのはウォトカの密造のためとして止むを得ないとしても、塩までなくなったとは驚きます。アガンベギャンによりますと、消費材の生産は微増しているんですって、増えているんですけれどね、賃金を上げたりして、需要のほうがいっぺんに増えたものですから、そうすると消費財というものはちょっと足らなくなるとパニック状態になるんです。みんな退蔵する、買いだめするんです。そうするともう何もかもなくなってしまうんです。ちょうど石油危機の時パニックがおこりトイレットペーパーがないというんで大さわぎしたでしょう、あのときに私防衛大学におりましたから自動車に乗って、秘書室長とドライバーとが私を連れて走っていた、そしたら私の秘書室長がもっともらしい顔をして、「学校長」というから私は「何ですか」と言いましたら「塩までないそうです」

とこう言うから、僕はびっくりしてこれはもう塩がなくなったら人間は生きていけない、えらいことになったと思って帰って家内に「秘書室長の話しによると塩までないそうだが大丈夫か」と言いましたら、「いや大丈夫ですよ、私はそのつもりでスーパーマーケットを使わないで、できるだけ個人商店で買っているから『必要なだけは奥さん出しますから』と言ってくれているから、あなたは塩の心配なんかしないで本職に専念して下さい」と言われました。

それでそうなってくると政治局が分裂する、現に分裂しているでしょう。今度日本にやってきて、一四日にやってきて二一日までおるんですけど、エリツィンというモスクワの第一書記をしていたすごい顔した男ね、カラマゾフの兄弟のおやじを殺した四人兄弟の誰かに似ている巨漢です。彼は左派ですね、そうするとまん中にゴルバチョフがおるんです。右派がリガチョフら保守派なんです、これは強いですよこの保守派は。とにかく保守派というのは特権と結びついていますから、特権を守るためには死にものぐるいになって闘いますよ。だから今のソ連共産党は三派に別れておるから力が出ないです。ペレストロイカをやっても経済の不振はいっこうに改善されない、これは当然のことで工場を作ってもそれが動き出すのには一〇年も一五年もかかりますからね。特に日本の場合は、期日を厳守するいい習慣がありますけど、ソ連の場合は来年、来年、来年というんで一〇年ぐらいのびるのです。これは私どもがイメモという世界経済国際関係研究所の連中と一年半に一回、シンポジウムをやっているんですけど、一九七六年にいったときに今はこういうつまらないところでやらなければいけないが、今度やるときには、今度君たちがモスクワに来たときには壮大な建物ができあがっているから、と言ったのが七六年なんです。それからその次に八〇年にいってもまだもうじきできると、今作っている最中だと、いっていました。とうとうあれできて動き出したのは八四年ぐらいじゃないですかね。ということは、ロシアの通弊でありまして、ロシアの工場で革命以来期日通りに完成したのは臨調の土光さんが率いた東芝がアゼルバイジャン共和国のバクーに作った空調エアコンディショニングの工場だけだそうです。これにはソ連の政治局の偉い方々がびっくりして日本というのはすごい国だと、とにかく計画通りにちゃんと期日に納入したと、どうしたらそういうことができるんだ、我我は五年、一〇年遅れるのは常識だと言ったというんですね。これをもっていかにソ連の状態が悪いか分ります。ペレストロイカをやったってなかなかうまくいかないと、そこへもってきて民族問題の重大化があります。これはスターリン帝国、ソ連そのものが少数民族を多数かかえてますからね。バルト三国はじめとしてグルジアもそうですしウクライナもそうですし、みんな征服されたところですから。アジアのほうの地方はカザフとかキルギスとかそういうのみんな征服されたところですからね、植民地ですからね。ところがそれがまたルーマニアとか東ドイツとかハンガリーとかポーランドとかいう、そういう戦前は独立していた国をも植民地にしたんですから二重帝国なんですよ。これがたいへんな独立、分離独立の機運が激しくてソ連二重帝国は遅かれ早かれ解体するというのが私の今日皆さんに申しあげたい結論でございます。その理由について詳しくお話しするのは私の不手際から時間がなくなりましたから結論だけ、解体するということを申しあげて私の話しを終わらせていただきます、ご静聴ありがとうございました。

一九九〇年（平成二）一月一〇日　青山学院大学一一号館一一三四番教室

博物館長としての挑戦の日々

梅棹忠夫

［概説］民族学者である梅棹が創設を主導した国立民族学博物館の歴史を辿りながら、彼が民博を通して何を実現しようとしていたか、また今後どのような未来を見据えているのかを語る。一九六八年に日本民族学会の博物館設立促進委員会の担当理事となった梅棹は、三〇年代からの澁澤敬三の案を引き継ぎ、民博の計画を始動。おりしも一九七〇年には万国博覧会が開催され、ここで万国博覧会跡地利用懇談会の委員となった彼は、跡地における博物館計画をうちあげる。その後、世界民族資料調査収集団を組織し、世界中の民族資料をあつめることで博物館の基礎資料を整え、ついに一九七四年に民博の創設に至った。これまでの日本の博物館が文化財保護法に拠った「宝物殿」であるのに対して、民博は大学と同じ学校教育法のうえに立った「国立古道具屋」であり、すべては研究資料であるとして現物との対話を重視した。また未来をきりひらく文化施設であるとも考え、コンピューターなどの最新技術を導入した情報検索も可能にする。友の会などを中心に市民サービスにも取り組んだ。研究体制においても、専門の異なる者同士が切磋琢磨し、競争原理の下に研究させる独自方針を採用している。このほかにも、一一の研究所と共同して一つの基盤をつくり、総合研究大学院大学という学術研究機関を立ち上げるなど、従来の博物館にないさまざまな役割を果たす場を作ろうとして民博に情熱を注いできたと語る。

佐々木　これから梅棹忠夫館長退官記念講演ということで、わたしの方から梅棹館長にいろいろとお話を伺うことになりましたので、どうぞよろしくお願いします。

梅棹　どうぞよろしく。

佐々木　とにかく長い間、どうもご苦労さまでございました。梅棹さんが、国立民族学博物館（民博）の創設準備室長になられてから二〇年たちましたね。その前のいろいろな前史を含めると、民博の創設、運営にかかわってご努力をしてこられた期間は三〇年ほどになりますね。

そして、この三月末に任期満了でご退官になるわけですが、この民博という、大変ユニークな組織を、どういう理念をもって創設なさったのか、あるいはどのようなお考えで運営されてきたのかというようなことを、今日は皆様方とともにお聞きしたいと思います。

まずはじめに、梅棹さんが民博への関心、あるいは博物館への関心というものをお持ちになったのは何時ごろからでございますか。

梅棹　これはずいぶんはやいです。最初に民族学的な博物館に関心をもったのは、一九歳のときです。そのとき、はじめて北海道にいっているんです。北海道大学の付属の博物館がありまして、そこでアイヌ文化の展示をみてたいへん心うたれたのを記憶しております。

佐々木　戦前ですね。

梅棹　もちろん戦前です。それからその翌年、一九四〇年にわたしはサハリンへいっています。いまのユジノサハリンスク、当時は豊原ともうしました旧樺太庁の所在地にできたあたらしい博物館も訪れました。そこでイヌぞりの実物であるとか、オオヤマネコの剝製《はくせい》だとか、いろいろな展示をみてそれにたいへん感動して、将来こういう仕事をやりたいものだとおもったのが最初なんです。

佐々木　たしかサハリンへ行かれたのは、イヌぞりの訓練のためですね。あれで南極探検をやろうと思っておられた。どうも探検家梅棹忠夫はずいぶん若い時からいろいろ計画しておられたようです。そのなかで博物館への関心がずっと蓄積されてきたということですが、実際にこの国立民族学博物館ということになりますと……。

梅棹　これはわたしがはじめてかんがえたわけではないんです。故澁澤敬三先生が、一九三〇年代にかんがえて、案をおだしになっていたんです。それが何人もの人につぎつぎとバトンタッチされてひきつがれてきたわけです、わたしは、駅伝競争でいうと最終区間ランナーなんです。

それでまず「学術会議の勧告」というのが、一九六五年に内閣総理大臣あてにだされていたんです。

ところが、ご承知かとおもいますが、学術会議勧告というのはいくらでもでるんです。それが実現するかどうかはまったく別問題なんです。ですからそれを実現させるにはべつの努力が必要なんです。

　一九六八年にわたしは東京大学の泉靖一さん、明治大学の祖父江《そふえ》孝男《たかお》さん（民博名誉教授）たちといっしょに日本民族学会の博物館設立促進委員会の委員になりました。さらに泉さんとわたしがその担当理事をつとめることになりました。そこでわたしたちが正式にバトンをうけとってはしりだしたんです。

天の時、地の利、人の和

佐々木　その過程で、いっぽうで日本万国博覧会の計画がでてくるわけですね。
梅棹　これは博物館とはまったく関係なくでてきたわけです。わたしは一九七〇年の万国博覧会では、いわば裏方の演出をやっていたんです。そこで、博物館と万博をくっつけてやろうとおもいついた。
　それまで博物館計画はすこしずつ促進委員会ですすめておりましたけれども、まず土地がない。はじめは東京近郊につくるというかんがえで土地をさがしたんです。青梅《おうめ》とか箱根とか、いろんなところをさがしたんですが、どうしてもうまくいかない。そこでわたしがかんがえたのは、たまたま万博をやっていましたから、その跡地をつかおうということでした。
ちょうど万博会期中に、大蔵大臣の諮問機関として万国博覧会跡地利用懇談会というのができて、わたしがその委員になったんです。そこで博物館計画をうちあげました。そのときに岡本太郎さんがサポートしてくださいましたし、みなさんにも賛同をえて、はじめて正式に動きだしたわけです。

佐々木　承りますと、そのころ、民博の計画は用地問題で頓座していたわけですから、その用地問題が解決することによって、いっきょに進んだということですね。

梅棹　そうです。当時は、泉靖一さんとわたしとの話しあいでことがはこんでおりました。とくに、万博の機会を利用して世界じゅうの民族資料をあつめようというので、日本万国博覧会世界民族資料調査収集団というものを組織したんです。当時、泉さんは東京大学教授、わたしは京都大学教授でしたので、東大、京大の連合軍ができました。よその大学からは「これでは公武合体ではないか」といわれました（笑）。このふたつの大学の若い人たち二〇人ほどに、世界じゅうに散ってもらったんです。それぞれにお金をもたせて、世界じゅうの民具の買いだしにいってもらった。これでこの博物館の基礎資料ができたんです。
そのころはまだ民族学博物館ができるかどうかはまったくわからない段階でしたけれども、若い諸君は、これで博物館ができるんだというので、いさみたって世界じゅうに散っていった。

佐々木　その時に集めたもののなかで、いまでも展示場に展示しているものがいくつもありますね。

当時、お二人のことを東西の手配師といった人もいましたね（笑）。

梅棹　じっさい、手配師でした。たくさんの人を動員して、それで大量の民族資料があつまってきたんです。

佐々木　こうしていちおう土地の目処《めど》がたって、資料のコアになるものが集まって、いよいよ民博というものができそうな雰囲気になったところで泉先生が……。

梅棹　とつぜんに泉さんが亡くなったんです。一九七〇年の一一月一五日。まったくこれは青天の霹靂《へきれき》でした。これでわたしひとりでやらんならんということになりまして、いよいよ本格的にとりくみはじめた。

その翌年から二年間つづけて正式に文部省の調査費がつき、現実にうごきはじめたわけです。そのあいだにヨーロッパのさまざまな博物館を視察しました。

佐々木　民博をつくったときのお話に、「天の時、地の利、人の和」ということをよくおっしゃいますが、それはどういうことですか。

梅棹　ひとつは、だいたい博物館というようなものが国家にとって必要であるという認識がそれまでまるでなかったんです。ところがそのころ、高度経済成長期で日本が世界にのりだしていった時期で、世界じゅうのことがわからんとだめだぞと、そういう機運になってきたんです。中央官庁のみなさんも世界にたいする情報の供給源をもとめはじめていた。

国際性がいちじるしく高くなりつつあるところへ、これは世界博物館なんだと、世界の諸民族の博物館だとうりこんだんですね。これはやはり、日本の文明史の大きなながれのなかでいえば、まさしく「天の時」でした。

それから地の利というのは、そのときに万国博覧会がひらかれて、跡地として大きな土地ができたことです。さらに、泉さんの研究室、わたしの研究室でたくさんの若手研究者の養成がすすんでいたんですね。ほんとにすぐれた若い人たちが、一致協力してここにあつまってくれた。これが人の和。だから、天の時、地の利、人の和がそろったんです。

佐々木　そういうことで一九七三年には、国立民族学研究博物館（仮称）創設準備室が発足し、翌七四年に正式に民博が創設されました。

供給が需要を生む

佐々木　この国立民族学博物館は、民族学の研究センターであると同時に情報センター。とくに情報センターという部分をとりあげて、梅棹さんは「アバンギャルドとしての博物館」という言葉をよくお使いになるのですが、それはどういう点ですか。

梅棹　博物館というのは、いままでのイメージではどうしてもふるくさいもの、うしろ向きのものという観念がどこかつきまとうんです。わたしはそれは逆だとおもうんです。これこそ文明の最先端、最前列をはしっている文化施設なんです。ここで未来をきりひらいていくんだという、そういう博物館をつくりたい。だから、そのことばを旗じるしにかかげたわけです。

佐々木　従来「お前は博物館行きだ」なんていわれると、だいたい用済みになったということですが、それとアバンギャルドというのはまったく反対の概念ですね。

梅棹　ここであたらしい実験をどんどんやるんだということなんです。

それでまずわたしがとりかかったのは、情報機器を大量に導入することでした。民博の準備室ができた当時は、コンピューターというものはほとんどつかいものにならなかった時代です。しかも、そのころは電子計算機は文字どおり計算機械で、情報検索機械じゃなかったんです。しかし、わたしはいろいろかんがえましてね。コンピューターというものは、これからの時代に前途ようようたるものがある。わたしはこれにかけようとおもった。

調べてみましたら、その当時に情報検索につかえるコンピューターはほとんどなかったんです。しかし、おもいきって大型のものを導入しました。そのときに文部省でも、文科系の研究施設にこんな大きなコンピューターをいれていったいどうする気だ、だいいち、そんな需要があるのかなどといろいろいわれたんです。しかし、文明のアバンギャルドは需要があってつくるんじゃない。供給が需要をかきたてていくんだというのがわたしの持論なんです。だから、はじめから強引に需要をはるかにうわまわる機械をとりいれた。

そうすると、わたしの見込みどおり、現実に目のまえにあると、だれでもちょっとさわってみる。そこではじめて、これはつかえるということがわかるんです。

だいいち博物館そのものがそうですよ。世論調査をやって、「あなたは博物館がほしいですか」なんてきいてまわったって、だれもなんのことかわからないでしょう。ところが、こしらえてみると、みなさん、「ウワー、いいものができた」ということになるんです。文化の問題はいつでもそうなんです。ですからまず供給するべきだ。そうすると需要がでてくるんです。

佐々木　これは大変な先見性です。

その結果、コンピューターが民博に導入されまして、さらに、ビデオテークという民博独自の情報検索装置もつくられました。

梅棹　それはわたしの頭のなかにイメージがはっきりありました。とにかく、ボタンをおしたらなんでも情報がでてくる、電気紙芝居のようなものをつくりたい。そういうものがはたして技術的にできるかどうかわからなかったのですが、筑波大学の中山和彦さんをはじめとする情報システム小委員会でかんがえていただいたのが、現在のビデオテークのもとの姿です。

この「ビデオテーク」という名前はわたしの造語でして、「ビデオ」というのはラテン語、「テーク」というのはテーケーというギリシア語がもとで、「たな」という意味なんです。これが世界でいちばん最初だとおもっていましたが、その後、フランスへいきましたら、そこにもビデオテークという名前の、おなじようなものがあったんです。

「ビデオテーク」ということばがそこでもつかわれていることを知って、わたしの造語法は文法的にまちがいなかったと自信をもちました。

市民と対話する博物館

佐々木　梅棹さんは大変ユニークな展示法もいろいろとご指導になりました。

梅棹　展示につきましては、いままでかなりたくさん博物館をみております。とくに日本の博物館は古色蒼然としていて、これは宝物殿なんですね。こういうものと、われわれのかんがえている博物館とはまったく性格がちがうんです。われわれは学術資料館とかんがえているんですが、それを国民のみなさんにみていただく。

また、わたしどもがあつめておりますのは、世界じゅうの諸民族がつかっている日常用品。いわばガラクタです。それはべつになにもガラスケースのなかにしまう必要はないんで、露出したほうがいいんです。露出して現物と対話をしてもらうということです。さわってもよろしい。これは博物館としてはずいぶんおもいきったやり方であったかとおもうんです。これは来館したかたがたにたいへんよろこばれ、成功いたしました。

露出展示というようなことをやったら、たちまちものがなくなるといわれたんですけれども、わたしはそこで人間の性善説にかけるといってこれを断行したんです。その結果、性善説の大勝利でございます。なくなったものも、こわれたものもありません。ぜんぶ当初の展示のままちゃんとのこっている。

佐々木　そういう点では、民博の展示がその後、日本の博物館の展示に与えた影響はかなり大きいですね。

梅棹　それと世界じゅうの博物館はたいてい内部は撮影禁止なんです。わたしはあれの意味がよくわからない。なぜ写真をとってはいけないのか。きっと博物館で売っている絵はがきが売れんようになるから禁止しているんじゃないでしょうか（笑）。

佐々木　展示物は基本的に宝物という意識があるんでしょうね。

梅棹　われわれがあつめているものは、宝物じゃないんです。わたしは、民博は国立古道具屋だとかんがえています。宝物殿とちがう。

その点は東京、京都、奈良の国立博物館、これらがよってたつところの法律はすべて文化財保護法なんです。ところが、国立民族学博物館は文化財保護法と関係なく、大学とおなじ学校教育法のうえにたっております。ですからすべて研究資料でございまして、宝ものは一点もございません。

もうひとつもうしあげておきたいことは、市民のみなさんにたいするサービスですね。研究機関として研究をするのはもちろんのこと、博物館として市民のみなさんにどのようにサービスをするか。もちろん来館していただくこともありますけれども、情報提供をしていくことが必要です。

それでかんがえたのが、これは一種のアメリカ方式なんですが、友の会の組織です。市民の人たちに博物館友の会にはいっていただいて、それをつうじて情報を提供するということをかんがえたんです。これはアメリカの博物館はみんなやっているんです。わたしは一九七四年にアメリカ各地の博物館をみてまわりまして、その多様な活動ぶりに感心して、民博でも友の会をはじめたんです。

民族学振興会という財団法人がありまして、これは澁澤敬三先生がつくっておかれた財団です。その千里《せんり》事務局というのを別個につくりました。それがのちに独立しまして、現在の財団法人千里文化財団になります。この千里文化財団が博物館友の会を運営するというかたちをとったんです。これによって数万の友の会会員ができました。いまや日本で最大の友の会組織です。ここから『月刊みんぱく』という博物館の広報誌と機関誌の『季刊民族学』、それから隔月刊の『友の会ニュース』を発行しています。

学問における競争原理

佐々木　そこで研究の話ですが、何といっても民博は、国立学校設置法に定められた国立の研究所でございますので、われわれの本業はまずは研究をちゃんとやることです。

ここで梅棹さんは、いまの国立大学の研究者はどうも皆がタコツボに入っているということで、タコツボに入れなくする方法をまず第一に考えられました。

梅棹　それでここの研究組織を組むにつきまして、既存の大学の研究システムとまったくちがう方式を採用したんです。ひとりひとりが個室にはいって、となりの人と没交渉で、もっぱら本を読むというスタイルの研究は、ここではおこなわない。共同研究班を組織しまして、それによって専門のことなる人たちがそこで議論をかわして切《せっ》磋琢磨《さたくま》する。これでもって成果をうみだすというシステムを組んだわけです。

さらに研究費をいっさい各個人にわけませんでした。それで、あたらしく赴任してきた教官が会計課へいって「自分の研究費はいくらありますか」と聞いたら、「一文もありません」といわれて愕然《がくぜん》としたという（笑）。

ここでは研究費はすべてプールしております。このプールするということのつよみはものすごいものです。わけるとほんとにわずかな金額ですが、プールすることによって巨大なことができるんです。これがひじょうに成功した。ただこの方式には、研究者各人のある種の禁欲が必要です。しかしそれはみなさんよくわかってやっていただいていますからね。

佐々木　当時、梅棹さんは「研究の自由は保証する。しかし、研究しない自由はないんだ」という名言を残しておられますね。

梅棹　学者というのは基本的になまけ者なんですね。ほっとけば研究の自由がいつのまにか研究をしない自由にすりかわっていることがたいへんおおいとおもいます。大学教授で二〇年、三〇年間に、論文がひとつもないという人もざらにいます。われわれはフルタイムのスペシャリストとして、民族学の研究を一所懸命やりなさいという国家、国民の付託にこたえる必要がある。そのためにはどんどん学問的生産をしなければいけません。ここでは、いままでの大学システムのぬるま湯状態からぬけだして、活力をもって研究していただきたいというのがわたしの念願でございます。

佐々木　いろいろと競争原理というものも導入されました。そのためには評価の公開ということが必要で、皆さんご存じのように、かつて梅棹先生は民博の教官全員について、給料を執筆した論文ページ数で割って、論文一ページの単価を計算して公表なさったことがございます。

梅棹　これを原稿料とかんがえますと、一ページあたりコストがいちばんかかっている人は、司馬遼太郎さんよりはるかに高い（笑）。

それから共同研究には、各自が計画する共同研究とべつに、組織的に一〇年計画でおこなわれているふたつの特別研究、そして、谷口財団の援助による谷口国際シンポジウムなどがあります。それぞれの共同研究およびシンポジウムは、すべて成果が刊行されております。これもかなり自慢できることかとおもっております。

佐々木　梅棹さんは、活力ある研究博物館として民博を上手に組織された。その結果として成果がどんどん出るということが非常に重要だったわけですね。

梅棹　成果によって館員がそれぞれ競争しているわけです。館員が書いた本、発表した論文など、すべてを図書室のはいったところにならべて公開しております。ですから、そのたなの前へいけば、だれがどれだけの仕事をしたか、だれがどれだけしなかったかということが一目瞭然です。これはきびしいようですけれども、われわれ、学問にたずさわる人間としては、ぜったいやるべきだとおもっているんです。

あたらしく赴任してきた教授で、「ここは修羅場だな」といった人がありますが、まさに修羅場なんです。それぐらい真剣な競争がある。あるいはあるべきだと、わたしはいまでもかんがえております。

佐々木　ところで民博は、創設当初から他の大学からの委託学生もお預かりして、大学院教育に協力してきましたが、数年前から、正式に総合研究大学院大学の文化科学研究科が民博を基盤として設置されました。

梅棹　これは創設当初からかんがえていたことです。民博は大学共同利用機関でありまして、いわばそれぞれの分野における最高の学術研究機関です。

しかし学位をだすことができませんでした。学位をだすには、大学院がないと原理的にだめだという。それなら大学院をつくろうということになったんですが、わが博物館ひとつだけで独立の大学院をつくることはできないんです。

そのときにちょうど岡崎にある国立共同研究機構の分子科学研究所の長倉三郎所長がおなじことをかんがえておられました。それで共同利用機関がそれぞれ基盤になりまして、全体でひとつの大学院としてできたのが総合研究大学院大学です。一一の研究所がこれに加盟しております。わたしどもは文化科学研究科で、地域文化学と比較文化学というふたつの専攻の大学院をもっております。
おかげさまで、たいへん優秀な学生がきています。しかも、これは国際的に公募しますので、外国人留学生がかなりはいっております。その意味でもここは国際機関として機能しているかとおもいます。

最先端を走りつづけよ

佐々木　民博は創設以来二〇年、情報センターとして、あるいは研究センターとして充実してきたと思うわけですが、これからまた未来に向かって民博は前進をつづけていかないといけませんね。

梅棹　博物館というものは、一瞬たりとも油断しちゃだめなんですよ。いつでも時代の最先端を走るというつもりで、とくにさまざまな装置群のイノベーション（刷新）をつねにかんがえていかなければならない。それをおこたりますと、たちまちデッド・ミュージアムになるんです。世界にはデッド・ミュージアムの例がたくさんあります。われわれは、さいわいまだデッドじゃありません。しかし、これからゆめゆめ油断めさるな。

佐々木　ありがとうございます。皆さまがたの前で「ゆめゆめ油断めさるな」といわれますと、わたしも身のひきしまる思いでございます。

梅棹　さいきん、視察をしてきた人の話によりますと、ヨーロッパの博物館がたいへんよくなってきたということです。それには、民博がひとつの刺激剤になっているかもしれない。

じつは先日、江戸東京博物館をみてきたんです。これはたいへんりっぱなもので、日本国内でも、あきらかに民博においつけ、おいこせが目標になっているようです。今後もこの影響がひろがっていくだろうとおもいます。

佐々木　そのへんが難しいところですね。これほど一度完成した形でできあがると、それをイノベーションするには、ある程度は潰《つぶ》していかなきゃいけない。そういう意味ではイノベーションというのはなかなか難しい話ですね。

梅棹　ですけれども、これをやらないとデッド・ミュージアムになる。

佐々木　絶えざるイノベーションを民博は進めるべきであるというお言葉は、大変貴重なお言葉だと思います。

梅棹　こんどは研究でございますが、研究についても、わたしがここへきて以来、研究系統の整備、活性化をつねにつづけていくためにどういうことをすべきかというのをあちらこちらに書いてきました。これが一九八九年にでた『研究経営論』（岩波書店）という本に凝集しております。研究ということばと経営ということばはひじょうにくっつきにくいんですが、わたしはそれをあえて研究は経営なんだとくっつけたんです。

もうひとつ、学問は情報生産ですから、情報の問題がたいせつです。これは『情報管理論』（一九九〇年、岩波書店）という本をべつに書いています。この二冊がわたしの遺言状です（笑）。これをみなさんにかならず読んでいただきたい。これからぞくぞくと若い助手諸君がはいってきますので、この人たちにもこの二冊をかならず読んでいただきたいとおもっております。

これらはいわば創業の精神、建館の精神として、どうぞひきついでいただきたいと念願します。

センチメンタル・ジャーニー

佐々木　ところで、これからどうされますか。
梅棹　あと二〇年ほどは現役でいけるかとかんがえています（笑）。
佐々木　梅棹さんは失礼ですがお幾つですか。
梅棹　七二歳です。
佐々木　あと二〇年を足すと……（笑）。

梅棹　そのあいだになにをやるかということですが、館長は退任いたしますが、この博物館につきましては、顧問という職に就任することになっております。それから財団法人千里文化財団の会長として勤務いたします。

これからも、まだやりたいことはいっぱいあります。目標のなかで、どうしてもやらんならんのは、「梅棹忠夫著作集」全二二巻、別巻一の完成です。これはだいたい今年いっぱいにはおわります。

それから当面の目標にしてかんがえていますのは、著作集のほかに談論集のようなものをだしたい。『月刊みんぱく』の館長対談だけでも一八二回やりましたからね。そのほとんどが対談集としてでておりますが、これをひとつ談論集というかたちでまとめておきたい。

そのほかに学問的には、やはり比較文明学をずっとやってきましたので、比較文明学論集というものをまとめたい。これをもとに、わたしの学問の国際化をすすめていきたいとおもっているんです。英訳、フランス訳されているものも若干あるんですが、わたしのいちばんの中心テーマであるところの比較文明学で体系的なものをつくっておきたい。

佐々木　従来、著作集に入れられたものの中で、比較文明学関係の著作をもう一度体系的に再編成なさって、それを日本語で刊行すると同時に、国際的な言語に翻訳をして世界に出したいということですね。

研究者としての活動のほかには。

梅棹　これから二〇年間、毎晩お酒を飲もうとおもっています（笑）。これはほんとのたのしみごとでございまして。いまでも毎晩飲んではおりますが……。

佐々木　量はどのぐらい飲んではるんですか。

梅棹　晩酌は原則として日本酒は二合です。あるいはワインが半本。一二時前後にいちど目がさめて、それからこんどはウイスキーのダブルを二杯飲んで、あるいはさっきのこしておいたワインをからにする（笑）。

佐々木　ちゃんと覚えてはるのですね（笑）。

その他、たとえば海外へ旅行されるとか。

梅棹　これはおもいのこすところがありまして、じつは、わたし、中国研究にずいぶん熱中しまして、中国本土の三〇省のうち二九省を自分であるいているんです。のこったのは安徽《あんき》省だけになった。ここにはどうしてもいってやろうとおもっております。目がみえませんので、みなさんのご迷惑になるかもしれませんが。

佐々木　それといつもおっしゃっているセンチメンタル・ジャーニー。

梅棹　わたしが青年時代にあたらしい家庭をもちましたのが、いま、中国の河北省になっております張家口《ちょうかこう》という町でございます。ここのわたしが住んでいた家がどうなっているか、もういっぺんみにいきたい。これはまさにセンチメンタル・ジャーニーです。

佐々木　というようなわけで、先生はこれからあと二〇年はいろんな面でご活躍になるということでございます。

今日のこのお話は、梅棹先生のご退官を記念いたしまして、先生と民博との関係に重点をおいてお話を伺いました。どうぞ皆様方、民博を今日まで築いてくださった梅棹先生に感謝し、そして梅棹先生の今後のご健康とご発展をお祈りして、ひとつ拍手を頂けましたら大変ありがたいと思います。（拍手）

梅棹　どうもありがとうございました。

聞き手／佐々木高明《こうめい》（国立民族学博物館第二代館長）

一九九三年（平成五）三月二四日　国立民族学博物館講堂

ＳＦＣと漱石と私

江藤　淳

［概説］文芸評論家である江藤は大学院に入ってから執筆を始め、以来十四年間、原稿書きひとつで生活をした。その後、ロックフェラー財団の研究員としてアメリカのプリンストン大学に渡り、そこで教鞭も執っている。帰国後は東京工業大学に長く勤めたが、慶應義塾大学のＳＦＣ（湘南藤沢キャンパス）新設にあたって環境情報学部の教授として着任をすることとなった。ＳＦＣでは「表現伝達論」と「創作過程論」という二つの専門科目と、三、四年で行う研究会、後年には大学院も受け持った。しかし講義科目名にしてもいまひとつ納得がいかず、研究会に至ってはテーマ主義を掲げて半年ごとに学生が移る方針がとられていた。そこへ大人数相手の講義に就職活動の介入とくれば、当然ながら満足のいくものとはならなかった。それでも江藤は「その学問をする手続きを教えることの大切さ」を重視し、人が人を教えるのだということを常に教育の原点に据えながら、四人の学生を育て上げたと語る。本講義中、江藤は慶應との縁の深さについて、たびたび触れている。そもそも受験生のときに読んだ福沢諭吉の言葉をきっかけに、慶應の教授になりたいと思うようになり、もの書きぐらい不安定でわけのわからない仕事はないと思うときにも、福沢の言葉が支えとなっていたという。また最初の『夏目漱石』が『三田文学』に掲載されてから『漱石とその時代』の執筆まで、まさに慶應という場の存在は欠かせないものとなっている。

一

早いもので、最終講義まであと何週間あるか、と考えながら今年は過しておりましたけれども、今日がその日になりました。今日は学期の授業の最後の日で、明日からは定期試験になります。私は、あらためて最終講義の日取りを定めるというのではなく、通常の授業の最後の日を最終講義にしたいとかねがね思っておりましたが、そのような運びになったことをたいへん喜ばしく思っております。

私は平成四年二月一日に、慶應義塾大学環境情報学部教授としてこのキャンパスに着任いたしました。そして本年三月三十一日をもって慶應義塾を辞し、四月一日付で、大正大学にこの春から新設される大学院文学研究科の比較文化専攻の専任教員として、七十歳まで教鞭をとることになっています。

就職事情というのは、諸君もたいへんですけれども、われわれ高年層にとってもなかなかたいへんでありまして、私は東京工業大学に足かけ二十年勤務し、その挙げ句に停年退官する三年前に、再就職で慶應義塾に移ってきました。慶應義塾の停年は六十五歳でありまして、私は慶應におりますと、あと一年で辞めなければならないわけです。大正大学に参りますと、七十歳まで厭味をいわずに置いてくれる（笑）。

このごろは七十歳まで置いてくれる学校もあるのですけれども、関西のほうのある大学などはいっせいに高年者の首切りをするという話が持ち上がりまして、先生方が大騒ぎをした挙げ句に、ようやく近頃撤回されたらしい。また、関東の某大学においても、七十までは置いてやるけれども厭味タラタラ置いてくれると、こういうところはあるようですが、大正大学は欣然《きんぜん》として七十まで置いてくれるというので、これはやはりありがたい、働けるかぎり働くというのが人間の道であろうと、私は考えているからです。

社会福祉はたいへん結構なものだと思いますけれども、私は福祉国家というものをあまり信用したことのない古風な人間です。独立自尊という福沢先生の遺訓を、何よりも大切な教訓と考えて生きてきた人間であります。

福沢先生は、「独立とは自分にて自分の身を支配し、他に依りすがる心なきをいう。自から心身を労して私立の活計をなす者は、他人の財に依らざる独立なり。自から物事の理非を弁別して処置を誤ることなき者は、他人の知恵に依らざる独立なり。人々この独立の心なくして、唯他人の力に依りすがらんとのみせば、全国の人は皆依りすがる人のみにてこれを引受くる者はなかる可し」――『学問のすゝめ』第三篇でこう喝破しておられるわけであります。

私がここにもってきた、『学問のすゝめ』の古い文庫本がございます。これは私が慶應義塾大学を受験するときに買ったもので、慶應通信……いまは慶應義塾大学出版会という立派な名前になって、私の友人の坂上弘君が社長になってユニヴァーシティ・プレスを育てようと一生懸命やっておりますが、その当時の慶應通信が出した文庫版の『学問のすゝめ』です。「昭和二十六年三月十日印刷、昭和二十六年三月十五日発行、昭和二十八年二月一日再版発行」とありますから、昭和二十八年二月一日に出たばかりのものを私は買ったのです。

なぜ買ったかといえば、当時は入学試験の二次試験で口頭試問がありました。そのときに必ず「君はなぜ慶應義塾を受けたか」とかなんとか聞かれるに決っている、そのときにもっともらしいことをいうためにはこれを読んでおけばいいだろう（笑）、というような浅はかな心でこれを購《もと》めまして、読んだのであります。

受験生というのは、受験に役に立たないことはどうでもいいというふうに過度に合目的的になるものですけれども、その受験生でありました私は、この本を読んで受験のことなどすっかり忘れてしまった。これは凄いことをいう人だ、福沢諭吉という人はなんと烈々たることをいうのであろうか、大した学校を自分は志願したものである、と思いまして、必ず聞かれると思って勇躍して口頭試問に臨んだところ、何にも聞かれませんでした（笑）。しかし、この言葉は爾来、私の頭のなかで鳴りつづけております。

なかでも私が好きなのは、「自から心身を労して私立の活計をなす者は、他人の財に依らざる独立なり」というところでありまして、自分のことは自分で面倒をみろ、ということであります。つまり、誰かに依頼心をもって、長いものに巻かれて、なんとなくニヤニヤしているとうまい汁が吸える、なんていうのは駄目だというわけです。そうではなくて、自分で苦労して生計を立てて好きなことをやれ、と福沢先生は教えておられるのです。

私はまあ、ものを書いていますから生計を立てられないということはないけれど、やはり俸給をいただけるのといただけないのとではたいへんな違いです。七十歳までみずから心身を労するためには、自分で働き口を探してこなければならないと思っておりましたところが、じつは一昨年の四月の終りごろ、先方から話があって、「これから文部省に申請するのだけれども、大学院の文学研究科に比較文化専攻というのを増設したいから、そこへ来る気はないだろうか。ついては七十までは勤めさせてやる」と、こういってくれました。私立の活計をなす者としては、願ってもないと思った話がどんどんと進みまして、昨年十二月十九日に文部省から正式に新設専攻の認可が下り、四月一日付で私はそこへ移るということになったわけです。

慶應義塾には一年早くおさらばする形になりましたけれども、還暦を過ぎた教員がみずから私立の活計をなさんとする努力に免じて、ひとつご了承をいただきたいと思います。

さて、そこで今日は、「ＳＦＣと漱石と私」という三題噺をすることになっております。最終講義というのは、講義とはいえ、じつは講演みたいなもので、お別れするにあたって所感を述べるというのが各大学の慣行のようでありますから、この三題噺にしたがって所感を述べたいと思います。

顧みますと私は、東京工業大学を停年まで三年余して退官したときには、最終講義をいたしませんでした。これはつまり、母校慶應義塾に移ることがすでに既定の事実だったからでありますが、事実上の最後の授業で学生諸君に、「これが今年の最後の授業であり、じつはこの学校における自分の最後の授業になる。四月一日からいなくなる」ということを突然話したのであります。それはつまり、停年退官したわけではないという気持もあり、最終講義をするには五十七歳ではまだ若すぎるという気持もあって、結局、最終講義に代る所感を述べたのは、私が主宰しておりました比較文化研究会という研究会の臨時総会の席上でした。そこで同学の諸君、院生、同僚、あるいは他大学から来てくださった方々、数十人の前で簡単にご挨拶をしただけであったのであります。

したがって、これは二度目の最終講義ではなくて、私の生涯における最初の最終講義であります。あるいは最後の最終講義であるかもしれない。七十歳で大正大学を退任するときに、私は何もしないかもしれない。たぶん何もしないのではないかと思っております。

そんな意味での最終講義をいたしたいと思いますが、いったい私はどうして慶應の教授になったのだろうか、とまず考えますと、これにはなかなかもって、一口でいえない事情があります。

私は福沢先生の言葉を読んで感奮興起しまして、慶應義塾に入ったときに、自分は慶應義塾の教授になりたいと思っていたのです。学部一年生のときから、私は慶應義塾の教授になりたいと思っていた。たんに大学教授になりたいと思ったのではありません。慶應義塾の、こういう素晴らしいことをいう人がつくった大学の教授になりたいと、学部一年の初めから思っておりました。

そしてそのためには、まあ一日二十四時間とはいいませんけれども、一日十六時間ぐらい勉強しよう、日本全国はおろか、世界のどこの大学で勉強している誰にも負けないぐらい勉強をしようと思いました。そして当然、私は勉強した結果が報われて慶應義塾大学の教授になるはずである、こう思っていたのであります。これはまだ二十歳になるかならない青年の幼い夢であったのです。

そんなわけで私は、勉強を多少しはじめましたけれども、学部の二年のときに結核になりまして、血を吐いたり休んだりしなければならない、という状態になって、勉強どころではなくなってしまった。勉強しようと思う前に、体を治さないと生存がおぼつかないという状態になりました。まだ昭和二十年代の終り、二十九年でありました。

その後、紆余曲折がありまして、私はとにかく大学院生になった。というのは、就職したくったってするところがない。文学部の英文科を出たって雇ってくれるところは学校の先生ぐらいしかないけれども、結核の既往症がありますから、教壇の上から結核菌を撒き散らすような先生を雇ってくれる学校はありません（笑）。これは駄目だということになりまして、教職に就く見込みもない。いわんや慶應の教授に残れるかどうかわからないけれど、とにかく大学院にでも行こうと思っているところに、ものを書き出した。

ものを書き出して、以来十四年間、私はどこからも給料をもらわないで、原稿書きひとつだけで生活をしたのです。一人だけではなくて、私は大学院の修士一年のときに結婚いたしました。そこにおります家内と、ちょうど今年で結婚生活は四十年になりますが、もう世帯をもっておりました。だから家内と自分と、二人が食べていかなければならない。十四年間、とくにアメリカに行くまでというものは、原稿を書かなければどこからも一文ももらえない。幸いなことに、原稿の注文が毎月ポツリ、ポツリとあって、初めはポツリ、ポツリだったのが、ポツリポツリポツリポツリになり、そのうちにザアーッとなり（笑）、集中豪雨みたいなときもありました。

食べるという点では、食べられたのです。たとえば自分と同期に大学を出た人で、ちゃんとした会社に勤めている人のお給料と比べると、ある月の収入は私のほうが多い。さあ、だから俺のほうが偉いと思ったらとんでもない間違いで、ちゃんとした企業に勤めている人は、かりにある月の収入は私より低くても、ボーナスの時期になるとちゃんとボーナスがもらえる。それから、なにしろ社宅がある、いろんな福利制度がある、厚生年金に入っている、その他その他で、全部を比べますと、もの書きぐらい不安定な、わけのわからない賤業はない。自分じゃ賤業とは思っていないけれど、なにしろ銀行がそう思っている。だからお金を貸してくれない。

そのとき何が私を支えてくれたかといったら、「自から心身を労して私立の活計をなす者は、他人の財に依らざる独立なり」という福沢先生の、この言葉だった。俺は福沢先生のいうとおりにやっているんだ、私立の活計をなしているんだ、他人の財に依らざる独立でやっているんだ、どこに出たって恥ずかしくはないぞ……。

二

こうしておりましたところ、どういうわけかロックフェラー財団の研究員としてプリンストン大学に二年間、留学というか、ポスト・グラジュエート・スカラーという形で行けるようになった。最初の一年はロックフェラー財団のスタイペンド（奨学金）をもらい、二年目はプリンストン大学で教えました。大学との雇用関係が生じて、生れて初めてサラリーをもらった。だから私に初めてサラリーをくれたのは、日本の学校でも企業でもなくて、アメリカの大学だったのであります。

　日本に帰国したら、ちゃんとしたサラリーをくれるところはしばらくありませんでしたが、昭和四十六年四月一日付で東京工業大学の助教授に採用されました。東工大では昭和四十八年二月に教授に昇任して、昭和五十年に文学博士になり、大学院の社会工学専攻と一般教育人文社会群に併任されて、満十九年教えていたわけです。

　この東工大に採用されたのも、べつにどういう学閥の縁があったわけではない。東工大に慶應閥がいて引いてくれたというのでは全然ない。それどころか、私が採用されたとき、東工大のあらゆる教授会メンバーに、慶應義塾の出身者はただの一人もいなかった。私の同僚に慶應義塾の出身者がポツポツと現われるようになったのは、私の退官する数年前からのことです。

　たとえば、いまアジア開発経済学で有名な渡辺利夫さん。この人は慶應義塾経済学部出身の経済学博士で、現在東京工業大学の教授であります。それから哲学の藁谷《わらがい》敏晴さんという人がおられて、この人も慶應出身です。そして私が東工大教授時代に来ていただいた若い助教授の一人が、本学の総合政策学部教授の草野厚さん。そのころになると、二人、三人と慶應の出身者が現われるようになりましたが、昭和四十六年現在、人文科学、社会科学、あるいは工学、理学のすべての分野で、工学部、理学部の教授会に慶應出身者は一人もいませんでした。

ですから私は、学校の人間関係によって採用されたのではないのです。そうではなくて、大学紛争で永井道雄とか川喜田二郎とかいう人たちが東工大を辞めてしまった。その穴を埋める……、まあ穴といっては語弊がありますけれども、あの学校は非常に公正な学校で、そのときに広く人材を求めようというので選考委員会をおこした。そこで選考されたから来てくれるかと、ある日突然、まったく聞いたこともない名前の先生から電話がかかってきました。それで「えっ、どういうことですか」と聞いたところ、これこれしかじかという話で、それは願ってもない、これでやっと俸給がちゃんと日本でもとれるようになった……。

外国に行ってドサ回りをすれば、俸給はとれるかもしれない。アメリカというといいみたいですけれど、日本から見れば田舎です。外務省では、本省のあるところが都会で、ペルーなんていうのは田舎の果て、アメリカに行くのだって田舎回りに出ると、こういうのですから、アメリカも田舎です。田舎なら俸給がとれるけれど東京ではとれないと思っていたら、東京でも払ってくれる。それも国立の学校ですから、われわれが払っている税金が俸給の形で少しは自分に返ってくる、こんな痛快なことはないんじゃないか（笑）、と思いまして、一も二もなくお引き受けして、相性がよくて愉しく勤めていた。

そうしたところが、ここからＳＦＣがらみになってくるのですけれども、思い起せば昭和六十三年、これは西暦でいうと一九八八年。ちゃんと昔の予定表をひっくり返して、昨日クロノロジーをつくったんです。なぜここへ来たかといえば、日付が大事で、何時何分というところまで見た（笑）。

昭和六十三年は閏年で、閏年というのは二月が二十九日ある。その二月二十九日……、なんで二十九日なのだろう、それはわからない。もうその日だったんだから仕方がない。月曜日であります。午後四時四十五分に……、さあ何が起ったか（笑）。

ホテルオークラのメインロビーで、私はある偉い先生にお会いした。その偉い先生とは、石川忠雄前塾長でありまして、じつはその前の晩、二月二十八日（日曜日）の晩に電話がかかってきたのです。「慶應の石川ですが」という。慶應の石川さんといったら、石川忠雄さんだな……。石川忠雄先生とは以前、政府の審議会のようなものでお会いして、石川先生が座長、私がいちばん下っ端で、報告書の取りまとめのお手伝いをしたというようなご縁がありましたから、もちろんよく存じあげていて、偉い先生だということはわかっていた。

私に何かまた政府関係の仕事で下働きをやれというようなことかなと思ったら、「折り入って近々会いたい」というお話です。「それじゃあ、明日夕方だったら私は空いてますけれど、先生はいかがですか」とこう伺いましたところ、「じゃあ、オークラでいいですか」とおっしゃる。三田からホテルオークラはすぐです。それでなぜか午後四時四十五分……。私はふつう人に会うときに四十五分なんていう時間に会ったことは滅多にないのですけれど（笑）、その日にかぎって四十五分に会っている。

石川先生は男の秘書を従えて来られまして、「じゃあ、ちょっと脇へ行こう」といって、ホテルオークラのメインロビーを入った右側にある食堂に入りました。そこは昼間はお茶を出したり、お菓子を出したりする。私が「レモンティー」といったら、お茶だけでなく「お菓子はいかがですか」というので、たしかショートケーキか何かを頼んだ（笑）。そのお茶とお菓子を前にして、石川先生が「いや、じつは慶應義塾に君、戻ってくる気はないですか」といわれる。「ああ、ついに来たか」と私は思った。最初の思いはそれですよ。なんと私は正直に話しているのか（笑）。「ああ、ついに来たか」と思ったけれども、そこはやっぱり相当、世の辛酸を経ていますから、これはよく話を聞かないと、得な話か、損な話か（爆笑）。ですから耳を傾けて、「はあ、それはどういうことでしょうか」と伺いましたら、「いや、じつは小金井の工学部の跡地を処分したものを有効に投資するために、藤沢に新学部を二つくることになっていて、もうその計画は着々と進んでいる。ついては慶應の卒業生で塾外にいる者、海外にいる者、あるいは他大学から来ていただく方、そんなこんなで、三田から移る慶應出身者はできれば三割五分ぐらいにとどめて、あとはみんな外から戻ってきたり、新しく参加してくれたりする人たちで固めたいのだ」という話でして、これはなかなかいい話だと思いました。

アメリカのいい大学というのは、その学校の卒業生はだいたい三五パーセントぐらいにとどめて、あとは他大学から迎える。ハーバード、イエール、プリンストン、どこでもだいたいそうなっている。卒業生が同じ大学で大学院をやるのはむしろ恥で、ハーバードでカレッジに行ったら、大学院はイエールとかプリンストンに行くというふうに、クロスして初めて一流の研究者のキャリアと認められるというようなところがありましたから、日本でも慶應がその先鞭をつけようとしているのか、たいへん結構な話だと私は思いました。

ただし、そのとき大きな障害が私にあったのです。ですから私は石川塾長に、「たいへん喜ばしく、かつ嬉しいお話ではあるけれど、すぐにはお返事できません。少なくとも、このキャンパス開設の当初から専任としてうかがうことは不可能です」と申しあげざるを得なかった。

それはなぜかというと、そのとき私は東京工業大学の工学部選出の大学評議員に選ばれたばかりだったのです。東京工業大学という学校は明治十四年（一八八一）にできた古い学校でありまして、当時は東京職工学校といった。それが東京工業学校という名前になり、蔵前に移って東京高等工業学校という名前になり、昭和四年（一九二九）に大岡山の現在のキャンパスに移ってきて、東京工業大学という単科大学になった。戦後は学部の数も工学部、理学部と増え、当時、新しく生命理工学部というのができようとしているころでありました。したがいまして、一九八八年の段階で、明治十四年つまり一八八一年から百七年の歴史のある学校である。その百七年間の歴史のなかで、大学評議員に人文系の人間が選ばれたというのは、私以前に一人もいなかったのです。私が最初の人文科学出身の教授として大学評議員に選挙された。

これはたいへんなことで、現在東工大は、昨年から社会理工学研究科という新しい大学院研究科をつくり、語学を除いて人文社会科学系の教官はほとんど皆、そちらに転属になっている。それでいま、大学院の研究科長は職務柄（選挙ではない）の評議員になっておりますけれども、人文系の教授で評議員に選出されたというのは、後にも先にも私しかいなかった。

それはつまり、大学が新しく発展しようとする、しかも人文科学、社会科学を包摂して発展しようとするときに、その専門の人間を大学の管理体制の真ん中に据えておかないとうまくいかないという、同僚および大学当局の配慮があったからこそ、こうした思いがけない結果が出てしまったのだろうと思うのです。

私もそのような学内事情は十二分に心得ておりましたから、選挙されたのにすぐ、二年後には開設されるという慶應の新しいキャンパスの要員に名を連ねることはできない。名を連ねていれば、必ず文部省に申請がいきますから、隠すことはできない。この人間はせっかく選挙したのに逃げ出すのかと、こういわれたら、これはやはり、東工大の卒業生でもないのに私を採用してくれて、二十年も厚遇してくれた学校に対して失礼である、それはできないという気持があったものですから、石川先生からそういうお話があったときに、「すぐには動けません」と申しあげざるを得なかった。

そうしたところ、「その事情はわかったけれど、とにかくもう少し詳しい話を聞いてくれたまえ」とおっしゃって、昭和六十三年、つまり一九八八年の三月十一日、午後三時、これはご記憶かもしれませんが、相磯《あいそ》秀夫先生と井関利明先生が東工大の私の研究室にわざわざお越しいただいたのです。じつは二時五十分ぐらいにもうお見えになりまして、私は研究補佐員に、「少しそこらへんを綺麗にしておけ」とか「紅茶をいれろよ」とかいっていたら、もうトントンとドアを叩かれる。立派な紳士が二人立っておられて、それが相磯先生と井関先生で、「ずいぶん広い部屋ですね」といって褒めてくださった（笑）。旧図書館の図書館長室だったところに私はいたものですから、大していい部屋ではなかったのですが、広さだけは広かったのです。

　そこで詳しいお話を伺いました。こちらの事情もさらに詳しくご説明申しあげた。それで「それじゃあ、第二次の教員の名簿に名前を載せるから、動けるようになったら来てください」「動けるようになったら必ず伺います」という話になった。つまり、そのような申請のタイム・ラグを経るというと、平成四年の着任という形にせざるを得なかったわけです。

　一方、石川先生のほうは、東工大の評議員の任期が終ったら慶應に戻ってこいというお気持があって、藤沢のほうは対文部省の手続きもあるから平成四年でいいけれど、東工大評議員の義理を済ませたうえで平成二年の四月から、さしあたり三田の法学部および法学研究科の客員教授として戻ってはどうかという、たいへんありがたいお話がありました。

　なにしろ石川先生は中国近現代の政治史がご専門ですから、「藤沢が一生懸命やっているのはたいへん結構だけれども、満洲国になっては困るんだ。藤沢が関東軍になっては困る。慶應義塾は学部が六つだったのが八つになる。慶應義塾の新しい学部として藤沢のキャンパスができるのでなければ困るから、君は現在の三田の雰囲気をまず吸収して、慶應がどういう学校であったかをあらためて思い起したうえで藤沢に行ってくれたまえ」と、これまたたいへんよくわかるお話でした。一つの大学からほかの大学に移るときに、一年でも二年でも客員をやるというのは異例かもしれませんけれど、それもまた面白い、それがつまり自分と慶應義塾との因縁というものではなかろうかという感じもしまして、平成二年三月十四日、私は東工大の教授会で退官の挨拶をいたしました。退官辞令をもらったのが三月三十日、金曜日でありました。

その前、慶應の法学部長その他とご相談したところ、藤沢のほうでも非常勤講師としてひとコマは来てもらいたいというご要望がある。とにかく身柄はここで東工大の評議員の任期をめでたく終えて、慶應に移ることになったわけですから、キャンパス開設からその雰囲気を味わいたいというのは当然のことでありまして、私は平成二年四月三日の火曜日に、家内と二人でここへ初めて来た。

当時、こんな立派なキャンパスはできていなかった。いまの在学生の諸君は想像もつかないでしょうけれど、まだ普請中、建設現場みたいなもので、このΩ（オメガ）とかＡ（アルファ）とかいう建物や研究室棟は、建っているのですけれど、全部建っているのだかどうだかわからない。食堂はいまと違って、あのへんに本が置いてあったりして、いったいこれで授業が始まったときにちゃんと大学らしくできるのだろうかと心配になるような状態でありました。けれども、これが始まってみるとたいへんな人気で、以後今日に至るこの慶應ＳＦＣの、いささか実体を離れているかもしれないほどの人気というのは（笑）、当初からたいへんなものがありました。

その年、つまり平成二年は、四月九日（月曜日）から前期の授業が開始になりまして、私が担当しましたのは「現代芸術論」という講義科目で、火曜の三限でありました。これは一年と二年の諸君がとるというのですけれども、平成二年の段階では二年生なんていやしない。一年生しかいない。それは第一期生ですから、この人たちのなかで百何十人ぐらいが受講したでしょうか。

この週、四月十四日（土曜日）の午前十時半から、この部屋だったかどうだか、要するにΩ（オメガ）のどこかの部屋で「キックオフ・レクチャー」というのを命じられました。キックオフ・レクチャーって、ラグビーの話をするのかと思ったら（笑）、そうではなくて、新入生になにか景気づけの話をしろということのようで、私は何の話をしたんでしょうか。たしか本居宣長と賀茂真淵がいわゆる「松阪の一夜」で一晩だけ会いまして、以後は全部手紙で教えを乞い、かつ手紙で教え、手紙で質問し、論争し、そしてその結果が宣長の『古事記伝』という素晴らしい業績になっていった話をしたように思います。それがキックオフ・レクチャーでありました。

そんなことで、この「現代芸術論」という講座は、平成六年の一月まで四年間担当いたしました。現在は科目名が「現代文芸」と変って、福田和也先生がご担当になっていらっしゃるわけですが、もとは「現代芸術論」という授業でありました。

三

そうこうするうちに、だんだん私が三田から正式にＳＦＣに移る時期が近づいてまいりました。それは平成四年でしたけれども、四月一日付でＳＦＣへ来るのだろうと思っていましたら、お達しがありまして、二月一日付で藤沢に移ってほしい、法学部法学研究科の客員教授ではなく、環境情報学部の教授に発令したいというお話でした。まあ、早くても遅くても同じようなものですから、「結構でございます」といいましたところ、そのお達しがあった直後だと思います。

これも相磯先生、覚えていらっしゃいましょうか、一月八日（水曜日）の午後四時四十分……、これも変な時間なんですけれども、三田の大学院棟で、ＳＦＣに新しく着任する教員たちを集めて、説明会というのがあった。この説明会というのが、これがもう驚天動地といいますか、なんだかわけがわからない。これは井関先生が主にお話しになった。それから当時ここの事務長で、いまの人事部長の孫福《まごふく》君が、なにやらまた非常に聡明そうなことをいって話す（笑）。それを両方、二時間ぐらい聞いていますと、頭が痺れてくる。これはいったい何が起ったのか……。

全部カタカナばかりなんです（笑）。英語なら英語で聞いていればいいんですけれど、英語ではなくて日本語です。シンタックスも日本語、グラマーも日本語なのですけれど、単語が全部カタカナで、パーッとなっている。頭がキーッとなって……、『西遊記』の孫悟空が悪いことをすると頭が締めつけられる「緊箍児《きんこじ》の輪」というのがありましたが、まるでそういう感じになるわけです（笑）。

自分だけかと思っていたら、そのあと旧図書館へ向って私の前を歩いているある先生が、「いやあ、頭がシビれる」と呟いておられる（笑）。私だけが痺れているのじゃないんです。ほかの先生も痺れている。その先生は、私の誤解でなければ、たぶん富永健一先生です（爆笑、拍手）。

これはたいへんなことになってきたぞ、なにしろコンピュータとカタカナだ、ああ、すごいところへ行くのかなと……。とにかく週一回SFCへ来ることになって、教員室で家内がつくってくれる弁当を食べながら外を眺めていると、バスが着くたびに学生がみんなやって来る。人が歩いていて、自然があって、とてもカタカナばかりだとは思えないんだけれども、専任になっていくとカタカナばかりなんですね（笑）。

これはたいへんだと思っていたのですが、しかしもう、「二月一日付で着任してください」「はい、よろしゅうございます」といってしまったからには、男の一言であとに引けない。もうしようがない。自分はいったい慶應義塾の教授になるのだろうか、「カタカナ学校」の教授になるのだろうか、いったい何なのだろう。自分と慶應とのあいだに何かが立ちはだかっているのではないか（笑）。客員教授だったのが教授になると思ったら、今度はカタカナになる。ＳＦＣとは慶應じゃないのか……などと、いろいろ思い悩んだのです。

しかし悩んでいてもしようがありませんので、一月二十四日（金曜日）午後一時……。これはまともな時間で、どこへ行ったかというと、塾監局の石川塾長のところに、三田から藤沢に正式に転任いたします、というご挨拶に伺いました。

そのときに石川先生は、非常にいいことを私におっしゃった。「思う存分に仕事をしてください」と。というのは、私は研究者であり、文学者であり、批評家ですから、仕事というのは、研究に精を出し、執筆活動に励んでくださいという意味だろう、ありがたいことである。

それから、「学生を可愛がってください」とおっしゃいました。私は胸がジーンとしまして、そのとおりだと。それはなにも慶應の学生だからとくに可愛がるということはない。どこの大学で教えるにしたって、学生は可愛がらなければいけないのですが、大先輩の石川塾長から「仕事を思う存分にしてください」「学生を可愛がってください」という二つのことを餞《はなむけ》の言葉としていただいたときに、私は「はい、そのように努めていたします」とお答え申しあげた。非常に深い感銘を受けながら塾長室を出たのを昨日のことのように覚えております。

そうして平成四年、西暦でいうと一九九二年、五年前ですが、二月二十五日（火曜日）午前十時を期しまして、三田の新研究室の六三九号にあった研究室を引き払って、SFCのι（イオタ）三〇三号という、いまの部屋に移転をしたわけであります。東工大から三田に移ったときに、すでに部屋はだいぶ小さくなりましたので、本はサイズダウンしてもっておりましたから、この移転は出入りの古本屋のおやじさんに手伝ってもらって、わりあいにスムーズに終ったように思います。

さて、そこで、いよいよ環境情報学部……。平成四年といいますと、第一期生が三年生になって、三年というと専門課程の最初の年です。専門課程が始まるというときに、その専門課程を充実するための要員として自分は第二次リストに載っている新設学部の教員としてここへ来たのである、私はそう思っておりました。そう思っていたから、これは専門教育をきちんとやらなければいけないぞ、と思っておりました。

それまで担当していた「現代芸術論」は一般教育の科目ですから、広く学生諸君の知見を整理するというようなことをすればよかろう。そういう趣旨の授業をしていたつもりですが、これからは専門的にやらなければいけないと思いました。私が担当した専門の科目は二つありまして、一つは基礎専門の科目で、「表現伝達論」というものであります。もう一つは専門課程の三、四年生だけに位置づけられているもので、「創作過程論」という講義科目であります。

さて、これを真剣に考えだすというと、それこそまた頭が痺れそうになる。「表現伝達論」というのは、これはまあ、いろいろ読み替え方がありますのでいいのですが、「創作過程論」などに至ってみれば、文学作品の創作過程なるものを、いったいいかように分析して教授できるのか。どういうふうにしたら文学作品はできるのかなんて、そんなこと、わかるわけがないのですね。わかるわけがないことを教えろといっているようなもので、これはなんという乱暴な講義科目であろう。つまり、これはどうやら三十年前ぐらいにアメリカで流行ったコミュニケーション理論が、なんとなくこのキャンパスに亡霊のように彷徨《ほうこう》しはじめて、それによって科目の名前が決っているらしい。

そんなことをいえば、学部の名前だってずいぶんおかしいじゃないか。「環境情報学部」って何だ。エコロジーをやるところだと思っている人がたくさんいるけれど、じつはコンピュータをやるところである。「総合政策学部」というのは何だ。赤羽隆夫先生なんかは、「総合政策学」という学問をつくるのだと思って経済企画庁からここに移ってこられたら、そういう学問をつくるという兆しはこれっぱかりもない。「いったい、どうなっているんですか」と、教授会の席上で私に不満を漏らされた。でも、私に不満を漏らされたって困る(爆笑)。

さらに、そこで研究会というのをやる。それは当然やりますよ。三年、四年で研究会をやるのは当り前であって、もちろんその研究会に所属する学生については、指導教授が責任をもって、たとえば原典講読をやる、あるいは何か課題を与えて、その研究活動をつねに確認し、それが専門的な知識の向上に資しているかどうかを判定するところであろうと思っていた。ふつう研究会とはそういうものと考えるのが常識でしょう。

ところが、ここSFCにおいては、研究会というのは半年ごとに学生が動くのだという。属人主義はいけないのだという。テーマ主義である、面白そうなテーマがあればそこへ学生が群がって行けばよい、とにかく半年ずつの「渡り鳥《がらす》」になるのがいいんだ、というのです。

「渡り鳥」になって学問ができるか。三年、四年で半年ずつ「渡り鳥」をやっていて、つまみ喰いをしながら学問ができるか。一年、二年でいくら「渡り鳥」をやっても、それは一般教育ですからいいでしょう。できるだけ知見を広め、社会科学に偏しないように人文科学をやる、数学をやる、物理学をやる、というのは結構なことです。その基礎の上に立って、自分はこれからこれをやりますというものを三年、四年でやる。わずか二年間ですけれど、若い時代の二年間というのは、これは限りもない長い時間です。その貴重な二年間のあいだ、半年ごとに研究会を渡り歩くために、何とかパスポートというのを学生に渡すという。ほんとうにパスポートというのを預かりましたが、私はゴミ箱に捨ててしまいました。ふざけるな、と思ったからです。

そこで、私は学生にいったのです。「私は学生が渡り歩くことを好みません。制度として渡り歩いていいことになっている以上、現実に渡り歩く人が出てくることはいたしかたない。そういう人はいくらでも渡り歩き、どんな臍《ほぞ》を噛んでも知らない。しかし、私のところに来た学生は、三年、四年と二年間、研究会で私が要求することをきちんとやってほしい。それでいい人はこの研究会に来なさい。そうでない人は出ていきなさい」——そういいました。そうしたら、実際出ていった人もいます。それから途中で入ってきて、びっくりして定着しちゃった人もいます（笑）。

三年、四年は、私はそのとき文字どおり専門課程であると思っていました。「創作過程論」では何をやるか。つまり文献学的な手法で、ある作品にどのような内外の文学作品が影響しているかを比較文学的、遡源学的に分析することはできる。それは学問として教えることができる。そして学問というのは、内容だけが必要なのではないのです。その学問をする手続きを教えることが大切なのです。

漱石の『倫敦塔』という作品があって、シェイクスピアの『リチャード三世』が大きく投影している、ダンテの『神曲』地獄編の第三歌が重要なモチーフになっている、ということ事実を知ることも大事ですけれども、その事実を認知し、特定し、意味づけていく手続きが大切なのです。その手続きを身につけることが大学にいくということの意味だと私はいまでも信じている。だから私は、「創作過程論」ではそういう授業をしたわけです。毎年ほとんど同じことをやった。ほんとうはもっといろいろなことをやろうと思ったけれど、そんなことはやっていられないことがわかった。

四年生の前期の春に、皆さん、何をしますか。就職活動をするでしょう。就職活動をしている最中に、学問のいちばん厳密な手続きを「創作過程論」でやろうとする。学生の受講登録者が、なんと百八十人とか百九十人とかの人数いる。しかもその三分の一しか出席していない。そこで専門教育ができますか。できるわけがないのです。それはせいぜい二十人とか二十五人とかいう学生を相手にするところでしかできない。しかし、できないけれども、ほとんど滑稽だとも思うけれども、私は最初の年も、次の年も、今年も、「創作過程論」を自分の良心に恥じないようにやりました。そのうちにうら悲しい気持になってきた。

何が悲しいか。このなかで誰と誰がちゃんと、この「手続きが大事だぞ」ということがわかっているのか。あとでレポートを書いてもらうと、それは次第にわかってくる。二人か三人ぐらいはいる。惜しいと思う。この二人や三人を、もし研究会でさらにきちんとやったら、どんな職業に就くにしても、学問をしたという手応えをもって社会へ出ていけるだろう、あるいはさらに高度の研究機関で立派な業績を示すだろうとは思うけれども、百人、二百人という受講者の全員に対して、そんな細かいことはできない。そこで、せめて研究会ではできるだけのことをしようとした。

研究会を三年、四年と続けているときには、乏しい資金を投入して、学生の論文集を出したりいたしました。第一期生、第二期生のころの学生論文集、とくに第一期生の論文集は非常に高い水準のものができまして、三田の同僚諸君にも褒めてもらったぐらい、成果があがったと思っております。

四

最初に申しましたように、私はとにかく肩で息するぐらい勉強がしたいと思って慶應に入った。ところが、勉強で肩で息をするのではなくて、結核で肩で息をするような状態になってしまった。まことに情けないことであると思っていたけれども、おそらく大学で本気で勉強するということは、本気で体育をやるというのと同じです。体育会の選手の諸君が、ラグビーの選手やオリンピックのマラソン選手を見たって、みんな肩で息してフーフーいって、真っ青になってすっ転がりながら走っているじゃありませんか。あれが要するに、若い人間が一所懸命に何かをやるという姿のいちばんわかりやすい例である。

勉強においては、そうした姿は必ずしもはっきり表われないけれども、勉強だって同じゃないか、なぜ体育会だけがみんなにチヤホヤされるのか、勉強するのも同じだぞ、俺はそれをやりたい、と思っていたら、病気でできなかった。しかしアメリカに行って、プリンストンに二年いたときに、アメリカの大学院生がどんなに勉強しているかを初めて見た。それも教員として見た。

自分と同じぐらいの年の学生がいます。もっと若い学生ももちろんいます。ハーバードから来た者、台湾から来た者、プリンストンでそのまま上へ上がってきた者、それからアメリカ人だったけれどもイスラエルができたのでイスラエル国籍になり、テルアヴィヴの大学に籍があって、そこから来ていた人もいた。これはおじさんだった。全部で四人でしたが、その四人の学生の勉強の仕方を見ていたら、これがほんとうによく勉強する。修道僧のように勉強する。

家庭をもって夫婦共稼ぎでやっているのもいれば、独身の者もいるけれども、とにかく各自の学問に対して向っていく、アメリカの大学院生のひたむきさというのは、これはそれぐらい生きていくのが大変だからです。それぐらいアメリカという国は生きにくい国なのです。

もしチャンスを得て、いいポジションを得て、いい業績を発表して評価されればたいへんに光り輝くけれども、そうでなかった場合の惨めさというのは、誰も鼻もひっかけてくれない。日本だったら、それでも優しく、労《いたわ》りの心でとか、癒しの心でとか、いろいろいってくれるけれども、そんなこと誰もいってくれやしない。苛烈極まりない。その苛烈極まりないところへ自分を押し出して、彼らは苛烈に生きている。

それを見ているから、私は三田にそれがあるのかないのか知らないけれども、少しでもこの精神をＳＦＣの諸君には身につけてもらいたいと思って一所懸命にやったわけであります。それが「学生を可愛がる」ということである。ところが、さっきいったように、専門課程になってもまだ一般教育をやっているような不思議な制度になっている。

そこへ、大学院ができた。研究会は三年、四年とやって、大学院のプロジェクトもやって、大学院で講義も受けもって、というふうになってくると、いくらなんでも一人ではとうていこなせません。幸い福田和也先生という若い優秀な先生が非常勤で来てくださって、いまは専任になってくださった。そこで「現代芸術論」は福田先生にやっていただくように学部長にお願いして決めていただいて、研究会は四年だけというふうことになりました。すると、もう専門性がそれだけ稀薄になってしまう。四年一年間でもできるだけのことはしようと思うけれども、結果として出てくるものは、じつは低下せざるをえないのです。三年、四年と二年続けて研究会をやって、渡り歩きは禁ずるぞ、いや禁じはしないけれども望ましくないぞといって、その納得のうえで研究会をしていたときと、四年だけで来てくれた人たちが書いたものと比べると、率直にいって雲泥の差があります。

じつは一昨日の土曜日、一日かけて今年の卒論の発表会をやりました。みんな一生懸命やっている。やっているけれども、手続きをきちんと教える暇がないから、出てくるものは感想文に毛のはえたようなものになりかねない。まだ全部読んでないからいま早急に判断することはできないけれども、これではやはり困ります。大学当局になんとかしていただきたいと思います。

しかし、そんなことをいってはいられない。大学院に来る諸君がいる。大学院とは何だ。SFCでは、これはプロフェッショナル・スクールであるという。プロフェッショナル・スクールって何だ。たとえばロー・スクール、メディカル・スクール、スクール・オブ・アーキテクチャー、ビジネス・スクール。これはみんなプロフェッショナル・スクールです。ロー・スクールを出れば弁護士になる。ビジネス・スクールを出ればMBAになって経営学。メディカル・スクールは医者である。デンタル・スクールなら歯医者だ。スクール・オブ・アーキテクチャーなら建築士になる。それが本来の、米国におけるプロフェッショナル・スクールです。

ところがSFCの大学院がプロフェッショナル・スクールであるといわれても、その意味が私にはいまだにまったくわからない。わからないままにここを去っていくのはまことに遺憾ですが、さっぱりわからない。

私の学生にとってのプロフェッションとは何か。文学研究の専門家になること、このことを措いてほかにあるとは思われない。つまり、文学研究のプロになることです。私の学生は、文学を研究したいといって私のプロジェクト、つまり「文字メディアとレトリック」というプロジェクトに来てくれた諸君である。「文字メディアとレトリック」というのは、これもカタカナが多いのですけれど、井関先生が付けてくださったうまいネーミングだと思います。今年でなくなります。私は辞めることがわかっていたから、もう十人ぐらい、慶應義塾の内外から来たいといってきた人々を断わっていますけれども、ここで私は四人の学生を育てました。

そしてこの四人の学生がじつにみごとに育った。これは私の最大の喜びです。私は石川前塾長に誓ったように、学生を可愛がった。学生を可愛がって、四人の学生の一人は大手の出版社に就職が決り、あとの三人は研究者になろうとして、まだ身分は宙ぶらりんですけれど、必ず私立の活計をなしながら自分の道を切り開いて、どこかしかるべきところにポジションを得て、気がついてみたら誰も知らぬ人のいないような優れた研究者になってくれると確信している。そういう学生を四人育てた。

これは、ここの大学院がいいから育ったのではないですよ。これははっきりいっておくけれども、そして先生方もそこで聴いていらっしゃるけれども、ここの大学院が大学院になってもまだ一般教育をやっているような、なんだかわけがわからない場所であるにもかかわらず、私は石川前塾長に対して誓った言葉からして育てざるを得ないから、この四人の学生を必死になって育てたのです。慶應義塾の学生は肩で息してでも、世界中のどの学生よりも勉強するという事実を、私は慶應義塾の教員であるあいだに自分の学生に知らしめたかった。そして知ってもらった。

一般社会では、大学は就職への通過過程であるとか、いまの大学は制度が悪いからこうなるので、制度を変えればいいとか、いろんなことがいわれています。文部省に行ったって、大学はこうでこうでと、役人たちがみんな聞いたようなことを、あまり慣れもしないカタカナを使ってペラペラいっていますけれども、私はそんなものをいっさい信じたことがない。

人が人を教えるのです。プロジェクトやテーマになんか誰も来やしませんよ。私のところには、私に習いたいといって、いまそこにミヤ・リピットというイエール大学大学院博士課程の学生が来ていますが、私に習いたいといって来るのです。そういう人は、アメリカから毎年のように来ている。アメリカからだけではない。ドイツから、インドから、中国から、来たいといってくる。そんなに面倒はみきれない。私の体がいくつあっても足りないから、もっとも限定して一年に一人だけ、私が親しく指導する訪問研究員、あるいは他大学の場合には客員研究員とか研究生とかいっているような人々を、過去二十年間ずっと引き受けてきている。それは私のところに来るのであって、プロジェクトになんて来やしない。

教員のプロジェクトで何か面白いこと、おいしそうな儲け口がありそうだというので大学院を設置するなんて、とくにその修士課程を設けるなんていうことは、私にはまったく信じられない。もっとも架空の幻想です。どうして教えないんですか。学生にはしたいことがあるでしょう。エデュケーションというのはエデュカティオ、つまり引き出すことだというのでしょう。引き出すのならば、学生のしたいことは何であるかをじいっと見て、学生にやらせなければ駄目じゃないですか。学生がやりたいことをじいっと見ていてやれば、優れた学生は必ず何かをやりだします。そうしたら、こういう文献がある、君のここのところは考えが足りないのではないか。一人対一人で、あたかもソクラテスが対話をしたようなやり方で、一人ひとりの学生と向き合ってやれば、諸君ほどの頭脳があれば必ずいいものが出てくるはずです。私は努めてそうしようとした。

修論が満足に書けないという話がある。そういう人がたくさんいて、どうしようもないという話がある。冗談ではない。私は学生が修論を書いて私の前に来て、「自分はここまで書きました」というのをじいっと聞いているんです。こうしろああしろなんて、一言もいいやしない。なんだかよくわからない、ここのところは何か思考に飛躍があるのではないかと思われると、「ここはどうなっているの。……ちょっと文章がおかしいんじゃないの」という程度のことはいいますけれども。

それを一人ひとり、昨年九月以来やっていたら、三つの修論ができた。まだ審査は明日、二人の先生に副査をお願いして私が主査になってやる予定になっていますから、それについてとやかくいうのは時期尚早と思いますから差し控えますけれども、そういうふうにして私は去年は一人の修士を育てた。今年は三人の修士候補者の論文を完成させました。私はその論文のすべてについて非常な誇りをもっております。

ここにもってきたのは、昨年、私のプロジェクトで修士論文を書いた茂田真理子君の著書です。今年一月十六日に初版が発行されたばかりのこの『タルホ／未来派』という本は、彼女の修士論文です。河出書房新社から出版されている。修士論文がそのまま一流の文芸出版社の評価するところとなって、それが刊行され、書店の店頭で読者に提供されることになったという事実は、私のやり方が間違っていなかったということのこの上ない証拠だと私は思っている。

つまり、この大学院ですら、キチンと教育していれば、こういう人たちがちゃんと出てくる。これは茂田君の優れた業績で、まだこれから書評が出、批判が出、学界や文壇でいろいろ討議され、問題になっていくでありましょう。それは先の長い、楽しみなことですけれども、修士の段階で、諸君は一人前の研究者になれるのです。いわんや学士の段階で、立派な社会人になれます。それを幼稚なことをいつまでもやっていると、いつまでたっても幼稚のままで終ってしまう。ここは環境がよいということになっていて、人工的に世間から隔絶されているから、そのなかでポーッと育ってしまうと、まったく幼稚園のままで大学生を終る、あるいは大学院の修士になってしまうということすら起りかねない。

このキャンパスができたときに、地元の幼稚園児が鼓笛隊で迎えたという微笑ましい記事が新聞に出たことがある。私は、これは微笑ましい記事だと思ったけれど、同時にちょっと不吉な予感がした（爆笑）。仲間が幼稚園児というのはどういうことだ。うっかりすると大学生が幼稚園児なみになるのじゃないか、と思ったら、七年たつうちにどうもそんな雰囲気がチラホラ出てきたような感じもするのです。

教育の原点は、人が人を教えるのです。人が人と向い合うのです。人が人のしていることをじいっと見るのです。見ればいいんですよ。目が届いてないと悪いことをする。目が届くと、これはたいへんだと思うのです。

教師だってそうです。学生がしょっちゅう見ているでしょう。教師ぐらい憐れなものはない。どんなにできない学生でも、できない教師のことだけはよくわかる（笑）。教師はできる学生とできない学生の区別がわかるだけですけれども、学生のほうは、あの教師はいい加減だぞ、今日は真面目にやってないぞ、二日酔いじゃないのかな、そういうことが全部わかっているのです。だから見るというのは、怖いことなのです。

もちろん、人間ですからしょっちゅう、孔子様が顔回に会ったとか、子路がほらどうしたというふうに、修身の教科書みたいに学生に向い合っているわけにはいかない。お酒を飲んで羽目をはずすことがあったってちっとも構いませんけれども、よく見合うということは大事なのです。相撲だけが見合っているわけじゃない。教師と学生も、教員同士も、見合わないとろくなことはない。よく見るということが何よりも大事なのです。

五

ＳＦＣの話がずいぶん長くなりました。そこで漱石です。これはじつは、石川前塾長が私にくださった言葉によれば、「思う存分に仕事をしてください」というほうに入る。このほうも、私はじつに思う存分に仕事をいたしました。

私は東工大に採用されて足かけ二十年いたあいだ、非常に居心地がよくて、学内のいろいろな、それこそ制度だ、予算だということにも関わらせられて七転八倒しましたけれど、そのあいだ、どういうわけか『漱石とその時代』という漱石の伝記を書き進めることができませんでした。まあ、しなかったというのが半分ぐらい、書き進めることができなかったというのがまた半分ぐらいでありました。

ところが、慶應義塾に帰ってきて、まだ三田で法学部の客員教授をしているころから第三部を書きはじめまして、八回までいったときに、腰骨に風邪のバイ菌がつくという妙な病気になって三ヵ月入院するという大病をいたしましたけれども、それもお蔭さまで大事なく全治いたしまして、第三部はとうに本になりました。それから昨年十月末には、第四部も本になりました。

『漱石とその時代』は、私は四部で完結しようと思っていたのですが、私の力が足りないのと、それから予測できなかったことがいくつか出来したこともあって、ただいま第五部を三回目まで書いて、数日前に原稿を渡したばかりです。それはまだ、あと二年近く『新潮』に連載して、第五部で完結しますけれども、第二部から二十年の中断を経て再び書きはじめたわけです。

第二部まで書いて、私は東工大に勤めた。二十年間、東工大にいたときは何も書かなかった。ところが、慶應に帰って七年間で三部、四部が書けたというのは、これはやはり慶應義塾のお蔭であったと思います。

自分は母校の教授になりたいと、あれほど思っていた。その望みは叶ったので、喜びをもって自分のまわりを見渡すと、「ＳＦＣは慶應か」という疑いが雲のごとく毎日のように起り、福沢先生の胸像のレプリカを見るたびに、そのお顔が泣いているような顔になり、歪んでいるような顔になり、苦笑しているように見えたりすることがあったり、いろんなことがありました。ありましたけれども、とにかくやっぱり私は慶應義塾に帰ってきてよかった。

慶應義塾に帰ってきたからこそ、慶應義塾の学部の学生であったときに書いた最初の『夏目漱石』……。これは私が学部二年生で結核の悪いのになりまして、学部三年のときから前半を書きはじめて『三田文学』に載せて、学部四年のときに後半を書いてまた『三田文学』に載せて、その年の十一月に本になったというものですけれども、そのときの漱石との縁を考えると、これはやはり私が慶應に縁あって学び、慶應の学生であったからこそ、『三田文学』という永井荷風先生が創刊された由緒ある雑誌とのご縁もできて、自分の拙い原稿を載せていただくこともできた。そこから私の文芸批評家としての生涯が始まったようなものでありますから、もうその締め括りの段階が近づいているわけですが、慶應に戻ってきて、七年間のあいだに三部、四部まで書けたということは、これはもとより私にとってたいへん喜ばしいことであります。

それからやや特定して、この授業は本来「表現伝達論」の最後の授業ですから申しあげますと、私は「表現伝達論」という、この授業科目の名称に対しては、必ずしも初めから愉快であったわけではないのです。けれども、漱石の『虞美人草』以後の小説――『虞美人草』『坑夫』『三四郎』『それから』『門』『彼岸過迄』『行人』『こゝろ』『道草』『明暗』――つまり『漱石全集』のほとんどすべてを占めるような、『坊っちゃん』や『草枕』というような初期の作品を除いてのすべての作品、これはすべて新聞小説として書かれています。なかには大阪だけというのもありますけれども、長編小説はみんな東京・大阪の両『朝日新聞』に連載されたのであります。

そこで私は『漱石とその時代』を書くときも、すべてその初出を手元で確かめることにいたしました。『虞美人草』から始まって、現在『行人』にまできておりますが、すべての漱石の新聞連載小説を、新聞でもう一回読み直すということをやってきたわけです。

新聞小説というのは、当時は娯楽の少ないときですから、今日みんなデジタルで時間を確かめる朝の連続テレビ小説などと同じで、新聞の呼び物の一つでした。面白いのが載っていれば部数が伸びる。漱石は『朝日新聞』から高給で抱えられますけれども、高給をはんでいることの対価として、面白い小説を次々に書かなければならないという義務を負わされていた。しかもそれを新聞に書かなければならないという限界のなかで、今日そのことをいっさい無視した研究者たちがあてもないこうでもないといっている、その小説を書いた。

毎日、原稿用紙で四百字詰三枚ちょっとぐらいの小説を書いていって、紆余曲折をもたせて、明日も読もうという気にさせる。そのときどんな描写の方法が適切であるか。どんな技法を漱石は誰からどう取得したか、というようなことについての研究は、私の知るかぎり、どうも従来なかったような気がする。しかし、この漱石の小説のテキストを、全集や文庫版から逆に新聞という初出に戻すことによって、それがいままで見えなかった形で私の目に次第に見えるようになってまいりました。

もうだいぶ目が悪くなっておりますから、自分の勉強部屋でマイクロフィッシュから起した新聞のコピーを一日中見ていますと、いくら老眼鏡をかけても、よく見えなくなってくるのです。とくに「か」なのか「が」なのか、濁点とか半濁点がよくわからなくなってくる。しかしそれにしても、そうやって見ていると、だんだんわかってくることがある。つまり、漱石の小説がこうある。それがどの面に載っているか。漱石の社内的地位がいいときには、三面というようなところに出るわけです。ところが、漱石が社でもって、こんな奴は給料ばかり高くとって、老いぼれでもう駄目じゃないか、と思われるようになると、六面ぐらいに落ちたりする。それから、漱石の小説のいちばん最後に薬の広告が載っていたり、花柳病の医者の広告が載っていたりするわけです。そういう雑多なテキストのなかで、自己主張しながら毎日小説を書いていかなければならない小説家というものは何を考えるのか。そして漱石はその試錬に耐えながら、何を達成したのか。

諸君がレポートで使う言語、あるいは感想文、随筆のようなものをお書きになるときに使っているかもしれない言語、それからだいたい今日の小説家が使っているような言語……。まあこのごろは壊すほうをやっている人が多いのですが、ついこのあいだまでの小説家が使ってきた言語。「日本の文学語」と申しましょうか、文学語を中心にして、必ずしも文学を目的としない、たんなるコミュニケーションの手段でもないのですけれども、そういう言語というものは、天から降ってきたものでもなければ、文部省が国定国語教科書でつくって広めたものでもない。じつは漱石とか、そのほか漱石と一緒に時代を生きた人々、徳田秋声とか、島崎藤村とか、田山花袋とか――これは自然主義派であってもいいし、反自然主義派であってもいいのですけれども――明治三十年代、四十年代から大正初年ぐらいまでの日本の小説家たちが、われわれの日常に使っている言葉をつくってくれた。そこには高浜虚子の写生文なども少なからぬ影響を及ぼしている。

というようなことも、じつはこの『漱石とその時代』第三部、第四部を書き、かつその書いていることとの内容を「表現伝達論」で何度も講義をする。なかには眠っている諸君もいる。あるいは私語をする諸君ももちろんいる。私語をする諸君については、私はそのたびに怒鳴りつけて、必ずやめさせました。私の授業ぐらい静かな授業は、おそらくこのキャンパスではなかったはずです。まあ、それはどうでもいい。そうじゃなくて、私はもっぱら諸君の顔の表情を見ている。

私が何かちょっと大事なことをいったときには、敏感に諸君が反応してくれる。それは慶應の学生の優れた所以《ゆえん》であって、どこの大学で講義をしても、どういう聴衆に向って話しても、そんなことは起るわけではありません。それは知的に優れて、感受性の鋭い人々だから、諸君のポテンシャルが……、かりに一人ひとり現在そのポテンシャルを活かしきっているかどうかは別にしてもですよ、諸君はそれだけの能力をもっている。講義でそういう顔の表情の変化を見て取ると、これは大事なことだと思って、頭の片隅にそれをとどめておく。そして自分が『漱石とその時代』を書き継ぐときの手がかりにする。何度それをやってきたかわからない。

その意味では、私の漱石研究の半ばぐらいは、少なくとも慶應義塾、とくにこのSFCに来てからの五年間の私の仕事の半ばは、私の考えたことを不十分なままにここで話をすると、それに鋭敏に反応してくれた諸君との合作のようなものである、と私は考えているわけであります。

ずいぶん乱暴なことも申しましたが、私はけっして非妥協的人間ではないつもりです。必要な妥協はいくらでもする人間だと思いますけれども、こと学問、教育については、やはり自分の考えを譲ることができない。少なくとも、もう六十四になった人間が、いまさらここでアイデンティティを変えるなどということをできるわけがない。もし、このキャンパスが、ここに来ることによって何か新しいアイデンティティを得るという幻想を与えているかのような印象を与えたとすれば……、ずいぶん婉曲にいっている（笑）、それはたいへん危険なことです。

それは殷鑑《いんかん》遠からず、あのオウム真理教というのは、いままでのアイデンティティを捨てることを強制し、へんてこりんなカタカナの名前になって、それで成仏したのどうしたのと、こういった。そしてそこに擬似空間をつくりだして、そのなかで異様なことに人を追い込んでいったわけであります。

もちろん、このＳＦＣがそうだというのではありません。そうではありませんけれども、人間のアイデンティティをたやすく弄ぶことはできない。とくに教育は、諸君のアイデンティティがどう伸びていくのか、どういうふうに開花していくのかを側でじっと見守ることはできるけれど、そこにコテを入れたり鋏を入れたりして、生け花をつくるように人間をつくることは絶対にできない。人間はそんなようにできていません。人間は変らない。もうすでに諸君の齢になれば、そう簡単に変りはしませんよ。変えようといっても変りはしません。親子のあいだだって話が通じないというのはそれだからなので、とにかく独り二十歳になってしまったら、もうこれはどうしようもない。人間は変らないのです。

世の中のほうはおそらく変るでしょう。世の中は変るでしょうけれど、いったい何がどう変っているのか、じいっと見ていると、変っているものは大したことではないのかもしれない。

明治四年から六年まで、岩倉具視を特命全権大使とする使節団が一年九ヵ月と二十一日間、アメリカ、ヨーロッパを経めぐって日本に帰ってきた。当時日本は鎖国をやめたばかり、明治政府はできたばかり。日本は三百年後れている、何もかも新しくしなければならない、と思っていた。アイデンティティの大混乱です。しかし、この一年九ヵ月二十一日たって、大久保利通、岩倉具視、木戸孝允らが帰ってきた。彼らは、日本はたしかに後れているけれど、四十年しか後れていない。四十年何が後れているかというと、蒸気機関車をつくって走らせてからその時まで、四十年しかたってない。これが世の中を変えている。だから蒸気機関車というものを自分のものにして、日本中に鉄道を引いてやれば、日本はすぐ近代国家になれるということを、一年九ヵ月二十一日かかって見抜いた。つまり、蒸気機関車ひとつ見て、これが変えているんだと見て取る目というのは、グラグラしている目ではないと思う。世の中はそう簡単に変るものではない。いわんや人間はもっと変らない。そう腹の底から思い定めている目で見ると、何がどう変っているから何を取り入れなければならないか、何を学ばなければならないかということがはっきりしてくるのではなかろうかと思います。

ちょうど時間ですので、これで終りにします。どうも皆さん、ありがとうございました。（拍手鳴りやまず、三回の拍手）

一九九七年（平成九）一月二七日　慶應義塾大学湘南藤沢キャンパスΩ12教室

最終講義　ハイデガーを読む

木田　元

［概説］哲学の勉強を始めてから今日まで、終始ハイデガーを読み続けてきたと語る哲学者・木田は、いかなる経緯からハイデガーに辿り着いたのか。青少年期に小説を読み漁るなかで特にドストエフスキーの描く絶望に魅入られ、やがてドストエフスキー論を読み始める。その一環でキルケゴールに手を伸ばしたが、彼の思想の中核にある信仰の問題となると、どうしても分からなくなる。神を持ち出さずに、絶望あるいは絶望しうる人間の存在構造を説き明かすものがないかと探しもとめるうちに、「時間」の視点からこれを分析した『存在と時間』と出合い、哲学の勉強が始まった。ハイデガーによると、そもそもは「存在一般の意味の究明」を目標としていた本書だが、実際に刊行されたのは人間存在の分析の部分だけの未完成品であり、かつ続刊が断念された欠陥商品でもあるという。その断念した理由やハイデガーの本来の意図について、木田はさまざまな資料をもとに説き明かしてゆく。その過程で、偉大な哲学者としてただ信奉するのではなく、その性格の悪さも含めた人間として捉えることで、ある距離をとってハイデガーのことを見られるようになったと言う。するとハイデガーがソクラテス以前の思想家を含む壮大なパースペクティヴで哲学史を捉え直そうとしていたことが見えてきた。さらにはニーチェからの影響を色濃く受けた「反哲学」の狙いがあることもわかり、そこに日本との相似を発見するに至る。

はじめに

今日は私などのために皆さまお忙しいなかをお集りいただいて恐縮しております。定年退職する前に「最終講義」なるものをやるのが慣例になっているようで、これは要するにこれまでなにをやってきたか総括しろということだろうと思います。これまで幾度か似たような話をあちこちに書いてきましたので、またかと思われる方もいらっしゃるかと思いますが、そう幾通りもの人生を生きるわけにもいきませんのでご容赦いただいて、その総括をやってみようと思います。

私が東北大学に入って哲学の勉強をはじめたのが一九五〇年ですから、そこから数えるとざっと五〇年、中央大学に就職したのが一九六〇年ですから、そこから数えるとざっと四〇年、この間なにをしてきたかと申しますと、その答えは実に簡単で、終始ハイデガー（一八八九～一九七六年）を読みつづけてきたと言っていいかと思います。

もともと私はハイデガーの『存在と時間』を読みたい一心で東北大学に入って哲学の勉強をはじめたのですし、今でも『ハイデガー全集』の新しい巻が出ると待ちかねるようにして読んでいますから、そう言ってあまり間違いはありません。むろんその間にほかの哲学者の本もずいぶん読みましたし、翻訳などはほかの哲学者のものばかりやってきましたが、それでもやはりいまだにハイデガーがいちばん面白いと思っていますから、ハイデガーを読みつづけてきたという言い方で、自分のこれまでやってきたことを要約してよいと思います。

大学に入るまで

どうしてそんなにハイデガーにとりつかれたのかといったあたりからお話しすべきだと思うのですが、私は大学に入る前、一九四七年から五〇年までの三年間を、その頃暮していた山形県の鶴岡という町に出来たばかりの県立の農林専門学校で過しました。第二次大戦の敗戦のときには江田島《えだじま》の海軍兵学校にいましたが、もともと満洲(中国東北部)育ちでしたので、一年後には満洲から引き揚げてきた家族を迎えて、鶴岡に住みつきました。そこで市役所の臨時雇やら小学校の代用教員やらをして家族を養っていましたが、兼業の闇商売で一儲《もう》けし、その学校に入ったのです。その頃は父がまだシベリアに抑留されていて、生きているか死んでいるかも分からない状態でしたし、とても卒業するまで在学できるなどとは思っていなかったので、ひどく悪質な不良学生でしたし、もともと農業の勉強などする気はまったくないので、小説ばかり読んで暮しました。

吉川英治の『宮本武蔵』を読むと、関ヶ原の合戦のあと、落武者になって故郷に帰り暴れまわっていた武蔵が沢庵《たくあん》和尚にとりおさえられ、姫路城の天守閣に三年間押しこめられて本ばかり読んで暮す話が出てきます。私もあとから考えますと、むろん武蔵とは比べものになりませんが、鶴岡で文学書ばかり読んで暮したこの三年間がひどく贅沢《ぜいたく》な、貴重な時間だったような気がします。七〇年の人生でも、文学書をあんなに集中して読んだことは二度とありませんでした。

本のない頃でしたが、戦災にあわなかった鶴岡の古本屋には比較的本がありましたし、幸い農専でできた友人に、三井光弥さんというドイツ文学者の三男坊がおり、その家には本があふれていましたので、それを借りて読みまくりました。日本文学も外国文学も、『今昔物語』や『新古今』といった古典も、芭蕉や西鶴や秋成といった江戸文学も、近代文学も、その頃書きまくっていた太宰や安吾や椎名麟三《りんぞう》や野間宏といった現代文学も、詩も散文も、小説も評論も、見さかいなし読みました。

翻訳物も、その頃はやっていたアンドレ・ジッドやモーパッサン、フローベール、メリメ、ボードレールといったフランスの小説や詩から、三井の家にあった『モリエール全集』まで、サルトルも『壁』だの『水いらず』だのの翻訳が雑誌に出はじめていましたし、マルローの『王道』なんかもその頃読んだような気がします。ポーやサマセット・モーム、それにフォークナーの『エミリーに薔薇を』やヘミングウェイの『殺し屋《ザ・キラー》』も翻訳されはじめていたんじゃないでしょうか、雑誌で読んだような気がします。ドイツの小説も、ゲーテやクライストやE・T・A・ホフマンやトーマス・マンなんか順序もなしに読みました。でも、その頃いちばん熱心に読んだのはロシア文学で、ゴーゴリー、ゴーリキー、チェーホフ、ツルゲーネフ、トルストイの短編――『戦争と平和』のような長編は読みませんでしたが――、そして最後にドストエフスキーを読みはじめました。

ドストエフスキーに魅入られて

『罪と罰』『悪霊』『白痴』『カラマーゾフの兄弟』『未成年』『永遠の夫』と夢中になって読みました。『貧しき人々』『死の家の記録』『地下生活者の手記』といった初期の作品も、初期短編集も『作家の日記』なども、なんとか探し出して読みました。どんな版で読んだのかよく覚えていませんが、小説は戦前の岩波文庫、『作家の日記』などは、質の悪い紙に印刷されていましたから、その頃出はじめた翻訳全集だったのでしょうか。椎名麟三や「赤い牧師」なんて言われた赤岩栄や、埴谷《はにや》雄高《ゆたか》の『死霊』なんかが読まれた時代ですから、ドストエフスキーは大はやりで、わりに早く翻訳の全集が出はじめたような気がします。

『悪霊』や『白痴』や『カラマーゾフ』は、どれも米川正夫訳の岩波文庫四冊くらいの大冊ですが、夜も昼も夢中になって読みつづけました。目が覚めれば読む、眠くなれば寝る、また目を覚まして読むといった読み方でした。これらの小説の主人公は、みな二〇代半ばの青年たちで、それぞれにすぐれた能力をもっていながら、帝政末期のロシアでその力を発揮する場所がなく、絶望のなかに生きている。私もその頃、農業の学校には入ったものの、住んでいるところにできたから入ったというだけで、農業の勉強をする気はまったくなく、そこを卒業してもどうにもならないことはよく分かっていたので、いわば絶望しきっていました。

その農専に入った年の秋、そろそろ闇で儲けた金も底をつき、学校などやめて、本格的に闇屋にでもならなければならないかと思っていた頃に、思いのほか早く、父がシベリアから帰国してきたので、それからは家族を養う義務からも解放され、貧しくても普通の学生生活を送っていたのですが、それでも農業の勉強をしようという気にはなりませんでした。親しい友人もでき、不良学生に特別に目をかけてくれる先生たちもいて、結構楽しそうに学生生活を送ってはいましたし、小説に耽溺《たんでき》はしていましたが、これから自分がどうなるのか不安でないわけはなく、心のなかは火の車だったと思います。農業の勉強をする気はない、といって、それでは何がしたいのか、何ができるのか、まったく見当がつかず、なんでもできそうな昂揚《こうよう》した気分になるかと思えば、自分にはまともなことはなに一つできそうもないように思えてきてガクンと落ちこむ、その繰りかえしでした。

そんなふうにやはり絶望している自分の姿を、ドストエフスキーの小説の主人公たちに映して見ようとでもしていたのでしょうか。とにかくドストエフスキーにのめりこみました。

ドストエフスキー論

その作品を一通り読み終えると、次にはさまざまなドストエフスキー論を読みはじめました。その頃は、アンドレ・ジッド、シェストフ、ベルジャエフ、それに小林秀雄の『ドストエフスキイの生活』などが必読のドストエフスキー論とされていましたから、そんなものを読み、出たばかりの埴谷雄高訳のヴォリンスキーの『偉大なる憤怒の書』という『悪霊』論や、森有正さんが、あとから『ドストエーフスキー覚書』にまとめる評論をあちこちの雑誌に書いていたのを読みあさったりしました。

一般にドストエフスキー論というのはどれもこれも面白いのです。それは、若い頃にドストエフスキーの小説を耽読した人たちが、少し歳をとってから、自分の青春期の決算書を作るような意気ごみでドストエフスキー論を書くからではないでしょうか。本当にどれも読みごたえがありましたが、私がなかでも感動したのは森有正さんの評論でした。

ドストエフスキーとキルケゴール

そのうち、そうしたドストエフスキー論の一つといった感じで、キルケゴールの『死に至る病』を読みはじめました。岩波文庫の『死に至る病』の名訳者の斎藤信治さんが、私の住んでいた鶴岡と同じ庄内地方の酒田にいらして、私の入っていた農専に講演にこられ、キルケゴールの話をされるのを聴いたのがきっかけでした。結局私は、この斎藤信治さんに終生師事し、この中央大学に連れてきていただくことにもなったのですが、それは後の話になります。

ドストエフスキー（一八二一～八一年）とキルケゴール（一八一三～五五年）は一九世紀中葉のほとんど同じ時代を生きたというだけで、二人のあいだに直接の関係はまったくありません。しかし、二人ともロシアやデンマークといったヨーロッパの辺境に生き、一時それぞれに中央ヨーロッパに出ていき、宗教が市民社会にすっかり融《と》けこんでいるそのプロテスタント文化に幻滅して故国に帰り、一方はロシア正教に、一方は原始キリスト教に拠《よ》りどころをもとめてプロテスタンティズム批判を企てたという共通点があるせいか、それとも二人とも魂の同じ深みにまでおり立っていたせいか、この二人の思想には深く通底しあうところがあります。

キルケゴールの言う「死に至る病」とは、それにかかれば死んでしまうという死病のことではありません。これは『聖書』の「ラザロの復活」の章でイエスが、病死したラザロを見て「この病死に至らず」と言ってラザロを復活させたその言葉を逆手《さかて》にとって造った言葉で、肉体の病などどれほど病んでも死に至ることはないのに、この病を病むと生きるに生きられず死ぬに死ねない、死ぬよりもっと苦しい精神の病、つまり絶望を指しているのです。「死に至る病とは絶望のことである」とこの本の冒頭で言われています。

キルケゴールの言う絶望とは、自己分裂、たとえば可能的自己と現実的自己との分裂のことであり、その意味では人間は誰でもが絶望しているのです。そして、彼によれば、このように自己分裂しうるということ、つまり絶望しうるということは人間の比類のない長所だとされます。つまり可能性としての絶望は、人間のたぐいない長所なのですが、それが現実的になると、つまり現実性としての絶望は生きるに生きられず、死ぬに死ねない苦しみなのです。

キルケゴールに言わせると、この自己分裂には実にさまざまなタイプがあり、彼はこの本で、絶望のさまざまな形態を描き分け、定義してみせます。絶望の形態学が展開されるわけです。さらに彼は、意識が深まるにつれて絶望も深まっていくと考え、その絶望の深まっていく過程を追求します。精神が真の精神に生成し現象していく過程を描いたヘーゲルの『精神現象学』に対比して言えば、これは絶望の現象学とも言えそうです。

キルケゴールがここで描き分けてみせる絶望のさまざまなタイプとドストエフスキーの小説の登場人物とをつき合わせると、実にうまく符合するのです。たとえば、キルケゴールは〈不安〉を「自分が絶望していることを意識していない絶望」と定義していますが、その叙述はドストエフスキーの『カラマーゾフの兄弟』に出てくるコーリャ・クラソートキンという少年の心理分析をしているとしか思えません。先ほど話した森有正さんが、「コーリャ・クラソートキン」という感動的な評論を書いていますが、コーリャの心理についての森さんの分析とキルケゴールの不安の分析には深く重なり合うところがあります。

そのほか、『罪と罰』の主人公ラスコーリニコフ、そこに登場する娼婦《しょうふ》ソーニャの父親マルメラードフ、『悪霊』の主人公スタヴローギン、『カラマーゾフの兄弟』のイワン・カラマーゾフ、こういった人物をモデルにして書いたとしか思われないくだりが『死に至る病』に頻出します。キルケゴールの叙述を参照しながらドストエフスキーの小説を読むと、その心理がよく分かってきますし、ドストエフスキーの小説の登場人物を思い浮かべながら読むと、少なからず抽象的なキルケゴールの叙述が具象化されてよく分かってきます。

『存在と時間』を読みたくて

しばらくこんな読み方をしていましたが、キルケゴールの思想の中核には、やはり信仰の問題があります。話がそこにいくと、私にはどうしても分からなくなります。神を持ち出さずに絶望の構造を、あるいはこんなふうに絶望しうる人間の存在構造を説き明かしてくれる本がなにかないものだろうかと探しもとめているうちに、やはり斎藤信治さんの論文集『実存の形而上学《けいじじょう》』で、ハイデガーというドイツの哲学者が、キルケゴールとドストエフスキーの強い影響を受けて『存在と時間』という本を書き、そこで時間という視点から人間存在の分析をしているということを知りました。

〈時間〉は、ドストエフスキーの小説でもキルケゴールの著作でも重要な役割を果たしています。『悪霊』には、スタヴローギンがチーホンという高僧の庵《いおり》でおこなう「スタヴローギンの告白」という章があり、そこでドストエフスキーは〈過去〉というものがけっして過ぎ去るものではなく、〈現在〉、いや〈未来〉をさえも深く規定しているものだということを具象的に描いてみせますし、キルケゴールも、たとえば『不安の概念』のなかで、時計で測られる物理的時間のうちには場所をもちえない〈瞬間〉を問題にしています。〈絶望〉そのものが時間の病と言っていいようなものなのです。時計で測られる物理的時間やわれわれの通俗的な時間表象にはとても収まりきれない時間的構造がわれわれの存在を規定しているということを、彼らは語ろうとしているのです。

そうした時間的構造に着目して人間の存在構造を捉《とら》えようとしているのだとすれば、この『存在と時間』こそ私の探しもとめている本だと思われました。これを読めば、自分の絶望にももう少しうまく対処できそうに思われ、なんとしてもこれを読まずにはすまされない気持になりました。

昭和一四年だかにこの本の翻訳が一つ出されており、これは古本屋にいくらでもころがっていました。寺島実仁《じつにん》という人の訳した上・下二巻本で、下巻の「訳者あとがき」を見ると、上巻では**Furcht**《フルヒト》〔恐れ〕と**Flucht**《フルフト》〔逃走〕とをそっくりとり違えて訳してしまったので、読むときはそのつもりで読んでくれなんて書いてある恐ろしいような翻訳でしたが、これを買ってきて読もうとしても、さっぱり分かりません。キルケゴールの『死に至る病』だって哲学書には違いなく、結構難しいのですが、これは、あちこちめくっていると、それなりに分かるところがあって、それを手がかりに読んでいくと、ある程度まで自分なりに理解できるものでした。しかし、『存在と時間』にはそうしたとっかかりも見つからず、どうにも歯が立ちません。でも、なにかひどく重大なことが書かれているらしいことだけは感じられ、読みたい気持はつのるばかりです。

そして、どうもこの本は、大学の哲学科に入って、哲学書を読むきちんとした訓練を受けなければ読めそうもない本だという見当だけはつき、急遽《きゅうきょ》不良の足を洗って受験勉強をはじめました。農専の三年目はもっぱらこの受験勉強に打ちこみました。それまで戦後四年間、家族を養って苦労したようなことを申しましたが、遊ぶことも十分に遊び、麻雀《マージャン》などいやというほどやりましたので、遊ぶことにも飽きて、勉強をしたくなる時期にもきていたようです。

が、そうはいうものの、受験勉強も大変でした。英語など中学一年の教科書から全部やりなおさなければならないようなものでしたし、受験科目に「哲学史」なんて見たことも聞いたこともないようなものがあり、なにをどう勉強したらよいか分かりませんでした。意味も分からないものをしゃにむに丸暗記するような勉強をし、とにかく昭和二五年の春に東北大学の哲学科に入りました。ずいぶん後になってからですが、指導教授の三宅剛一先生がなにかの話のなかで、鶴岡の農林専門学校なんて聞いたこともない妙な学校からきたのに、入試の成績が哲学科で一番よかったから、どんな学生だろうと注意して見ていたと仰言《おっしゃ》っていましたから、自己流の受験勉強が相当功を奏したにはちがいなさそうです。

大学に入ってから

ただ、入ってからも大変でした。なにしろたいていの連中は、旧制の高等学校で三年間ドイツ語やフランス語をやってきています。演習もはじめからカントの『純粋理性批判』だのヘーゲルの『法哲学』だのがテキストですし、講義でも System der《ジュステーム・デア》 Bedürfnisse《・ベドユルフニセ》（欲求の体系）だのというドイツ語が頻出する。こっちにはさっぱり聴きとれず、ノートの採りようもないのです。

入ってすぐドイツ語の勉強をはじめました。「ドイツ語初級」なんて授業に出て、一年がかりで文法をやってなどという悠長なことはやっておれませんから、薄っぺらな文法の教科書を買ってきて一週間くらいで文法の規則を覚え、あとは演習のテキストの『純粋理性批判』を翻訳と首っぴきで一行一行読んでいき、出てくる単語を片っぱしから覚えるという無茶なやり方をしました。一、二ヶ月してから少し厚手の『新獨逸《ドイツ》語文法教程』という文法書で文法の知識を整理しなおし、『ドイツ語単語六千語』とかいう単語帳で系統的に単語を覚え、ムリヤリ仕込んだ感じです。

でも、夏休みが終わるころには、高等学校からきた連中より読めるくらいになっていたので、秋から数人でハイデガーを読みはじめました。はじめ『形而上学とは何か』という薄いパンフレットを読み、その後『存在と時間』を読みはじめました。その頃は、人数ももう二人に減っていました。週に三回くらい二人で読み合わせをし、自分ではどんどん先を読んでいく。寺島実仁氏のひどい翻訳だって無いよりましなので、それを頼りに読んだのですが、そのうち寺島氏の誤訳も分かるようになってきました。一〇月頃から三月頃まで半年ほどかけて読みあげましたが、期待にたがわず実に面白く、しまいには、だんだんページ数の少なくなっていくのが惜しいくらい面白かったです。こういうテキストは毎日続けて読まなければならないもので一日五、六時間、毎日読みつづけていると、だんだん身体がハイデガーの文体に馴染《なじ》んでくるような感じで、そうなると言っていることもわりによく分かってくるものなのです。

哲学への深入り

こうして、待望の『存在と時間』を読み、十分に面白かったし、それなりに分かったような気にはなりましたが、しかし同時に、肝腎《かんじん》なことはなに一つ分かっていないということも分かりました。それに、どうもこの本は、これだけ読んで分かる本ではなく、これを分かるためには、カントもヘーゲルも、キルケゴールもニーチェも、フッサールもシェーラーも、それどころかプラトンとアリストテレスも読まなければならないということも分かってきて、そう簡単に哲学をやめるわけにはいかなくなりました。

大学に入ったときには、とにかく『存在と時間』を読みさえすればいい、これを読めば自分の身の処し方、自分の絶望への対処の仕方も分かってくるだろうから、そうすれば哲学なんかと縁を切って、別のことで食っていこう、と思っていました。まさか哲学で飯が食えるなんて思われなかったし、食うことに関しては、闇屋の経験で妙に自信があったのです。しかし、こうなってみると、そう簡単に哲学と縁を切るわけにいかず、ずるずると深入りすることになりました。

絶望の方はどうなったか。『存在と時間』を読んで、そこからなにごとかを学びとり、絶望を克服することができたのかと訊《き》かれると、ちょっと困ります。たしかに、大学に入ってからは、農専時代のあの切羽つまった思いからは解放されました。だが、それは、『存在と時間』からなにかを学んだからではなく、自分のやりたいことがはっきり分かってきたからでしょう。それに、ドイツ語やギリシア語やラテン語と、語学を一つひとつこなしていったのが効果がありました。語学は、毎日根気よく持続的にやらなければなりません。坂口安吾が初期の「勉強記」という短編で、神経衰弱を治すためには、サンスクリットやパーリ語やチベット語を勉強するのがいいと、自分の語学習得の話を面白く書いていますが、私のばあいも、語学の勉強が絶望克服に役立ったようです。克服というより誤魔化しでしょうね。その証拠に、哲学をはじめてからも幾度も絶望を味わうことになりましたから。

話は前後しますが、こうして学部を三年、大学院を五年、助手を二年と一〇年間仙台で勉強をしたあと、中央大学で哲学を教えるようになり、いわば哲学の勉強をプロフェッショナルにするようになったわけですが、そうなるとかえって、時どき、いったい自分はなにをしようとしているのか分からなくなるものでした。私は、そういうとき、殊勝なことに、初心に返ろうとして、ドストエフスキーの小説と『存在と時間』を読みなおすことにしていました。そのころは、別に原稿の注文もなく本を読んだり講義をしたりするだけですから暇もあったので、五年に一度はドストエフスキーの主な小説と『存在と時間』を読み返すように自分に義務づけ、四〇代の半ばくらいまでは、感心なことにそれを実行していました。そうすると、自分がいったいなにをしようとしていたのか思い出せて、なんとなく落着きをとりもどせるものでした。

『存在と時間』の読み方

ですから、私は『存在と時間』という本は、ずいぶん何回も読んできました。大学院の演習で何年かかけて読んだこともありますし、ハイデガーについての本を書くときにも、当然読み返します。そんなのを合わせれば、一〇回やそこらできかないくらいこの本を読んできたことになります。そして、そのあいだに、読み方もずいぶん変わってきました。今日は、私のハイデガーの読み方が、その間にどんなふうに変わってきたか、それをお話ししてみたいと思っているのです。

むろん私も最初は、『存在と時間』を実存哲学の書として読み、そこにわが身一つをいかにすべきかの答えを求めようとしていました。当時はこれがこの本の普通の読み方で、私もそうした読み方をしていたことになります。

しかし、そんなつもりで読むと、この本にはいささか期待を裏切られます。そうしたことなら、キルケゴールの方がずっと切実なのです。それに比べると『存在と時間』にはどこか形式的なところがあります。それに、論理が違うのです。キルケゴールはつねに「あれかこれか」という決断を迫ってくるところがありますが、『存在と時間』を貫いているのは、ハイデガーがアリストテレスから学んだ「欠如《ステレーシス》の論理」なのです。これは、たとえば目の見える人のグループと目の見えない人のグループがあるばあい、それを相互外在的な二つのグループとして捉えるのではなく、目の見えない人は、もともと目が見えるからこそ見えなくなりうるのだと考え、目の見えない人のグループを、目の見える人のグループの一部として、つまりその欠如部分として捉えるのです。ハイデガーはすべてをこの論理で処理します。つまり、人間はもともと本来的に生きることができるからこそ非本来的にもなりうる、と考えるのです。非本来的な生き方をしている人たちは、本来的に生きている人たちの一部として、その欠如部分として捉えられ、非本来性は本来性のヴァリエーションにすぎないことになります。こういう考え方には、キルケゴールの「あれかこれか」のような切羽つまったところがありません。実存的な思索をもとめるなら、キルケゴールの方が遙《はる》かに適切に答えてくれそうなのです。

それに、ハイデガー自身、『存在と時間』は人間存在の分析を目指すものでもないし、実存哲学の書でもないと終始言いつづけているのですから、それを実存哲学の書として読んで、当てがはずれたと言うのも妙なものです。私は、最初読んだときから、どうもそういう読み方は、ハイデガーの意に反しているらしい、ハイデガー自身の言いたいことは、もっと別のことらしいという感じだけはもっていました。しかし、それがなにかはどうもぴったりとは分かりませんでした。

ハイデガー自身は、『存在と時間』の究極の狙いは「存在一般の意味の究明」にあるのであり、人間存在の分析はあくまでその準備作業でしかないと言いつづけていました。しかし、『存在と時間』をいくら引っくり返してみても、「存在一般の意味」の具体的究明は見当たりません。「存在一般の意味の究明」とは、「あるということは一般にどういう意味かを考える」ということのはずなのですが、『存在と時間』で問題にされているのは、もっぱら人間の存在だけで、「存在一般」は問題にされていないのです。

未完の書としての『存在と時間』

その食い違いの意味がはっきり分かるには、ずいぶん時間がかかりました。しかし、ぼんやりとした見当なら、二回目に読んだあたりでついてきました。食い違いがあっても当然なのです。というのも、この『存在と時間』という本は未完成品だからです。ハイデガー自身、「序論」で全体の構想を提示しているのですが、この本はお手元のコピーをご覧いただけばお分かりのように、二部六篇から成る予定でした。しかし、一九二七年に出された上巻には、第一部の第一、二篇しか入っていません。つまり全体の三分の一しか書かれていない未完成品なのです。「存在一般の意味」を究明する本論は、どうやら下巻の方にまわされ、書かれた部分はそのための準備作業に終始したということになります。書かれた上巻をいくら引っくり返しても、「存在一般」などが見当たらなくても当然ということになります。

『存在と時間』［一九二七年］

上巻（既刊部分）

序論

第一部　現存在を時間性へ向けて解釈し、時間を存在への問いの超越論的地平として究明する

第一篇　現存在の準備的基礎分析

第二篇　現存在と時間性

下巻（未刊）

第三篇　時間と存在

第二部　テンポラリテートの問題群を手引きとして存在論の歴史を現象学的に解体することの概要を示す

第一篇　テンポラリテートの問題群の予備段階としてのカントの図式機能論および時間論

第二篇　デカルトの〈われ思う《コーギト》、われ在り《スム》〉の存在論的基礎と〈思考するもの《レース・コギタンス》〉の問題群への中世存在論の継承

第三篇　古代存在論の現象的基盤とその限界の判定基準としてのアリストテレスの時間論

しかも、ハイデガーは、一九五四年に出た第七版では、「上巻」という文字を削り、「下巻」の出版の打ち切りを宣言します。つまり書いた上巻での準備作業に失敗した

ので、下巻へ書き継ぐことができないと認めたわけです。となると、『存在と時間』という本は、未完成品であるのみならず、欠陥商品でもあったということになります。

ご存じのように、『存在と時間』は、一九二七年に公刊されて以来、二〇世紀を通じて実に広く、また持続的な影響を及ぼしつづけた本でして、明らかに二〇世紀を代表する哲学書と言えそうなのですが、その本が未完成品であり失敗作だといえば驚かれる方が多いと思います。が、私などはむしろ逆に、こんな未完成品であり欠陥商品でありながら、この本がこれほどの影響力をもちえたことに驚かされます。いつかそのわけをじっくり考えてみなければと思っているくらいです。

『現象学の根本問題』

それはともかく、ハイデガーは、『存在と時間』出版の直後に、どうやらその失敗に気づいていたものらしく、その同じ一九二七年の夏学期には、明らかにそのやりなおしと思われる『現象学の根本問題』という講義をやっております。この講義録は、ハイデガーの生前の一九七五年から刊行されはじめた『ハイデガー全集』の第一回に配本された重要なものなのですが、この全集版の本文の第一ページに、ハイデガーは「『存在と時間』第一部第三篇の新たな仕上げ」という脚注を付けています。しかし、読んでみると、この講義は、『存在と時間』全体のやりなおしとしか思えません。しかも、そのやりなおし方が面白いのです。『存在と時間』の序論で提示されていた構想をそっくり逆にして、『存在と時間』では未刊の第二部でやるはずだった歴史的な考察から論じはじめ、次いで第一部第三篇でやるはずの「存在一般の意味の究明」をし、最後に第一部第一、二篇に当たる人間存在の構造分析をおこなうという構想になっています。これもコピーを見ていただきたいのですが、この講義は三部構成になっています。が、全体として、『存在と時間』の構想をそっくりひっくり返した話の組み立てになっているのです。

『現象学の根本問題』〔一九二七年夏学期講義〕

既刊部分

序論
第一部　存在に関するいくつかの伝統的テーゼについての現象学的批判的論究。
第一章　カントのテーゼ「存在はレアールな述語ではない」。
第二章　アリストテレスにまで遡《さかのぼ》る中世存在論のテーゼ「存在者の存在には本質存在（essentia《エッセンティア》）と事実存在（existentia《エクシステンティア》）が属する」。
第三章　近代存在論のテーゼ「存在の基本様態は自然の存在（res extensa《レス・エクステンサ》）と精神の存在（res cogitans《レス・コギタンス》）である」。

第四章　論理学のテーゼ「すべての存在者は、それらのそのつどの存在様態にはかかわりなしに〈デアル〉によって語りかけられ論議される」。繋辞《コプラ》としての存在。

第二部　存在一般の意味についての基礎存在論的問い。存在の基本的諸構造と基本的諸概念。

第一章　存在論的差異の問題（存在と存在者の違い）。

第二章　存在の基本的分節の問題（essentia と existentia）。

第三章　存在のありうる諸変様とその多様性の統一の問題。

第四章　存在の真理性格。

――未刊――

第三部　存在論の学的方法と現象学的理念。

第一章　存在論の存在者的《オンティッシュ》基盤と現存在の分析論。

第二章　存在のア・プリオリ性とア・プリオリな認識の可能性およびその構造。

第三章　現象学的方法の基本的部分。還元・構成・解体。

第四章　現象学的存在論および哲学の概念。

どうやらハイデガーは、この時点では、『存在と時間』の失敗の原因は話の組み立て方にあった、つまり発想の順序と逆に話を組み立てたのがまずかったと思ったにちがいありません。その裏づけはあとからいたしますが、どうもそう思ったらしい。そこで、『現象学の根本問題』では、もう一度発想したとおりの順序に話を組み替えてやりなおしてみようと思ったようです。ハイデガーは几帳面《きちょうめん》な人で、この講義でも

「序論」で全体の構想をかなりくわしく提示しています。それを見ると、そうとしか思えません。もっとも、この講義もやはり三分の一ほどで中断してしまいます。講義を進めているうちに、『存在と時間』挫折《ざせつ》の原因が話の組み立て方なんて程度のところにあるのではない、ということに気づいたからだと思います。

『現象学の根本問題』という講義録、先ほども申しましたように、一九七五年の全集版ではじめて活字になり公刊されたものなのですが、実は私たちはずっと前から海賊版でこの講義録を読んでいたのです。それには、こういうわけがあります。この講義がおこなわれたのは、一九二七年の夏マールブルク大学においてのことですが、そのころ東京高等師範学校（現在の筑波《つくば》大学）の誰かがマールブルクに留学していてこの講義を聴いたのだと思われます。第一次大戦後一〇年もたち、ドイツの経済も敗戦直後のようなことはなかったのでしょうが、まだマルクに比べて円がかなり高かったにちがいありません。そこで、その円を使ってドイツ人の学生を雇い、この講義を速記させ、タイプで打たせたものを日本に持ち帰り、タイプ・ガリ版刷のコピーを八〇部くらいつくって、全国の希望者に頒布したらしいのです。私たちの先生はみなもっていました。私たちも話にだけは聞いていて、読みたくて仕方がないのですが、第二次大戦後のそのころ、まだコピー機なんてものはないし、先生たちも貸してくれません。やっと気前のいい先生からお借りして、仕方がないので、私たちがまた八〇部、タイプ・ガリ版刷の再海賊版をつくって、自分たちの分を安く浮かせて手に入れ、それを読んでいたのです。これを読むか読まないかで、『存在と時間』の理解の仕方がずいぶん変わってくるのですが、われわれ日本の研究者は、ドイツ人の読めないこの講義録を五〇年も前から読んでいたことになります。

『存在と時間』と『現象学の根本問題』の関係

私は、大学院の一年目にこの講義録を読み、そうすぐなにもかも分かったわけではないのですが、それでも、ハイデガーが『存在と時間』の未刊の下巻で大体どんなことを書こうとしていたのかのある見当はつきました。なにしろ話を逆に組み立てようとしているのですから、『存在と時間』の第二部や第一部第三篇で書こうとしていたことが、この講義録である程度語られているわけです。そうしてみると、『存在と時間』は書かれなかった後半部を考慮に入れて読まなければならない、書かれた部分は後半部を書くための準備作業にすぎないということも分かってきて、これまでのように、この本を書かれた部分だけで完結したように読む読み方、つまり人間存在の構造分析をする実存哲学として読む読み方は間違いだと、かなり自信をもって考えられるようになりました。

どうやらハイデガーが最初に発想し、本当に書きたかったのは、『存在と時間』で言うなら、第二部の西洋哲学史の見なおしの部分で、第一部第三篇は、その歴史的考察のための方法的視座の獲得に当てられ、実際に書かれた第一部第一、二篇は、にわかに思いつかれた導入部《イントロダクション》らしいのです。ところが、かなり時務的な狙いもこめて書かれたこの導入部が、うまく第一部第三篇に話をつないでくれない。そこで書き継ぐのを断念した。しかし、第二部で書こうとしていた西洋哲学史の見なおし作業の構想は依然として生きている、この企ては放棄されていない、とこう考えると、いろいろ辻褄《つじつま》が合ってきます。

ハイデガーは生前、『全集』を出す前にも、『形而上学入門』とか『ニーチェ』講義とか『シェリング』講義とか、自分の講義のなかでも出来のよいものを選んで手を入れ、単行本のかたちで出しており、どれもこれも実に面白いものなのですが、これを『存在と時間』の書かれた部分に結びつけて考えようとしても、さっぱり結びつきません。

そこで、窮余の末、ハイデガーの思想を前期と後期に分け、前期は『存在と時間』の上巻でおこなわれているような人間存在の分析、つまり「実存思想」、それが一九三〇年代前半あたりで転回して、後期は「存在」という視点から西洋哲学史の見なおしをおこなう「存在思想」になった、とこんな整理の仕方をするのが普通でした。日本だけではなく、ドイツの研究者、ハイデガーの直接の弟子たちでさえ、これに近い考え方をしていました。

しかし、これは明らかに間違いで、『存在と時間』だって、書かれなかった第二部では「存在」概念に焦点を合わせて西洋哲学史の見なおしが企てられていたわけです。『全集』が出はじめ、『存在と時間』をはさむ前後の時代の講義録が次々に出されてみると、ハイデガーが一貫して西洋哲学の古典の読解作業をおこない、哲学史の見なおしを企てていたことがはっきりしてきました。そうなると、さっきのような見方が間違いであることは明らかです。むろんハイデガー自身、自分の思索の「転回」を認めていますし、したがって前期と後期を区別することには問題がないのですが、その転回の意味が違うのです。

ナトルプ報告

それが決定的に裏づけられたのは、一九八九年に、ハイデガーが昔書いた「ナトルプ報告」が発見されることによってでした。これは、『存在と時間』の四年前、一九二三年に、ハイデガーがマールブルク大学に就職するにあたってパウル・ナトルプに提出したレポートで、「アリストテレスの現象学的解釈——解釈学的状況の提示」という題が付けられているのですが、後年ハイデガーはこれを『存在と時間』の最初の下書き」と呼んでいるのです。ただ、そういう文書が書かれたということは知られていたのですが、当の現物がその後行方不明になっていて、それを確かめることができませんでした。それが、八九年に偶然発見されたのです。

　これを読んでみると、『存在と時間』の最初に発想された核心部が、第二部の西洋哲学史の見なおしの部分であることが明らかになります。つまり、「ナトルプ報告」ではもっぱらアリストテレスについて、その「存在」概念の検討をおこなっているのですが、そのアリストテレスの存在概念を変様しながら承《う》け継いでいった中世スコラ哲学、さらにそれを歪曲《わいきょく》しつつ承け継いだデカルト、カントにまで検討の輪を広げることによって『存在と時間』第二部の構想が成立したわけです。そして、「ナトルプ報告」にも、このレポート提出の直前にあわてて書かれたように思われる「解釈学的状況の提示」という題の「序論」が付けられていますが、これが考えなおされふくらまされて『存在と時間』第一部になった、ということは容易に見てとれます。

　ハイデガーがもともとアリストテレス研究から、つまり哲学史研究から出発したことはよく知られています。彼は根っからの哲学史家なのです。彼がアリストテレスのテキストを、それこそ舐《な》めるようによく読みこんでいたことは、講義録を読んでみれば明らかです。そのアリストテレスにはじまる歴史研究をおこなっているうちに彼は、西洋哲学史をこれまでとはまったく違った視角から見なおすことを思いついたようです。のちに申し上げますが、それにはニーチェの示唆が大きく貢献したにちがいなさそうですが。それはともかく、この西洋哲学史の根本的な見なおし作業、これが『存在と時間』の最初の発想であり、その見なおし作業の拠点として〈存在と時間〉の密接な関わりが思いつかれました。つまり、どの存在概念もなんらかの時間的意味をふくんでいる。その時間的意味に目をとめることによって、西洋哲学の隠れた本性をあばき出そうと考え、この〈存在と時間〉の関係を第一部第三篇で問題にしようとした。そしてそこへの導入部として、第一部第一、二篇を、当時の思想的状況をも考慮に入れながら、かなり急いで書いてみた。が、それが失敗に終わった、ということなのだろうと思います。

ですから、書いた部分は失敗だったけれど、書かなかった第二部や第一部第三篇の構想を変える気はなかったのでしょう。彼自身、後年の講義（一九四一年夏学期『ドイツ観念論の形而上学』）のなかで、「自分はいまでもなお〈存在と時間〉を乗り越えて前進したりはしていない」と主張し、ただしそのばあい「著作としての『存在と時間』」と「省察の名称としての〈存在と時間〉」は区別しなければならず、自分がいま言っているのは後者のことなのだが、と但し書きをつけています。そう考えれば、彼が『存在と時間』の前にも後にも、一九三〇年代に入ってからも、講義ではほとんど哲学の古典的テキストを採りあげ、それを解読するという作業をつづけていたわけも分かってきます。けっして前期は「実存思想」、後期は「存在思想」なんかじゃないんです。むしろ、『存在と時間』の書かれた部分は、ハイデガーの思想の展開のなかで見れば、挿話的《エピソーディシュ》なもので、それも失敗に終わったエピソードだったということになりそうです。

　話は前後してしまいますが、『現象学の根本問題』を読んだころから、ある程度こうした見当はついていたのですが、しかし、彼が西洋哲学史見なおしの拠点にしている「存在」とか「存在了解」ということが、しばらくはさっぱり分かりませんでした。これは私に限らず、当時のハイデガー研究者（日本だけではなくドイツでも）がみな分かっていなかったようです。いや、いまでも分かっている人はほとんどいないのじゃないか。みな、そのへんにくると、ハイデガーの言葉をお経のように繰りかえしてるだけのようです。いちばん肝腎のこういう概念が分からないのじゃ、話になりません。私も、ハイデガーについてはさっぱり書くことができませんでした。次々に出る彼の論文集や講義録は丹念に読んでいましたが、論文一つ書くことができないでいました。書く方は、フッサールやメルロ＝ポンティで書いて誤魔化していたのです。

　肝腎なことが分かっていないということと、もう一つ、ハイデガーという人は、ものすごくレトリークが強い。そのレトリークからはずして、彼の言っていることを自分の言葉で言いなおそうとしても、なかなかうまく言えません。これはヘーゲルと似ています。カントやフッサールにはそういった強靱《きょうじん》なレトリークはないので、彼らの考えていることを自分の言葉で考えなおすことができますが、ヘーゲルやハイデガーは、それが難しい。言おうとすると、結局彼らの言っていることを言葉どおり繰りかえすことになってしまいます。しかし、読んでは面白い。読んで面白いものは、なかなか書けない。書けるものは、読んでもそれほど面白くない。カントやフッサールを読んでも、ヘーゲルやハイデガーを読むときのような血湧き肉躍るといった面白さは味わえないものです。私もひところは、ハイデガーは読むもので書くものじゃない、なんて自分に言いきかせていました。

ですから、ハイデガーについて書いたのは、読みはじめてから三三年もたってから、一九八三年になってからです。岩波書店の「20世紀思想家文庫」の一冊として書いた『ハイデガー』（一九八三年）が最初でした。

メルロ＝ポンティからの示唆

さすがにこのころは、「存在了解」とか「世界内存在」といったハイデガーの基本的概念の意味もだいたい呑《の》みこめてきていて、それで書くことができたのですが、これも、ハイデガーだけを読んでいて分かったのではなく、むしろメルロ＝ポンティを読んでいて、ああ、そうかと分かったのでした。

このころ、ハイデガーでは論文が書けず、フッサールで書いたり、今日も来てくれている先輩の滝浦静雄さんと一緒に読んだり翻訳しはじめたりしていたメルロ＝ポンティで書いたりしていたのですが、そのメルロ＝ポンティの処女作の『行動の構造』（一九四二年）を読んでいるうちに、ハイデガーのこういった基本的概念の意味が分かるようになったのです。

メルロ＝ポンティが『行動の構造』を書いたとき、彼はまだ『存在と時間』を読んでいなかったのですから、その『行動の構造』を読んで『存在と時間』を理解するヒントを得たというのもおかしな話ですが、あとから考えると、これにもそれなりの必然性がありました。それはこういうことです。メルロ＝ポンティはサルトルとほとんど同じ一九三〇年代の半ばに、ドイツの現象学をフランスに移植した人ですが、サルトルがフッサールの『イデーン』第一巻あたりを中心に現象学を学んだのに対して、メルロ＝ポンティはアロン・ギュルヴィッチという、ドイツを経由してロシアから亡命してきた人に現象学の手ほどきを受けたようですし、このアロン・ギュルヴィッチが、マックス・シェーラーに近い線で現象学を理解していました。つまり、現象学を、当時進行中だった心理学を中心とする生命・人間諸科学の方法論的改革の流れのなかにあって、その方法論的改革を統一的に推進しようとする企てとして理解しようとしていたのです。

したがって、サルトルとメルロ＝ポンティの現象学理解にはかなり違ったところがあり、これがのちに彼らの道を分けることにもなったのです。

一方のハイデガーも、フッサール門下の兄弟子――当時すでにフッサールから破門されていたとはいえ――のシェーラーの影響をかなり強く受け、その影響下に『存在と時間』既刊部の構想を立てたところがあり、したがって、同じシェーラーの影響を受けたメルロ＝ポンティを読むことによって『存在と時間』の理解が深まるということもありえたのです。むろんハイデガーもメルロ＝ポンティもシェーラーから承け継いだものを、それぞれが自分なりに考え深め、自分の哲学の根幹に据えたからこそ、そうしたことも起こりえたのではありますが。

このことについては話しはじめればきりがありませんし、幾度か本に書いたこともありますので、ここではこれ以上立ち入らないことにいたします。

ハイデガーの性格の悪さ

もう一つ、そのころ私が『存在と時間』の理解を深めることができた大きな動機は、ある時期からハイデガーの伝記めいたものがしきりに書かれるようになり、それも、彼のナチスへの積極的なコミットを暴露するような伝記が書かれるようになって、彼の性格の悪さのようなものが分かってきたことです。

ハイデガーがナチスにコミットしたということ自体は、これは一つの政治的決断ですから、当時の歴史的状況のなかでファシズムなりナチズムなりのもっていた意味や、同じナチズムのなかにも幾つかあった路線の違い、そのイデオロギー闘争のなかでハイデガーがとった立場などを十分に検討した上で評価をくださなければならない問題だと思いますが、それとは別に、レーヴィット、ファリアス、オット、ザフランスキーらの伝記によって、この時代に時流に乗ったハイデガーが見せた性格の悪さや、親しい者に対する背信だの密告だのの事実が次々に暴露されてきました。

日本には、学問を学ぶと共に、人格的にも師に同化しようとする儒学の伝統があるからでしょうか、自分の勉強している哲学者の人柄が悪いと、ちょっと困ってしまいます。ですから、ハイデガーのばあいも、彼が一九三三年、ナチス政権樹立の直後にフライブルク大学の総長になり、ナチスに入党し、いかにもヒットラーへの忠誠を誓うような「ドイツ大学の自己主張」という就任講演をおこなったという事実を、ドイツでも日本でもハイデガー信奉者たちは、一種の国内亡命だの、彼が引き受けなければ事態はもっと悪くなっただのと言って弁護しようとしました。しかし、どう見ても、事実は事実、ハイデガーという人は性格が悪い。弁護の仕様もありません。私も、知れば知るほど、ますますこの人が嫌いになってきました。しかし、次から次に出てくる講義録なんかを読むと、やっぱり思想はすごい。プラトンやアリストテレスやライプニッツやシェリングのテキストを読み解いてみせる力量には驚嘆させられるばかりです。

いったいどう考えたらよいのか、私も一時期ずいぶん困りました。しかし、考えてみるといつもニコニコしていて裏表がなく、まわりの誰にでも好かれる思想家が、世界史をひっくり返してみせるような思想を展開してみせるということの方がありそうにもないように思えてきました。いや、自分の性格の悪さをついでに弁護するみたいで気が引けるのですが、たとえば画家だの詩人だのを考えてみたって、ゴッホだのランボーだの中原中也だの、どう見ても傍にいたい人とは思われない。しかし、作品はすごい。ハイデガーだって、たしかに性格は悪い、しかし思想はすごい、それでどこが悪い、と居なおるようになってきました。大思想家は人柄もよくなくてはならない、という方が妙な先入観のような気もします。アリストテレスだって、ライプニッツだって、ヘーゲルだって、みな性格はよさそうに思えません。

しかし、そう思うようになってから、ハイデガーだからといってなにもかも有難がる気持がなくなり、ある距離をとって見ることができるようになりました。講義録を読んでいても、なにもかにもがすごいというわけではなく、自分でなにを言っているのか分からなくなり、めちゃくちゃなことを言い出すこともあれば、ノートが足りなくなったのか、妙なお説教をはじめたり心構えを説きはじめたりすることもありますし、話したいことを話してしまうと、あとは投げ出してしまうこともあります。やっぱり同じ人間だなと思うと、かなりつっぱなしてクールに読めるようになり、それでかえってよく分かるようになったような気もします。

ハイデガーが分かってきた

そんなふうに少し分かるようになってきたところへ、「ナトルプ報告」のような新しい資料も出てくるし、講義録もあらかた出尽してみると、ハイデガーがかなりとんでもないことを考えていたらしいということ、そして、それに自分も気づき、結構それを韜晦《とうかい》しながら語り出しているらしいということも見えてきました。つまり、西洋哲学史を見なおすといっても、ハイデガーが考えているのはなんとも思いきったことで、彼はプラトン／アリストテレスからヘーゲルにいたるまでの西洋哲学の全体が間違っていたのではないか、少なくともおかしな考え方、不自然な考え方だったのではないかと考えているのです。しかも〈哲学〉と呼ばれてきたこの不自然な考え方が、西洋文化形成の青写真の役割を果たしてきた、そのため西洋文化が全体としておかしな方向に形成されることになった、とそんなふうに考えているらしいのです。

いったい、なにと比べておかしいのか、不自然なのかといいますと、プラトン／アリストテレスよりももっと古い時代のギリシアの思想家たち、ふつう「ソクラテス以前の思想家たち」と呼ばれている人たちの書き残したものから読みとれる、古い時代のギリシア人の普通のものの考え方と比べてみてなのです。つまり、彼は、「ソクラテス以前の思想家たち」までふくめた壮大なパースペクティヴのうちにプラトン／アリストテレス以来の西洋哲学を据えて、これを相対化して見ようと企てていたことになります。そうしたパースペクティヴをハイデガーはどこから手に入れたか、と申しますと、これは明らかにニーチェからなんですね。

ニーチェの遺産

ご存じのようにニーチェは、もともとは古典文献学の勉強をして、ギリシア悲劇の成立史を専門に研究した人です。大変な秀才で、大学を卒業するとすぐ、スイスのバーゼル大学の助教授に招かれ、そこで一八七二年に発表した『悲劇の誕生』がその研究の成果ですが、彼は同時に、やはりこの悲劇の成立期、彼のいわゆる「ギリシア悲劇時代」に活躍した「ソクラテス以前の思想家たち」――彼は「プラトン以前の」という言い方をしていますが――の研究も進めており、バーゼル大学で『プラトン以前の哲学』という題で講義もしていましたし、『ギリシア悲劇時代の哲学』という題の遺稿も残しています。彼は、「ソクラテス以前の思想家たち」の書き残した断片から、この時代のギリシア人のものの考え方、その自然観を明らかにし、それと対比してプラトン以降の哲学を批判的に見ようとしていたのです。ニーチェによれば、古い時代のギリシア人はすべてを自然《フュシス》として見、ものがあるということはおのずから生成し消滅しつつあることだと見ていた、つまり存在＝生成と見ていたのだが、プラトンはそれに対して、あるということを作られてあることと見て、つまり存在＝被制作性と見て、自然を制作の単なる材料と見るような不自然なものの考え方を持ちこみ、これがその後の西洋哲学の全体を規定し、その哲学を青写真にしておこなわれた西洋の文化形成の総体を規定してきたと考えたようです。彼が西洋哲学はすべて本質的にはプラトン主義だと言うのはそういう意味なのです。

　ニーチェは一八八〇年代になると、こうした歴史観をさらに展開して、西洋の文化形成の総体をニヒリズムと断じ、もう一度自然を生きて生成するものと見る自然観を回復してニヒリズムの克服をはかる〈力への意志〉の哲学を構想します。〈力への意志〉というのは、おのずから生成する生きた自然のその〈生〉の構造を言い当てようとする概念なのです。ニーチェのこの構想は、一八八九年初頭の彼の発狂によって完成を妨げられましたが、そのために書かれた遺稿が、ニーチェの没後妹の手で整理編集され『力への意志』という題で出版されました。一九一一年のその第二版を、ハイデガーが青年時代に夢中になって読んだことは、彼自身認めています。

明らかにハイデガーは、ニーチェの西洋文化批判のためのこの壮大なパースペクティヴを承け継ぎ、そこに据えてプラトン／アリストテレス以来の西洋哲学を総体として相対化し批判しようとしたのです。そうした構想がかなり早くからあったことを「ナトルプ報告」が裏づけてくれます。彼はそこで、「アリストテレスにとって、あるということは作られてあることだ」と言っていますが、こういうことを言えるのは、彼が、「あるということ」は必ずしも「作られてある」と見られるとはかぎらず、もっと違った存在了解のありうることを知っているからにちがいありませんし、もっと違った存在了解とは、「ソクラテス以前の思想家たち」の説いた「存在＝生成」という存在了解としか考えられません。

むろんハイデガーは、ニーチェが大まかにスケッチしてみせたパースペクティヴを、西洋哲学の古典の読解を通じてもっと精緻《せいち》にしたにちがいありませんが、しかし、その基本的構想はニーチェから承け継いだのです。

〈存在と時間〉

ハイデガーは、西洋哲学のこうした見なおし作業の視座として、〈存在と時間〉の関係に目をとめました。「時間と存在」という表題が予定されていた第一部第三篇で、〈存在＝生成〉〈存在＝被制作性〉といったさまざまな存在概念に、それぞれ特有の時間的意味がふくまれていることを問題にし、いわゆる〈存在了解〉が現存在（人間）の時間性――人間がおのれ自身を時間として展開する仕方――と密接に連関し、時間性が変われば、つまり人間がおのれ自身を時間として展開する仕方が変わり、自分自身の未来や過去とかかわる仕方が変われば、存在了解も変わり、そこから異なった存在概念が形成される、ということを明らかにするはずでした。そこには、マックス・シェーラーから教えられた同時代の新しい生物学思想などもとりこまれ、実にユニークな思想が展開されるはずだったのですが、このあたりにこれ以上立ち入る時間はなさそうです。このあたりのことについての私の推測も、『ハイデガーの思想』（岩波新書、一九九三年）などに書きましたので、お読みいただければ幸いです。

『存在と時間』の当初の構想では、西洋文化形成の基底に据えられた〈存在＝被制作性〉という存在概念、ないしはそれに由来する〈物質的自然観〉――自然を制作のための死せる材料としてしか見ない自然観――は、人間の非本来的な時間性――〈現在〉だけが優越する時間化の仕方――を場にしておこなわれる存在了解から生じたものだということが明らかにされるはずでした。その上でハイデガーは、人間を非本来性から本来性に立ち返らせることによって存在了解を変え、それとはまったく異なった〈存在＝生成〉と見るような存在概念、そして、自然を生きて生成するものと見る自然観を復権し、文化形成の方向を転換しようと企てるつもりだったようです。

むろん人間が生き方を変えるといっても、一人や二人の人間がそんなことをしてもどうなるものじゃありません。しかし、世界史を領導することのできる一つの民族が、全体としてその生き方を変えるようなことが起これば話は違ってきます。ハイデガーも当初は、彼の青年時代にドイツを風靡《ふうび》した「ドイツ青年運動」のようなものにその期待を寄せたようですが、のちにはナチスにその夢を賭《か》けようとしたようで、彼のナチスへのコミットもここにつながるのだと思います。

しかし、純粋に理論的に考えても、ハイデガーのこの構想にはおかしいところがあります。彼は、〈存在＝被制作性〉という存在概念や〈物質的自然観〉と、人間が存在者全体の〈基体＝主体〉になろうとする人間主義《ヒューマニズム》とは連動していると考えていますから、彼の企ては、人間中心主義的な近代文化の克服という意味をもっていました。近代批判、近代主義批判がその眼目だったはずなのです。ところが彼は、これを、人間がみずから自分自身の生き方を変え、存在了解を変えることによって果たそうと考えていたことになります。つまり、人間中心主義的世界の克服を人間が主導権をにぎって果たそう、近代主義の克服を近代主義の手法でやろうというのですから、そこには明らかに自家撞着《どうちゃく》があります。ハイデガー自身、やがてそのことに気づいたのでしょう。これが『存在と時間』を中断し、『現象学の根本問題』の講義を中断した理由だと思います。

ハイデガーは、こうした自家撞着の生じてきたのは〈存在了解〉という考え方によると見たようです。つまり、人間がその生き方を変えることによって、〈ある〉ということについての了解を自由に変えることができると考えたのが間違いだと気づいたのです。一九三〇年代のどの時点でかははっきりしませんが、彼は〈存在了解〉という概念を捨て、〈存在の生起《ザインスゲシエーエン》〉という概念を採用することになります。彼は『形而上学入門』（一九三五年）という講義の全集版の付録の一節で「存在了解から存在の生起へ！」というモットーを掲げていますが、これが彼の前期から後期へのいわゆる〈思索の転回〉の指標なのだと思います。その転回は、けっして〈前期＝実存思想〉から〈後期＝存在思想〉への転回なんかではありません。それは、人間が存在というものに対してもつ関係についての考え方の変更なのです。しかし、そこでも、〈存在と時間〉という視点から西洋哲学史、いやさらには西洋文化形成の歴史を見なおそうという作業は一貫して継続されているのです。そして、ハイデガーの眼は終始、この西洋文化形成の歴史において、〈哲学〉と呼ばれる特異な知の果たした役割に向けられています。

哲学批判としての哲学

こう考えれば、ハイデガーや、それに先立ってニーチェの仕事が哲学批判にあったということもお分かりいただけるのではないかと思います。むろんこのばあい「哲学」ということで、漠然と世界観・人生観のたぐいが考えられているのではなく、あくまで〈西洋〉という文化圏にしか生まれてこなかった特異なものの考え方、西洋文化形成の設計図となったある不自然なものの考え方が意味されています。そうした「哲学」を批判すること、つまり「反哲学《アンチ・フィロゾフィ》」とでもいったことが彼らの狙いだったのです。

その際、彼らが西洋哲学批判の拠点としたのは、古いギリシアの自然観だったと言ってよいと思います。しかし、すべてのものをおのずから生成し消滅してゆくものと見るこの自然観は、万物を「葦牙《あしかび》の如く萌《も》え騰《あが》る物に因りて成る」と見る古代日本人の自然観――そうした生成の原理を「ムスヒ」と呼んでいた『古事記』の最古層に見られるような自然観――ときわめて似たところがあります。だからこそ、彼らの言わんとすることが、私たちによく分かるのではないかと思います。世界は神が創造したなんていうキリスト教の信仰のなかで二〇〇〇年近くも生きてきた西洋人には、ニーチェやハイデガーの言うことが意外に呑みこみにくいのかもしれません。

私は、こんなふうに考えることによって、つまり「反哲学」を堂々と旗印に掲げることができると分かってから、日本で西洋哲学の勉強をするということにそれほど負《ひ》け目を感じないですむようになりました。「反哲学」というのも、大変な大風呂敷《ぶろしき》であるにはちがいありませんが、西洋文化や、それを素直に受け容《い》れ、追いつけ追い越せとやってきた近代日本文化を批判するにはかなり有効な視点であるような気がいたします。

とは言うものの、結局私は、哲学が面白いから好きで読んできただけでして、ま、好きなことだけやって一生生きてこられたのですから幸せだったと思っています。最終講義というにしてはいいかげんな話になってしまいましたが、ご清聴ありがとうございました。

一九九九年（平成一一）一月二三日　中央大学文学部

京都千年、または二分法の体系について

加藤周一

【概説】批評家、医学博士である加藤は、持続と変化のダイコトミー（二分法、二項対立）を視座に据えることで、時代の大局を整理してみせている。歴史という時間概念を考える際、変化は必要不可欠であるが、秩序としての持続的な要素もまた不可欠であり、この両者のバランスないし緊張関係こそが、歴史成立のためのダイコトミーとなる。さて、歴史上の事件には二つの見方が成り立つ。一方がヘーゲル的・マルクス的な普遍的モデルであるとすれば、もう一方はキルケゴール的な一回性・特殊性・個別性の強調であり、この二次元的な座標を設定してみせたのがサルトルであった。現代の世界的な問題について、あくまでもこうしたダイコトミーを意識したうえで取り組んでいたのが歴史哲学である。因果論ではなく意図に着目をした歴史の把握においては、理論と実践というダイコトミーもまた意識されており、まさに世界に対する働きかけを可能にするものにもなっている。以上からもわかるように、ダイコトミーこそ二〇世紀の文化を特徴づけるものであり、問題を意識化してみせたものであった。二一世紀は、究極的解決のない思想的運動に当事者として関わり続けることになるのだが、その際に加藤自身が自らの文化的アイデンティティの拠って立つ場として考えていたのが、京都であった。『源氏物語』から現代も残る自然や街並みまで、京都こそまさに持続と変化の両方を見出しうる場所なのである。

今年は紀元二〇〇〇年。多くの人が、さまざまな角度から、この年のもつ意味について語っています。一昨日香港で、やはり二〇〇〇年を考える会がありまして、私も出席し、私なりの感想を話しました。香港ですから英語で話す。今日は日本語なので嬉しい（笑）。外国語で話すのは不自由です。

二〇〇〇年と言っても、しばしば、〝かけ声〟に終る。数年前から、二一世紀という言葉をしきりに眼に耳にしました。ほとんどがかけ声です。その中味を語らなければ、二〇〇〇年を語ることにはならない。

その二〇〇〇年のちょうど半ば、一〇〇〇年前の京都に何がおきていたか。それがきょうの論題の一つです。その大きな一つは、紫式部が『源氏物語』を書いていた。その頃は印刷術がありませんから、出版社に送って活字本にするわけじゃない。もちろん手書きで書いて、人びとはそれを写本するなりして読んでいたろうと思います。『源氏物語』は突然出てきたものではない。それ以前から、京都にあった文学的伝統を踏まえて、さらにその行く末を見ようとしたものでしょう。何もないところからの創作ではなく、文学的京都の伝統を踏まえてということが大切です。

それはどういう伝統か。一つは『宇津保物語』という非常に長い小説があった。長編小説が、『源氏物語』以前に京都に生まれていたということです。内容の上では、『源氏物語』は非常に細かい心理的な問題を扱っています。具体的・日常的な生活の中での、心理的なニュアンスの移りゆきを叙述するということでは、おそらく世界最初かもしれない。しかし『蜻蛉日記』という作品があって、これも『源氏物語』以前です。『源氏物語』のなかには歌がたくさん出てくる。歌だけではなくて、文章に美的な洗練があります。そういう美的・感覚的な文化を文学作品に仕上げている。そういう伝統も京都に生きていて、『伊勢物語』にすでに見られる。

いまの三つの要素が、『源氏物語』によって統一されるわけです。この三要素の上に新しいものをつくり出した。『源氏物語』は孤立して生まれたのではなく、京都文化の持続のなかから出てきたものです。しかし、『源氏物語』はもちろん、画期的な、新しい創作です。アジアに限らず、おそらく全世界の文化で、日常生活を背景にした長い心理的な小説という意味では、世界最初のものです。しかも、ちょっと一〇年早かったというのではなく、何世紀も前にそれを完成したということです。

見ようによっては、同種の小説が発生したのは一八世紀のヨーロッパかもしれない。それはたいへん画期的な変化であって、国際的に見ても大きな革新、変化です。持続と変化とがそこに重なっています。

京都は、もちろん当時の日本の中心ですが、中国、朝鮮半島、東北アジア全体で考えると、黄河辺りの北中国が文化の中心であって、京都は周辺部になります。どちらかと言えば周辺部の事件です。そういう意味で、周辺部で画期的な事件がおこったのが『源氏物語』だというふうにも考えられるわけです。時間的に言えば、持続のなかで出てきた変化であり、同時に、文化的な中心対周辺ということで言えば、周辺部で展開されたということになります。

そういうことを『源氏物語』は象徴していると思いますが、その後の京都に何がおこったか。

ごく最近の京都が生み出した象徴的な場所として、河上肇のお墓が東山《ひがしやま》の法然院にある。河上肇という人は、『資本論』を国立大学で初めて日本語で講義した人で、その意味では画期的なことです。その後への影響は計り知れない。それは革新ということです。しかし法然院は浄土宗系の寺ですから、法然、親鸞の宗教でしょう。これはだいたい一二〜三世紀から興って今日までつづいたわけで、法然院こそは、まさに知的・宗教的京都の永い伝統の持続の象徴です。しかしそこにあるお墓の、もちろんいろんなお墓がありますが、河上肇の場合は徹底的に革新的な変化を象徴する。変化と持続とが同時に、法然院にある河上肇のお墓に見られる。

そういうことは河上肇に限らない。その後の京都の文化にも、法然院が象徴するように非常に長い持続があると同時に、単なる変化ではなくて革新的な変化を生み出している。

『源氏物語』が東北アジアでは辺境で起きたのと同じ意味で、最近の京都では、京都大学が世界的に非常に革新的なものを創り出しました。湯川秀樹博士の理論物理学の仕事はそういうものの一つです。これは単なる持続ではなく、同時に新しい考え方を導入したものです。湯川先生は個人的に存じ上げていましたが、京都大学には貝塚茂樹先生と吉川幸次郎先生がおられた。貝塚先生は古代中国の研究では、郭沫若《かくまつじゃく》と並んで、おそらく世界で最高の権威です。吉川先生は、中国の学者たちを含めても、中国文学の、とくに中国古典文学史に通暁していた、大権威だと思います。

長い歴史を持続と変化という時間軸で言えば、そういう構造は『源氏物語』から一〇〇〇年たったのちにも、京都ではたいへんよく目に見えることです。空間的にいえば、京都大学は、ことに理論物理学に関してはコペンハーゲンからずいぶん遠い。だから、もしコペンハーゲンを湯川先生が仕事をされた当時の理論物理学の中心と考えれば、京都は周辺部です。貝塚先生と吉川先生のお仕事も中国に関していますから、中国がもちろん中心で、京都はその周辺部です。

だから空間的にいうと、『源氏物語』と同じように、その領域での中心で起こった革新的変化ではなく、むしろ周辺部京都で起こった。別の言葉でいえば、京都の文化には、周辺性と革新性とが結びついています。文化的持続があると同時に革新、持続と変化との、二つの対立と緊張のなかから、そういうものが生まれた。空間的に、中心部と周辺部との関係で言えば、周辺部に独創的な考え方が出てきた。

そういう時間的な持続と変化。空間的な中心と周辺。これを二分法、二項対立で考えてもいいのですが、それは英語でいうダイコトミー dichotomy、フランス語でいえば dichotomie ですね。そういう見地から見ると、京都は非常におもしろい。一〇〇〇年前の「源氏」の時から現代まで、河上肇を通じて湯川秀樹先生まで、まさに二分法の象徴的、集中的表現は京都で展開された。京都の一〇〇〇年は、私には二項対立の、基本的ダイコトミーを意識させるのです。

二〇世紀には、ダイコトミーに関してどういうことが起こったかというと、京都だけでなくて、一般的にダイコトミーを意識化したと思うのです。ダイコトミー自体は一〇〇〇年前の『源氏物語』からあるけれど、紫式部自身がこれを持続と変化という抽象的な二項対立として、文化の構造を考えていたのではない。プリーズ・ド・コンシャーンス prise de conscience というフランス語がありますが、問題をはっきり意識化させたのが二〇世紀の果たした役割だと思います。しかし、それは問題提起で、問題の意識化ではあるけれど問題の解決ではない。問題は一つも解決されていないと思いますが、その緊張関係が二〇世紀の文化そのものを特徴づけています。

これが二一世紀にどうなるかというと、あるいはこれまでの一〇〇〇年でもそうかもしれませんが、おそらく問題は解決されないと思います。なぜなら、ダイコトミーというのは、基本的には二つの縦の意味の緊張関係と矛盾関係を表しているのですが、究極的解決というのは、そこにはおそらくない。しかし、二一世紀は、その解決に向っての思想的運動にはなるだろうと思います。それは学問的レヴェルでも、あるいはもっとひろい社会的レヴェルでも、問題へ向っていく、ほとんど永久運動みたいなものです。それが次の世紀のことになるでしょう。

二〇世紀のやったこととは、ちょっとニュアンスがちがいます。二〇世紀のやったことは問題の意識化です。二一世紀は、未来のことはわかりませんが、問題解決に向っての運動の展開になるだろう。しかし究極的な解決には到達しないと私は考えます。そこで時間的にみると、基本的な問題は持続と変化の問題。これを社会的・政治的状況に移していえば、日本でいわれている保守的な立場と革新的な二つの立場の対立によってある程度代表されています。保守と革新。しかし言葉の選び方に関しては、政治的な概念はかならずしも正確ではなくて、保守というよりは反動と言ったほうがいいかもしれないし、革新というのは進歩的な立場といったほうがいいかもしれませんが、現在広く使われている言葉でいえば、保守対革新の問題に部分的に重なってきます。

しかし、持続と変化の問題は、もっと根本的で、したがってもっとひろい。政治的な問題だけではない。これをいくらか哲学的に言えば、もし変化がゼロならば時間はない。時間概念が、現実を叙述する範疇として、あるいは世界認識の概念的な道具として生きてくるのは、変化があるからです。変化が止まるときは時間がなくなる。だから、どうしても変化が必要なのですが、しかし、変化だけならばそれはカオスです。持続的な要素がそのなかにないと、秩序立った時間の経過にはならない。すべての歴史的時間は、単なる混乱ではないでしょう。秩序立った歴史ということが成立するためには、二つのことがどうしても必要な条件となる。一つは、そこで起こっているある種の事柄に持続性があるということ、他方で、変化がどうしても必要です。持続と変化のバランス、あるいは緊張関係、あるいはダイコトミーは、歴史が成立するための条件になると思います。

これを空間的に見ると、中心と周辺という考え方は、中心部からは、ある意味で必然的に、世界を理解する仕方が全世界をふくむ形で出てくる。その意味で、普遍的な思想は中心部から出てくる。そして、普遍的な理想、あるいは考え方、あるいは環境理解というのは、同時に抽象的です。抽象的概念の構造をつくり出すことで、世界の普遍的なモデルをつくることができる。普遍的というのは、どういう地域にも該当するということです。

具体的に言いますと、一九世紀の典型的、普遍的な世界理解の概念的構築は、一八世紀末からヨーロッパで起こりました。その頃、世界の文化の中心はもちろんヨーロッパです。アフリカではなく、北米ではなく、アジアではない。その中心部で、一八世紀末から一九世紀初めにかけておこったのがヘーゲル Hegel、一九世紀中葉におこったのがマルクス Marx です。マルクスはいま、まぁ流行ってないようですが（笑）、それは実に浅薄な、本質的なことが何もわかっていない、ジャーナリスティックな流行の問題にすぎない。

マルクスの歴史的な意味は、一九世紀がつくり出した近代的な歴史概念であるということと、それが同時に普遍的な歴史哲学だという二点です。普遍的、抽象的、包括的な歴史観です。一九世紀がつくり出した知的遺産のもっとも巨大なるものの一つです。ヘーゲル的・マルクス的普遍主義的歴史主義、それが一つ。

中心部の普遍に対して、周辺部では個別性が問題です。世界中に共通のことじゃなくて、地域性、特殊性、個別性が問題です。事件および文化の個別性です。日本文化を論じるということは、個別的文化を論じるということで、文化全体が個別なんですね。

そういう個別性がどうして歴史的な世界認識のなかに入ってくるかというと、具体的な歴史的事件は、どういう事件でもすべて一回しか起こらない。その意味で普遍的じゃない。くり返されない。資本主義的な社会構造へ向って、どういう社会でも発展するということがあって、封建制から資本主義へとマルクスは言っていますが、それは普遍的な考え方です。しかし、日本の資本主義と、一九世紀ドイツの、あるいは一九世紀前半の英国の資本主義ということになると、それはそれぞれ特殊なものです。一九世紀前半の英国の社会構造は、もちろん一九世紀前半の日本の社会構造とちがう。明治維新以前なのですから。

そのように、歴史上の事件というものには二つの見方が成り立つ。普遍的なモデルをつくって、それを通して歴史的現実を理解することは可能です。さきほど申し上げたヘーゲル的・マルクス的普遍主義です。しかし、すべての事件は一回性と個別性をもっているわけですから、個別性に注目すればどういうことが起こるか。さらに徹底していくと、人生そのものが一回限りです。普遍的なモデルのなかに、人生の、あるいは特殊な文化の個別性は解消されない。両方とも、互いに非還元的なものです。人口問題とか、階級とか、大きな人間のグループの構造と機能と歴史のなかに、一人の人生の一回性、有限性は還元されないでしょう。相互に還元不可能な対立として普遍性と個別性は出てくる。

歴史哲学について言えば、一九世紀はその二つを生み出した。そして、個別性の強調という思想は、一九世紀でどういうふうに表現されたか。ヘーゲル的・マルクス的普遍主義に対する特殊主義、個別主義、それから時間的な一回性の強調、空間的な地域性の強調というのは、押しつめていけば個人の特殊性ですね。それを強調したのはどういう思想であるかというと、象徴的に言えばキルケゴール Kierkegaard です。ある意味では、一九世紀思想というのはヘーゲル対キルケゴールです。ヘーゲル・マルクス主義的歴史主義、したがって普遍主義対キルケゴール的一回性・特殊性・個別性の強調となる。ある人々はそれを実存主義という言葉で表現しています。実存主義的人間的現実の把握です。

これは二項対立です。この問題は簡単には解決しないと思います。二〇世紀の人間が意識化したのは、空間的に言えば、普遍的な世界と個別的な世界との両方で、これをデカルト的座標でいえば、縦に実存主義的な軸を通して、つまり、ヨーロッパ語で言う particularism、事件の individuality への注目としての特殊主義を、横の軸に普遍的な時間の流れをとれば、人間存在は、その二次元的な座標のなかに入ってくる。二次元的な空間のどこかに位置付けられるということになります。

それをきれいに表現したのが二〇世紀で、ジャン＝ポール・サルトル J-P. Sartre がその一人です。サルトルは、はじめ『現代 *Les Temps Modernes*』に書き、これを後に『弁証法的理性批判』という大冊の第一章に入れたのですが、それは「方法の問題」という非常にきれいな論文です。いま言ったような、ヘーゲルとキルケゴールとの相関関係はどうか、これがどういうふうな形で相互に絡みながら現実をつくっているのか、という二項対立にたいするアプローチの仕方が、彼のいう方法の現代性です。

それは何のための方法かというと、人間的・社会的・歴史的な現実を把握するための方法です。それは根本的には二項対立ですが、その相関関係をどういうふうに分析し、どういうふうに把握するかということを叙述したのが"Questions de méthode"です。その意味で、サルトルは非常に独創的な二〇世紀の思想家でした。

それは流行りの問題じゃない。物事や思想の中味をよく読まないで、いま流行ってるとか流行ってないとかいうのは全く意味がない。大事なことは、論文をそもそも読んで、それを自分の考えに、またどういうふうに歴史的に位置付けるかということに意味があるので、いま新聞紙上で流行っているかどうか、本屋で売れてるかどうかというのはあまり大事な問題じゃないですよ。サルトルもあまり流行っていないようですけれども（笑）。問題は、サルトルが二〇世紀思想の中でいかなる位置付けになるか、わたしが読んでみたらどういうふうになるかということのほうがはるかに大事でしょう。

そこで、京都が象徴しているダイコトミーが現代の世界的な問題にどうつながっているかということですが、ここからは大学院の講義ですから少し抽象的なことも入ります。二〇世紀の学問の哲学的、社会学的、あるいは文化学的な方法は、二つの流れとして理解することも可能だと思います。これは私の意見で、別の学者は別のやり方で整理するだろうと思いますが、その一つの大きな流れは、これは反対のしようがないと思いますが、分析哲学です。具体的にはバートランド・ラッセル Bertrand Russell とかヴィトゲンシュタイン Wittgenstein、社会科学に限定していえばポッパー Popper、三元ヴィーン系の分析哲学者です。彼らの一部はヴィーンに住んでいたユダヤ人で、三〇年代にヒトラーが出たのでナチから逃げて外国に亡命しました。また科学哲学者で、分析哲学に係る非常におもしろい仕事をしたのがカルナップ Carnap。この人は米国に行き、ヴィトゲンシュタインは英国に行きました。英国人のラッセルはケンブリッジ大学で仕事をしていました。

彼らのやった仕事は、いまのコンテクストで言えば、普遍性をいきなりめがけた。ただ、非常に緻密な論理を駆使して、同時に実証的で、だから論理実証主義という言葉はある程度その特徴を表していますが、非常に厳密な論理的な操作と実証的な根拠との組み合わせからなっていて、その上で言えることを言おうとしている。これは最初の文章から普遍性をめがけています。特殊性は考慮していない。歴史は普遍性と特殊性とのほとんど戦いです。対立し、緊張が生み出すところの戦いのアリーナ arena が歴史です。したがって、いま申し上げたような分析哲学というのは、歴史と全く関係ない。歴史超越的に普遍性へ直接向う考え方です。これは非常に大きな流れをつくりました。

もう一つの流れは、歴史哲学と言われているものです。分析哲学では歴史が逃げてしまって、歴史を叙述できませんから、歴史はどうすれば学問として成り立つだろうかということがそこに残る。それに対する回答は、いま申し上げたバートランド・ラッセル的、ポッパー的観点からは出てこない。まぁマルクスだけでは充分に科学的ではないと考えながら、それを工夫したのがマックス・ヴェーバー Max Weber だと思います。社会学、歴史社会学の学問的方法として、ヴェーバーの方法はいまもなお意味を持っている。そして二〇世紀の後半には、ヴェーバーの仕事の影響を強く受けた後継者たちが現れてきます。ドイツでもそうですが、それより早く、日本でもそうです。戦争中から戦後にかけての日本の歴史社会学で、たいへん独創的な仕事をした人は大塚久雄と丸山眞男。扱っていた時代と対象は少しちがって、日本に関する仕事が多いのですが、方法上はヴェーバーの影響を非常に強く受けています。私にとっては先輩の人たちですが、三〇年代からヴェーバーの影響を早く受けていました。

ヨーロッパの外で、ヴェーバーの歴史社会学に関する方法の影響を強く受けたのは米国です。その中でパーソンズ Parsons の社会学と関連のある学者たち、殊に歴史的な問題に関心の強い米国のパーソニアンですね、これは第二次大戦後に大勢出てきました。たとえばベラー Bellah。ハーヴァード大学からカリフォルニア大学に来た人ですが、そういう人たちはヴェーバーの影響を強く受けている。

マックス・ヴェーバーが、歴史社会学というものを学問としていかなる形で成立させたかということですが、詳しいことはここでは説明できませんが、いま私たちが問題にしているのは歴史的事件の個別性です。歴史的事件の個別性を話題の中心にもってこなければ、歴史学は根本的には成立しない。物理学と歴史学はちがいます。物理学は原則として、宇宙物理学は別ですが、くり返される事件を扱うわけです。これは、核物理学であっても原子物理学であっても同じで、根本的に、くり返される事件を観察する。

ところが歴史は根本的にくり返されない事件を扱うでしょう。たとえばナポレオン・ボナパルトがモスクワに行ったとか、ヒトラーがポーランドに攻め込んだとか、日本が三〇年代に中国侵略戦争をはじめたとか。八紘《はっこう》を一宇《いちう》と為すという理想で、畏れ多くも天皇陛下のご命令で中国に侵略して市民を虐殺したね、だいたい一〇〇万人以上。そういうことは一回しか起こらない。その一回性をどう扱うかということをヴェーバーは考えたわけです。それは実存主義じゃない。それは個人じゃなくて、もっと普遍的、客観的な歴史叙述として、歴史的事件の個別性をそのなかに組み込んでいくにはどういう方法があるかということを考えた。

その結果、一回的な事件同士のそれぞれを、まったく無関係に、その個別性にだけ注目するのでは、お互いに関係なくただ提起するのだったら、歴史の発展には規則性が全然なくなってしまう。別の言葉でいえばそれはカオス、無秩序です。学問的に歴史を把握するというのは、歴史のなかにいかなる秩序を見出すかということです。その秩序が「私」の体験ではなくて、感覚ではなくて、客観的な知的な感情理解の一つとして、歴史的事件相互のあいだにいかなる規則性を見出すか。

自然科学は自然的環境のなかに秩序を見出しますが、その秩序は根本的に因果論的です。ところが歴史的事件の一回性に注目すると、因果論的な秩序を歴史のなかに見つけることは困難なのです。ヴェーバーは、因果論の代わりに、規則性ではあるけれども非因果論的な規則性を、意図と行為との分析を媒介として叙述しようとしたのです。あることを原因として次の事件がおこるというのではなく、それは原因・結果でしょう、そうじゃなくて、私が何かをすると誰かがまた何かをする。ナポレオン・ボナパルトにしても、東条首相にしても。そういう何かをする人は一定の意図をもってするわけです。

だから意図という考え方はヴェーバー社会学では非常に大事です。意図によってそれが実現するという形で一種の規則性がある。意図と行為の結果とのあいだには一種の関連がある。その関連を分析する。その意図の中には一回性が入ってきます。歴史をつくり出す人々、ラテン語で言うエージェント agent。歴史をつくるエージェントの意図の分析を媒介として、彼の行為とその結果を引き出そうとする。それが歴史の流れの規則性で、因果論的規則性とはちがうところの歴史的規則性であるというふうにヴェーバーは論じたわけです。

そのように捉えた現実は、分析的な事実ではなく、彼はそれに理解という言葉を使いました。理解しようとする対象を、いま言った意味で、歴史的・社会的な現象をその環境とともに分析し、これを因果論的連鎖に還元しようとするのではなくて、意図を媒介として叙述するところのものを、彼は理解という言葉で表現したのですね。理解という言葉を、ヴェーバーは、特殊な、非常に狭い意味に使いました。意図によってつくり上げられた歴史的社会の構造を把握することを理解という言葉で考えた。

もとの言葉は英語の understand と同じ意味です。ドイツ語ではフェアシュテーン verstehen です。verstehen はただ理解するという意味ですが、それを非常に狭い意味にとり、特殊な術語として使って、一回的な事実のあいだの相互連関を求めることを verstehen といった。これは歴史社会学の成立と言えないことはない。

もう一つ、大きなダイコトミーがある。それは理論と実践の問題です。ヴェーバーと分析哲学との差異の一つは、分析哲学が意図を問題にしないという点です。したがって意図なしの実践はありえない。分析哲学では、どうしても主観性、価値判断を伴う意図が実践を生み出すことになる。だから、ヴェーバーは理論と実践とを同時考察するという観点に道を拓いた。それはヴェーバーの肝心なポイントです。

その意味では、ヴェーバーの理論はマルクスを継承している。「世界を解釈することが目的ではなくて、変革することが目的である」という、学問についてのマルクスの有名な言葉があるでしょう。そのことを精密に言うと、ヴェーバー的意味でのverstehen は、世界に対する働きかけを可能にする。別の言葉で言えば、行為の意図に人を招待する、そういう道を拓いたわけです。その点が分析哲学とちがう。単なる実証主義とちがいます。意図というものをとりいれる時に、直観力を使った、人間の価値判断をふくみながらの理解が――verstehen というのはそういう意味です――客観的でなければ学問ではない。しかし、主観的でなければ実践にはつながらない。いわば、学問的客観性と実践的主観性とのあいだのある総合が verstehen であり、マックス・ヴェーバーの世界理解であると思います。

二〇世紀が問題を意識したということをもう少し詳しくいうと、そういう二つの学問的潮流が導き出されたということです。それは、ダイコトミーの意識化の学問的表現です。新たな学問的方法の先鞭ということになると思います。

持続と変化というのは時間軸に沿った話で、中心部と周辺部というのは空間軸に沿っての展開です。そこに、この二つのあいだの関係をどうとらえるかという問題が出てきます。時間的・空間的二分法を同時に包摂するところの二分法はいかなる形で成り立つか、それを考える時、私はハイゼンベルク Heisenberg に注目したい。ハイゼンベルクという人は、コペンハーゲンから出てきた量子論的理論物理学の完成者の一人です。彼は晩年に哲学的論文をいくつか書いていますが、その一つに『部分と全体』という論文があります。そのドイツ語の題は"Der Teil und Das Ganze"定冠詞付きの部分と全体。部分というのは、時間的に言えば〃現在〃です。歴史的時間のある瞬間。空間的に言えば〃ここ〃hereです。「いま・ここ」というのが部分です。全体というのは歴史的時間の持続。それが、ある場合には有限なものとして意識される。たとえばジュダイズムJudaismの体系のなかでは、歴史的時間とその持続有限なものとして出てきますし、日本の一般的な考え方から言えば、始めなくして終りなし、つまり無限です。時間は無限直線で、同時に循環でもある。その限りでは、ヘレニズムの時間的概念も循環的であって、ヘロドトスでもそうですが、無限にぐるぐる回っている。だから直線的な時間で、始めと終りがあって、有限な時間という考え方とはちがいます。しかし、どちらにしても、共通の考え方として、時間の持続性は全体を表している。空間的にいえば世界の全体。ある地域ではなくて、ギリシャではなくて、パレスチナではなくて、日本ではなくて、世界の全体。時間と空間の構造は部分と全体のダイコトミーにおいて結びついているのです。

ハイゼンベルクは、この本のなかでそういう議論をしているのじゃない。彼は物理学に即して書いていますが、ただ彼の本の題に刺戟《しげき》されて私が考えているのは、時間・空間における基本的対立、持続と変化、中心と周辺という構造を、総合的に関連付けるところの二律背反的、二分法的概念の組み合わせが、その「部分と全体」だということです。

そこで、もう一度その観点から見て、私の考えを言えば、京都はその中心だったということなんですね。最後に、個人的なことと関連していえば、私は一九五〇年代の前半はヨーロッパで暮らしていました。日本に帰ってきたのは一九五五年で、後半は日本にいました。ヨーロッパからスエズを通ってインド洋に出、マラッカ海峡を北上して日本に帰ってきたのですが、そのとき船は神戸に上陸した。そして、五年ぶりの日本で、最初にどこに行ったかというと、家は東京にあったのですが、東京に行かないで、京都に行ったのです。京都に直行した理由は、親類が京都にいたからではない(笑)。そうではなくて、私自身のルーツ、あるいは文化的なアイデンティティが京都にあったからです。

一九五〇年代の半ばというと、敗戦から立ち上がってまもなくで、東京の建築はバラックが混じっていて、日本の独自性がぜんぜんない。いまの京都でも、コンクリートの建物で独自性のあるものはほとんど何もない。二流の模造品にすぎない。私は五年間、ヨーロッパ人がつくった独創的なものと付き合って暮らしていましたから、私は日本人なので、文化的な、私自身の拠って立つ立場はどこだと、もう一度確かめたかった。それは京都にしかなかった。だから、最初に京都に来た。

では京都でどういうものを発見したかというと、みなさんが京都で見つけられる、まだ残っているものです。しかし、金儲けに熱心な人が全力をあげてぶち壊すのにあらゆる政治・経済活動を活発におこなっているのは何かというと（笑）、まだ五〇年代にはたくさん残っていたのですが、一つは京都の自然です。東山とか嵯峨野の竹林とか、庭の苔とか石とか木立、それから町も残っていた。町家は全部木ですね。そういう木の街並み。私はラインの南に住んでいましたが、木の建物はヨーロッパでは非常に少ない。フランスからイタリアにかけて大部分の建物は石です。しかしラインから北に行くと、スカンディナヴィアまで木造の建物が現れます。

その木造の建物は、フランスからイタリアまでは戦争でそれほど壊れていない。北部では爆撃でたいていの町は壊れてしまいました。しかし小さな町、たとえばドイツでもハルツ Harz という、山の中の、中世から続く小さな村では、木造の家が残っていて、それはそれなりにきれいです。しかし、ヨーロッパで木造建築が残っているのはみな小さな町です。京都のような大きなスケールで残っているところは世界中にない。一九五〇年代に、木造建築でしかもこれだけの大都会が残っていたのは、京都だけです。

京都の街並みというのは、その意味で日本の地域的なものだけれど、同時に世界で唯一のものです。それはただ規模が大きいというだけでなく、形とか色が独特です。木造建築の空間的な構造、形、表面の壁とか木の柱の表面の色とテクスチュア、そういうものの全体の美的な洗練は、これはもう最高です。おそらく、ヨーロッパの木造建築でそれに匹敵するのはただの一つもないのです。

私の言っていることは誇張ではありません。日本的文化の遺産、その持続を確かめるためには、京都に来る必要がどうしてもあった。だからそれは、東京の家に帰って、家族に会うことや人に会うことよりもっと大事なことでした。私が日本人であるということは、文化的アイデンティティがなければ、空虚な言葉でしょう。パスポートの問題にすぎない。もし、私が日本人であるということに、国籍とパスポート以上の意味があるとすれば、それは文化的アイデンティティです。そして、文化的アイデンティティは、現実のものがなければしようがない。持続というものがそこに生きていなければならない。それがどこに生きているかといえば、京都。だから京都に来たわけです。

そこで私は日本の文化の持続を発見したのですが、完全に融合しないところの緊張、相互影響関係というのは、さきほど言ったように持続と変化ですから、日本の文化の持続性を発見するということは、同時に未来を発見するということです。過去を発見するということは未来を発見すること。過去のない未来は文化にはない。だから、持続を見出すことは、変化を見出すことです。変化の、少なくとも可能性を見出すことです。私は、一九五五年に、京都でその両方を見出したわけです。それは同時に、中心からの周辺。周辺のなかでの中心。

京都のこれから先も、たぶん同じことになると思います。さっき申しあげた持続と変化の問題。政治的に言えば保守と革新の問題で、その関係をどうするか、その関係を積極的に働きかけてつくり上げることが、二一世紀を生きる人の仕事ということになると思います。ですから相互に関連している。対立しながら関連するのが持続と変化ですから、政治的な言葉を使うとすれば、保守のない革新というのはありえない。革新のない保守というのは停滞にすぎない。

では、どういう革新かというと、一九五五年のあとの話ですが、私は五年間ヨーロッパ、主としてフランスに暮らしていましたから、そこでいろいろの付き合いができまして、六〇年代にもフランスを訪ねた。しかし、鴨川にポン・デ・ザールを架けるというのは、それは革新じゃない（笑）。私も反対しましたが、フランスとの関係で言えばそれだけじゃなくて、六八年に、日本でも米国でもフランスでもドイツでも、中国は文化大革命ですが、学生運動がおこったでしょう。学生運動が市民のなかに拡大して、市民を巻き込んで大運動になったのは六八年五月のフランスです。それは革命にはなりませんでした。しかし多くの変化をもたらした。つまり革新をもたらしたので、フランスでは五月革命 Revolution de Mai という。学生運動から出発して市民を巻き込んで革新の運動がおこった。

その革新の運動がおこったときに、それを求めた人たち、街に降りた人たちのスローガンの一つは、「生活を変えよう Changer la vie」。そして、どういうふうに変えるかということは、そこに参加している人たちにとってはあまりに明白なことで、言わなくてもわかっていたのです。それは雲の上の、密室での取引によって社会が指導され、進んでいくのではなくて、どういうことがおこるかを一般市民が知らないところで決まって、それを押しつけてくるというのではなくて、市民の手に権力を取り戻すことです。それはパリの生活が、それまでは官僚的、保守的な政権の指導するものでしたから、それを市民が自分で参加して自分でつくっていく町に変えるということです。市民の手に市政を、ということでした。そしてそれがフランス全体にひろがると、フランス革命のときと同じで、フランス政府の政治権力を市民の手に取り戻すということなのです。

それが「生活を変える」ということでした。フランスから輸入するんだったらポン・デ・ザールではなくて、そんなことはまことにとんちんかんなことで（笑）、そうじゃなくて、フランスから輸入することはまだあります。輸入するとすれば、「五月革命」と Changer la vie。Imagination au pouvoir、これは「想像力の支配を」ということです。

持続と変化といっても、具体的にどういうことを、どういうふうに変えるのかということです。そういう伝統が京都に一〇〇〇年間もつづいていたのは、ポン・デ・ザールのような表面的なことじゃなくて、もっと根本的な変化を自らつくり出す力と、持続の保障があったからです。やたらにぶち壊す、大事なものをぶち壊してはだめです。将来にかけても、京都の伝統は生きていなければなりません。

これが私の最終講義です。立命館大学の講義としては最後です。立命館大学で私はたいへん楽しみました。ここにいらっしゃる同僚の安斎育郎さんや西川長夫さんは友だちですし、私の授業に出てくれた学生さんとも親しくなりました。それから学校の外でも、京都の人たちと多くの知り合いができましたが、それも立命館に職があったからで、私が立命館に最後に言いたいことは、ありがとうということです。立命館に感謝しています。

京都についていえば、京都には今日でさよならではありません。

二〇〇〇年（平成一二）一月一三日　立命館大学末川会館

国際社会の変動と大学——あえて学問の有効性を問う

中嶋嶺雄

［概説］国際関係論から国際社会学への展開を主題とした中嶋の講義は、その前の月に起こった九・一一から説き起こされる。そこではまず、これがあくまでもテロであることが強調されており、「文明の衝突」とすることの「短絡」と、「非対称紛争」とすることの理論的誤りが批判される。国際関係論は、E・H・カーの議論を中心に一九三〇年代に成立した。しかし中嶋は、もはやこの枠組みでは九・一一のような事象を捉えきれないのではないかと述べる。社会主義革命が信じられていた時代が過ぎ去り、ソ連が崩壊した一方で、新たに米中新冷戦という基本構造が出てきた。のみならず、インターネットの発展などにより国境がますます低くなり、さらにエスニシティのような社会的な下位単位がより重要な国際社会の深層を支えはじめたこともそこに関係している。こうした動向を総合的に捉えるために、中嶋は「国際社会学」のような新たな学問の創設の必要性を論じる。ネーション・ステイトという枠組みがだんだんと崩れるなかで、異文化間交流や文化接触の問題の有効性もまた問われている。しかし、「異文化」というものを理解することなしには、外国理解をすることもできない。外国語を学ぶことは、まさに異文化理解の第一歩であり、それは中台の言語比較や、中嶋が当事者として関わってきたUMAPの活動のようなかたちで実践されながら、常に立ち返られるべきものなのであると説く。

異文化理解の新地平を開く国際社会学の創設を目指して
「国家《ネイション》」から「民族《エスニシティ》」へと移る人間集団のアイデンティティ

邪悪なテロを文明の衝突にしてはならない

本日はご多用中のところ、私の最終講義に多数ご出席いただきまして、たいへん光栄に感じております。最終講義のテーマは「国際社会の変動と大学――あえて学問の有効性を問う」としました。

東京外国語大学で長年にわたり国際関係論を担当してきた教官として、また地域研究（エリア・スタディーズ）の持つ意義を強調してきた者の一人として、この講義の冒頭では、いま世界を揺るがせている重大な問題について、私の見方を述べなければならないと思います。

アメリカで九月一一日に起きた同時多発自爆テロ、およびその後の極めて不可解な生物テロ（バイオテロ）、そしてそれらに対する全面的な報復攻撃といった、まさに二一世紀型新戦争の恐怖に、いま全世界が慄《おのの》いています。

この事件を巡っては国際的にも論議が進んでいますし、論点もほぼ出尽くしているといってよいと思います。しかし、その際、「文明の衝突が文明間の戦争をもたらした」というような「短絡」は絶対に避けるべきであって、あの邪悪なテロを文明にまで昇格させてはならないと私は思います。

また、この新戦争を「非対称紛争（Asymmetric Conflict）」と見做《みな》す向きもあります。新聞などではそういうことをよくいっていますね。しかし、この考え方はもともとベトナム戦争のような、第二次世界大戦後の民族解放戦争（あるいは民族解放闘争）にみられた、「外征軍（外から来た軍隊）」対「土着勢力」というコンセプトから生まれたものなのです。私もかつて国際関係論の授業で講じましたが、これは、アンドリュー・マック（Andrew Mack）という国際政治学者の理論です。

ですから、今回の一連のテロと報復攻撃を、アンドリュー・マックがいうところの「非対称紛争」という理論に当てはめることは、本質的に誤っていると思います。

アンドリュー・マックが提起した「非対称紛争」について、わが国では、東工大の教授をつとめられた有名な国際政治学者で、私が尊敬する永井陽之助教授が、しばしば触れておられました（『冷戦の起源』、中央公論社、一九七八年。『時間の政治学』の「政治的資源としての時間」、中公叢書、一九七九年）。私自身、永井教授とご一緒に冷戦研究の大型プロジェクトを組織させていただいたこともあります。

アンドリュー・マックは『ワールド・ポリティックス』（一九七五年一月号）に、

「どうして大国は小さな国との戦争に負けるのか——非対称紛争の政治学」（Why Big Nations Lose Small Wars : The Politics of Asymmetric Conflict）」というたいへんユニークな論文を書きました。

ここでマックは、アメリカはあれだけ大きなパワーを持ちながらも、政治的資源としての時間は常に有限であるということをいっています。このことは、永井教授が『時間の政治学』の中で触れておられますが、アメリカでは、たとえば予算はその年のうちに使ってしまわなければいけないし、その使い方にしても常にプレッシャー・グループ（圧力団体）なり世論なりを気にしなければいけない。ところが、ベトナム戦争の一方の当事者である、ホー・チ・ミンを中心とする北ベトナムの、いわばゲリラ戦争の側には、いつまでに勝たなくてはならないなどという時間的制約はなく、勝つまでの時間が無限にあるわけです。こういう戦後の民族解放戦争においては、時間というものに対する非対称性があり、大国は一見有利に見えるけれども、実は極めて不利だということを「非対称紛争」というふうに表現したわけです。

ですから、一部のメディアが今回の事態を「非対称戦争」といった見方をすることは、根本的に間違っていると思います。

そもそもビン・ラディンをベトナム解放の指導者であったホー・チ・ミンと、絶対に同等に扱ってはなりません。ビン・ラディンはあくまでもテロリストであると私は思います。その点いささかの疑問の余地もない。

むしろ問題は、二一世紀の今日、東西冷戦体制崩壊の間隙を縫って、アフガニスタンの土着勢力ではない外来勢力、いわば金持ちの外来テロリストが、国土としてはかなり大きな一つの国を買い取ってしまったという状況が、西アジアの一角に存在したということの持つ意味を、われわれはもっと真剣に考えなければいけない。

最近、朝日新聞の船橋洋一さんがアフガニスタンの例を「失敗国家」というふうに表現していましたけれども、ソ連のアフガン侵入、アメリカのそれに対する反対、そうした状況の中で西アジアの一角にこうした「失敗国家」が存在したということ、あるいはわれわれがそのことに十分気がつかなかったことの持つ意味は深刻に問われるべきだと私は思うのです。

ところで、今回の事件をめぐってしばしば語られる「文明の衝突」という言葉は、いうまでもなく、ハーバード大学のサミュエル・ハンチントン教授が『フォーリン・アフェアーズ』（一九九三年夏号）に「文明の衝突？（The Clash of Civilizations?）」という論文を書き、大きな問題を提起したところから始まるわけです。私も大学院の国際関係論のテキストに早速それを使った記憶がありますが、この場合にハンチントン教授は最後にクエスチョンマークをつけています。これは、一つの問題提起だということです。

このハンチントン論文に関して、アメリカでも日本でも賛否両論があり、わが国では、私が尊敬している劇作家、評論家の山崎正和さんなどが、かなり鋭い、長文の批判を展開しておられました。しかし、私はこのハンチントン論文に、実は多くの共感を覚えました。特に文明の衝突を起こしかねない「儒教＝イスラム・コネクション（The Confucian-Islamic Connection）」というハンチントン氏の仮説には、私が考えていたこととかなり重なる部分がありましたので、それに注意を喚起したことに、私自身は大賛成でした。

それは、当時すでに軍事的に肥大化しつつあった中国（この場合の中国は中華人民共和国＝People's Republic of China）の存在に触れ、中国がリビアやイラクに核兵器や神経ガス物質を輸出していることの危険性を警告し、これからの世界では、「西欧」対「儒教＝イスラム諸国」の対立が紛争の中核になるであろうという予測をしていたからです。

この予測の正しさは、今回の一連の事態、新戦争をめぐる中国の極めてしたたかな対米牽制姿勢を見ても、頷けるのではないかと思います。

中国は一方ではアメリカの反テロ攻撃に賛成する、つまり、先日、上海で開かれたＡＰＥＣ（アジア太平洋経済協力会議）の会議もそうですが、ブッシュ米大統領の政策に江沢民主席は賛成しました。しかしながら、同時に常にアメリカを牽制する姿勢をとっているわけです。

まず、中国は自国内、特に新疆（シンジアン）ウイグル自治区を中心とする分離独立運動を抱えています。これは連綿と続くいわばトルキスタン独立運動といってもいいと思いますが、最近の新疆ウイグル自治区における分離独立運動のある種の破壊活動は、ウイグル人だけではとてもできないような極めて精巧な活動です。そういうイスラム過激派の活動を徹底的に抑圧する権限を、中国はアメリカの報復行動に賛同する形で国際的に認知させた。

同時に、アメリカ主導の反イスラム戦略と、アメリカ型グローバリズムに異議を唱えることによって、イスラム諸国との関係に留意するという、極めてしたたかな戦略的立場を維持しようとしています。

中国は、アフガニスタンの後背地域としての中央アジア諸国との間に、すでに上海協力機構（SCO）という、ある種の準同盟関係を形成しています。これは中国、ロシア、カザフスタン、キルギスタン、タジキスタンの五カ国首脳会議である「上海ファイブ」から発展して、ウズベキスタンまで入っているもので、江沢民とプーチン露大統領が主人公。そういう、いわばユーラシア大陸の内側で、日本やアメリカに見せる顔とは違った顔を見せながら、着々と足場を固めていき、カスピ海沿岸の石油利権とも関連して極めて重要なトルクメニスタンとも関係を強化しているようであります。

この点でもハンチントン氏の見方は正しいといえるのではないかと思います。

異文化は常に専制的に立ちはだかる

そこで次に、私たちへの問いかけになるわけですが、今日のように時々刻々と変動する世界の現実を前にすると、従来私たちが、あるいは東京外国語大学が目指してきたような異文化理解とか知的交流といった営みは、いかにも迂遠《うえん》で、まだるっこしいというんでしょうか（笑）、即効性に欠けるように感じられる昨今であります。

異文化間交流や文化接触の問題は、私自身が従事してきた国際関係論、あるいは地域研究といった新しい学問領域、いわば学際的な研究分野にとっての重要な側面であり、同時に大学や大学院といった高等教育機関にとって、教育上も極めて重要な分野なのですが、いま私が申し上げたような国際社会の極めて衝撃的、かつ流動的な変動を前にすると、これらの営みの有効性は、まさに今日、国際社会の大きな変動の内側から問われているというふうにいうこともできると思います。

私が「あえて学問の有効性を問う」というタイトルを副題にした理由の一つも、このへんにあるわけです。

この点につきましては、名著『文化を超えて（Beyond Culture）』で知られる文化人類学者、言語人類学者のエドワード・ホール博士の所説を振り返ってみることがぜひとも必要でしょう。

ホール博士は、東京外大が地域研究の博士課程をつくるために一九八七年に主催した国際シンポジウム、「地域研究と社会諸科学」にも参加された、たいへんな碩学《せきがく》であります。

ところで「異文化」という言葉がありますが、これは何と英訳したらいいと思いますか？　比較文化学者の青木保さんが最近、岩波新書で『異文化理解』というタイムリーな本を書かれましたけども、そこで異文化を何と訳しているか探したのですが、出てないんですね。皆さん、何と訳しますか？

これは「フォーリン・カルチャー（Foreign Culture）」でいいんです。「自文化」に対する他者としての「異文化」なのですから。しかし、「フォーリン」という言葉は必ずしもポジティブな意味として使われない。

東京外国語大学という校名をどう変更し、どう英訳しようかと、私も学長としていろいろ悩みもし、問題提起もしましたけど、なかなか適当な名前がなかったため、結局、いまでも昔から使われている「フォーリン・スタディーズ（Foreign Studies）」という言葉を使っています。しかし、いまの時代は、たとえば留学生も「フォーリン・スチューデント（Foreign Student）」といわずに「インターナショナル・スチューデント（International Student）」といいます。しかし、インターナショナル・スチューデント も、「ネーション・ステイト（Nation State＝国民国家）」がだんだん崩れてくるような状況では、はたしてインターナショナルとかナショナルという言葉が有効性を持つかという問題がある。

ともあれ、この「異文化」というものを理解するために勉強し、調査し、考えない限り、異文化は常に専制的で、眼前の壁として立ちはだかるということを、エドワード・ホール博士は言っているわけです。ここに外国理解を妨げる根源があると彼は述べています。

私は従来、エドワード・ホール博士のものをかなり読んでいるつもりですけれども、そのなかでもこれは極めてインストラクティブ（Instructive＝示唆的）なところだと思っております。

もう一つ、いまアフガニスタンに関連して思い起こすことは、わが国の代表的な社会人類学者で、本学の運営諮問会議のメンバーでもあり、国立民族学博物館をつくられた一人である梅棹忠夫先生の名著『モゴール族探検記』（岩波新書、一九五六年）です。私の授業をとった卒業生諸君でしたら、いつも私の授業では夏休みの宿題にこの本の感想を求めましたからよくご存知ですね（笑）。

梅棹先生はモゴール族（モンゴル人、モンゴル族）を求めて、京都大学の探検隊の一員としてアフガニスタンの村に入っていきます。そこで出会うのが、いま話題のタリバーン（Taliban）を構成するアフガニスタンの主要な民族であるパシュトゥン族です。彼らは京都大学探検隊の一行を村に招きたがらない。梅棹先生は、最初、それは梅棹先生らが異教徒であるから、つまり、イスラム教徒であるパシュトゥン族にとって異教徒は家には入れたくないんだろうというふうに思っていた。ところが、滞在する間、少しずつ、専制的に立ちはだかる異文化の壁を低くしていく努力を続けることで、結果的にはいろいろなことがわかってくる。それは、宗教的な問題というよりは、むしろ民族的、さらには部族的な差別観に基づいた忌避であることを体験されるわけです。まさに「フォーリナー（foreigner）」としての差別観ですね。

この体験はホール博士の異文化論に通ずるものがあり、梅棹先生は結果的にパシュトゥン族と親しく交流することができ、異文化の専制的な壁が、消えたとまではいかなくても、少なくとも低くなったわけですけれども、今日のタリバーンの過激な行動の根源を知るためには、少なくともパシュトゥン族についての知識が必要になると思うのです。

「塔利般」か、「神學士」か

余談になりますが、最近、中国語の新聞を読んでいて興味深いのは、タリバーンのことを中国の新聞、『人民日報』などは、「塔利般」というふうに表記しています。つまり、音読みを当てているわけです。ところが、同じ中国語でも台湾の新聞は何と書いているか。台湾の新聞は「神學士」というふうに表記している。これは、タリバーンとはパシュトゥー語（パシュトゥーは単数形で言語の場合はこれを用い、複数形はパシュトゥンで、民族の場合はこちらを用いる）で、イスラム神学校卒業のバチェラー、学士のことを指すわけですから、これは意訳といえるでしょう。中国語のメディアの中でこんな違いが出てきているということも、面白いですね。

言葉を大事にする本学としては、このあたりのことを忽《ゆるが》せにできないと私は思います。

中国ではまだ宗教の自由が完全には認められてないという問題もあり、また自国内のイスラム過激派をこれからも徹底的に取り締まるときに、彼らを「神學士」とはいいにくい。だから、「塔利般」というふうに書いているとも考えられます。

私は、この春、タリバーンがバーミヤン渓谷の巨大な仏像遺跡、石仏を破壊するという挙に出たときに、パキスタンからアフガニスタンにかけて広く分布するパシュトゥン族の歴史の傷痕が背景にあるのではないかということを、本学の公開講座や学内の会議などで触れた記憶があります。幸いにも本学には名誉教授に縄田鉄男先生というパシュトゥー語の権威がおられまして、この夏には公開講座でパシュトゥー語を教えていただきましたが、世界広しといえども、この夏、公開講座でパシュトゥー語をやったというのは東京外国語大学ぐらいしかないんじゃないかと思います。こういうところは本学が今後ともぜひ伸ばしていってほしいと願っています。

ともあれ、国際社会の変動によって、ボーダーレス化やグローバル化が進む中、異文化がなお世界のあちこちに専制的に立ちはだかっているとするならば、その壁はぜひ取り除かれなければならない。そして異文化理解の第一歩は、対象領域の母語、つまり外国語を学ぶことですが、そのために大学や高等教育機関には当面何ができ、何が期待されるのでしょうか。どうか皆さんもこれからの大学改革の中で、この問題を真剣に考えていただきたいと思います。

私自身が当事者なので、いささか恐縮しますが、一例としてお話ししますと、UMAP（University Mobility in Asia and the Pacific＝アジア太平洋大学交流機構）の試みが挙げられると思います。これは、AVCC（オーストラリア大学長会議）の提唱で、九〇年代初頭から積み重ねられてきた国際的な討論が実を結び、九八年のバンコク総会でコンスティテューション（Constitution＝憲章）を採択し、国際事務局を日本に設置することになった国際組織で、アジア太平洋地域の大学間の壁を超えて異文化間交流を実現することを目的に、政府もしくは非政府代表によって設立されました。

この夏には文部科学省の支援で、ＵＭＡＰのリーダーズ・プログラムが本学と九州大学で初めて開設され、アジア太平洋地域の学生を募って英語で授業をやりました。こんなことは当たり前のようで、日本の大学では実は珍しいんですね。東京外国語大学でさえも主として授業は日本語でやられている。もう少し、外国のことは外国語でそのまま教えてはどうかと考えています。

本学で初めての『東京外国語大学史』を編纂する中で気がついたことは、明治六年の東京外国語学校英語科には、岡倉天心、新渡戸稲造、内村鑑三、それから柔道を国際的に広めたことで知られる嘉納治五郎など錚々《そうそう》たる人たちが英語を学びにきていたんです。しかも英語で英語を教わっています。それらの人たちは単に英語を学んだだけでなく、一〇年後ぐらいにはみんな立派な英語で発信している。新渡戸稲造の『武士道』もそうですし、岡倉天心の『茶の本』もそうです。

ところが、現在の東京外国語大学はこんなに設備がよく、たとえばこの大教室はマルチメディア・ホールで、最先端の視聴覚機材がいっぱい入っていながら、卒業生がはたして彼らと同じように英語で発信できるだろうかということになると、はなはだ心許ない。私もその責任の一端を負わなければいけませんし、どうか本学の先生方や学生諸君にはよく考えていただきたいと思います。

私はいまＵＭＡＰの国際事務総長という責任を負っているわけですが、ＵＭＡＰの当面の目標は、アジア太平洋地域の大学間で、交流協定に基づく短期留学生を一年間、単位を互換することによって修学年限を遅延することなく、つまり留年することなく交流できるよう支援することです。

ＵＭＡＰではさる九月二日から四日の三日間、「広域メコン地帯（GMS＝the Greater Mekong Subregion）会議」を、タイ大学省の尽力によってカンボジアの首都、プノンペンで開催し、私は学長退任の離任式を済ませたその足でカンボジアへ向かいました。

つい先年まで戦乱の巷にあり、特にポル・ポト派の犠牲になったカンボジアと、そのカンボジアに越境して侵攻してきたベトナム、そして中越戦争で戦火を交えた中国も、雲南省から代表が来ておりました。それから、タイとラオスというのはものすごく親近感がありますし、言語系統も近いんですが、それだけにまた親疎の微妙な感情がある。そのラオスの代表も来て、皆が同じテーブルで高等教育の重要性や、大学間交流の障壁、特にどういうふうに外国語を使ってこれから大学間の交流を進めるのか、英語なのか、母語なのか、などを真剣に議論していたんですね。

それを見て私は非常に感銘を受けました。初日は王立プノンペン大学の学生も大勢詰めかけて、熱心に傍聴していました。ここは、本学と交流協定を結んでいる対象校です。

ＧＭＳ諸国で唯一欠席したミャンマーも、私は会議直後にすぐヤンゴン大学に行ってまいりましたが、今回の会議に非常に関心を持っておりました。しかし、残念ながら、いまミャンマーの人たちは自由に出国できるような状況ではない。ここにも大きな問題があります。

今日、二一世紀型新戦争が語られる中、他方ではまさにベトナム戦争、あるいはカンボジア内戦という二〇世紀型戦争の焦土からようやく復興したばかりの人たちが、一種の知のネットワークを、国境を越えて広げようとする確かな動きが始まっていることも、見逃してはならないと思います。

ヨーロッパではすでに全学生の約一割が大学間の相互乗り入れを果たし、どの大学を卒業したかよりも、何を学んで、どんな付加価値を身につけて卒業したのかが問われつつある。UMAPは将来、そういう時代を推進しているヨーロッパのエラスムス計画と連動することによって、全世界的な大学間交流のネットワークになることを目指しています。

GMS、そしてアジア太平洋地域には、域内の経済的格差や社会システムの違い、多様な文化の共通性と異質性の問題など、克服すべきさまざまな課題が残っています。教員や学生比率の国際化という点でも著しく立ち遅れている日本の大学の知的閉鎖性、私はそれを「インテレクチュアリー・クローズド・ショップ（Intellectually closed shop＝知的な鎖国状態）」と表現していますが、それが大学であっては困るんですね。

そういうことを含めて、外国人教員の比率も非常に低い多くの日本の大学は、もっともっと自らを開いていかなければいけないと思います。たとえば、この国際化時代に、日本人以外は国立大学の学長にもなれない。これもおかしいですね。いろいろなところを開いていかなければいけないと思うんですけども、その点でアジアとヨーロッパとの間にはまだまだ大きな隔たりがあります。しかし、私はそこをつないでいくための重要なヒントが、今回のGMS会議で与えられたように思いました。

一つには、GMSという地域概念に由来するともいえるものですが、たまたま私は八月中旬、学長としての最後の海外旅行として、雲南省の省都、昆明からメコン上流域――中国では瀾滄江（ランツァンチアン）というのですが――をミャンマー国境の近くまで自分の足でいきました。それから暫くして反対側のカンボジアに来て、あの滔々《とうとう》たるメコン川の恵みに支えられたメコン地帯が持つある種の広域性と、そのボーダーレスな未来像に触発されまして、ここに開けゆくアジアのもう一つの可能性を見た思いがしたわけです。

このように、今日では思わぬ地域から異文化理解のための知のネットワークが広がっていくのではないでしょうか。このようなネットワークがやがては現代世界の不安を和らげ、克服することにつながっていくことを期待すべきであって、これからの大学はそのための積極的な役割を果たすことを重要な目標にすべきだと思います。

多難な知的遍歴が生んだ「現代中国学」

さて、次に、私の学問にもう少し即した問題をお話ししたいと思います。

国際関係論から国際社会学へ、ということですが、私はこれまでディシプリン(discipline)というか、自分の専門的学問領域として国際関係論を勉強してきました。その対象地域は主に中国、東アジアですが、専門とする現代中国研究(Contemporary China Studies)に関しては、この間、「現代中国学」という言い方をあえてしてまいりました。

現代中国学という肩肘張った表現を私が最初に用いるようになったのは、外務省特別研究員としての香港留学から帰った一九七一年、『現代中国論』(初版は一九六四年)の増補版を青木書店から出版したときです。時を同じくして、『諸君!』に連載した「私の香港通信」が文藝春秋から『中国をみつめて』というタイトルで出版され、そこでも現代中国学という表現をあえて用いたのです。そこにはしかるべき理由がありました。

最後の講義ですから、ここで私と中国研究との関わりを若干述べさせていただきますと、実は私は本学在学中に、若気の至りというか(笑)、学生運動のリーダーの一人でもあったこともあって、中国科の学生としては十分に満たされないまま卒業しました。満たされないというか、勉強しなかったんです（笑）。

そうして、二度と本学の校門を潜りたくないと思って卒業したものです。なぜかというと、当時の授業では、「毛沢東思想」なんていう言葉は一度も使われなかったんですね。つまり、語学の勉強に徹したのかもしれませんけれど、もっと中国のことを研究したいと思って入ってきた私は、ある意味で失望して、二度とこの大学に戻ることはないだろうと思って卒業したわけです。六〇年安保の年でした。

卒業後、世界経済研究所という、いってみれば当時の左翼の小さな研究所に籍を置きました。ここは小なりといえども名前は赫々《かっかく》たるものがありまして、小椋広勝さんとか岡倉古志郎さん、陸井《くがい》三郎さんなどという錚々たるメンバーがたくさんいらしたんですけれども、給料はわずか三千円（笑）。当時、一般のサラリーマンの初任給は一万五、六千円でしたから、アルバイトをやったり、ヴァイオリン教室を開いたりして糊口を凌ぎました。そのときのヴァイオリンの教え子の一人が社会学者の宮台真司《みやだいしんじ》君ですけど、まあとにかく苦労しました。家内は中学校の教員でしたから、彼女に支えてもらったりして、研究を続けたわけです。

当時、中ソ論争というものが始まり、私はそれにかなり触発されて論文や評論を書くようになりました。身分も生活も不安定な中で、最初の著書『現代中国論――イデオロギーと政治の内的考察』（青木書店、一九六四年）を必死になって書きおろした。そのこともあってか、大学院の博士課程在学中に図らずも母校に迎えられることになったわけです。

その年、一九六六年夏には北京に紅衛兵が出現して世界を驚かせ、いわゆる文化大革命が中国で始まりました。私はその渦中に飛び込んでいって実にさまざまな体験をした。

間もなく本学でも、「造反有理（ツァオファンヤオリー）」、「毛沢東思想万歳（マオツートンスーシァンワンソエ）」のかけ声とともに学園紛争が勃発しました。東大や東京教育大（現筑波大）と並んで「紛争重症校」に指定された本学の紛争が、いかに深刻かつ凄惨なものであったかについては、独立百周年（建学一二六年）を記念して編纂した『東京外国語大学史』およびその資料篇の第二巻に大学紛争の資料が全部入っていますので、ご関心のある方はぜひ見ていただきたいと思うんですが、おそらく私の研究室は最もひどく焼き尽くされたり水をかけられたりしたわけです。

この紛争は極めて深刻なものであったわけですが、私自身の知的、思想的遍歴の上でも、文化大革命と大学紛争の体験は実に大きな教訓になりました。

その紛争がようやく一段落しましたので、私は以前から要請のあった外務省の特別研究員として一九六九年秋から一年半、香港の日本総領事館に出向いたしました。当時は日本と中国とは国交がありませんでしたから、日本の中国研究者には香港に行かれた方が多い。ちょうど私が行っているときも、後に慶應義塾の塾長になられた石川忠雄さん、亡くなられた碩学である広島大学の今堀誠二さん、中国軍事問題の平松茂雄さんなどが一緒でした。

香港滞在中には、「私の香港通信」というエッセイを創刊間もない『諸君！』に連載しました。ちょうど米中接近があった頃です。「私の香港通信」の中で、私は、「権力の敗者は中国を目指す」ということを書きました。三木武夫さんも、松村謙三さんにしてもそうですが、自民党の総裁選に敗れると、その反動で日中友好に賭ける人がいる。しかし、そうではなくて、権力の勝者こそ中国のことを本当に考えてほしいという提言をしたところ、それが当時、佐藤政権の首席秘書官であった楠田實《くすだみのる》氏を通じて、佐藤栄作首相の目に止まり、帰国後、中国との国交正常化が日本の重要な外交課題になっていましたので、私も佐藤内閣の中国政策の立案にいささかコミットいたしました。これらにつきましては、『楠田實日記』（中央公論新社、二〇〇一年）が出たばかりですから、ご興味のある方は見ていただきたいと思います。

当時は中国についての論議が極めて盛んで、座談会や講演などに行きますと、「中国は大きくて歴史も古く、結局、専門家といえども、わからないのではないか」ということをよく言われるわけです。当時の言葉そのままでいうと「群盲象をなでる」がごときものだと。

私は、現代中国研究を学問として何とか確立したいと思っていたものですから、そういう意見に内心強く反発しました。いつ、どんなことが中国で起きるか予言はできません。学者は予言者ではありませんから。しかしながら、学問として中国を研究している以上、一定の方法論によって中国を分析すれば、大筋の方向性や社会の内面は見えるはずなんです。

非常に単純な方法論からいえば、いま中国は人口約一三億で、そのうち中国共産党員の数は六三〇〇万。これがわかっただけでも中国社会はかなり見えてきます。

二〇人に一人が共産党員ですが、いま共産党に入るのは農民や労働者じゃない。党官（タンクワン）といわれるような党官僚のお偉いさんのような、利権にありつこうとする人が入党するのであって、最近は企業家、資本家のように、党に入ることによってうまく商売をやろうとする人が入党するようになっていますね。しかし、中国共産党というのはもともとプロレタリアートの政党、農民の政党です。だとすれば、農民や労働者が進んで入れるような政党でなければいけないけれども、残念ながら、いまの中国共産党はそういう政党ではなくなっているわけです。

党員数と人口だけ見ても、いま申し上げたような中国社会の一部が見えてきます。これはごくごく初歩の方法論でありますけれども、大筋の方向や内面が見えなければ、それは現代中国研究とはいえないという一種の若気の自負があったために、あえて「現代中国学」という言葉を使うことにしたわけです。

こういう言葉の問題について、私はさんざん逡巡し、往々にして徹夜して朝まで考える性格で（笑）、後に、文化大革命についての評論集のタイトルを『北京烈烈（ベイジン・リエリエ）』という言葉にしたときもそうでした。「現代中国学」という言葉を使ってみようと決意したときも、朝まで考えた結果でしたが、新聞などで使い始めた当初は、かなりの躊躇《ためら》いがありました。それでも、「現代中国学の立場から」（『朝日新聞』一九七七年一月一〇日付夕刊「文化」欄）といった文章を書きつづけてきた。今日ではこの言葉もかなり定着し、私の友人で大阪大学名誉教授の加地伸行さんは、『現代中国学』と題する本も出しておられます。

カーの予測を超えた国際社会の変動

さて、次に、私が本学で長く教えてきた国際関係論に関して申しますと、そのためのテキスト（『国際関係論』、中公新書、一九九二年）も書いているわけですが、最近は、国際社会の変動に関連して、国際関係論から国際社会学へといったことを考えております。

私の現在の問題意識を簡単にお話ししますと、そもそも国際関係論という学問自身、比較的に新しいもので、一九三〇年代になってようやく学問的体系としての枠組みができ上がってきたといっていいものです。

イギリスの有名な現代史家にE・H・カーという人がいて、日本でも戦後、ずいぶん読まれた時期がありました。私が最晩年まで親しくさせていただいた亡き清水幾太郎先生の名訳で、『歴史とは何か（*What is History?*）』（岩波新書、一九六二年）、あるいは『新しい社会（*The New Society*）』（岩波新書、一九六三年）を読まれた方は多いと思います。

そのカーは第一次世界大戦と第二次世界大戦という両大戦の戦間期に焦点を当てて、『危機の二十年（*The Twenty Year's Crisis*）』を書いています。私もゼミのテキストに使ったものですが、カーは一九世紀的なユートピアニズムにかわって、危機の現実を直視するリアリズムの立場から、国家と国家の諸関係を学問研究の対象として掘り下げる必要性を説いたのです。

このような経緯で成立した国際関係論は、英語では一般に「インターナショナル・リレーションズ（International Relations）」と呼ばれています。正確には「スタディ・オブ・インターナショナル・リレーションズ（Study of International Relations）」というべきでしょうが、この場合のナショナルというのは、どちらかというと民族と民族、国民と国民ということになりますので、国家と国家という形では「インターステイツ・リレーションズ（Interstates Relations）」といってもよいのかもしれません。

いずれにしましても、こうした国際関係論といった学問が第二次世界大戦後、まずアメリカで、やがて日本でも盛んになりました。私自身も大学院で専攻したのは国際関係論で、当時は非常に新鮮で魅力的な学問だと感じました。私は現代中国を研究しながら、もう少し大きな広がりの中で考えてみようと思って、国際関係論を勉強することにしたのです。

しかし、最近、私自身、どうも従来の国際関係論では、冒頭に申し上げましたような今日の時代を捉えられないのではないかという反省とともに、自分の認識の変化を感じています。

というのは、ちょうど一〇年前のいま頃、あのソ連邦が崩壊しました。二〇世紀は戦争の世紀でしたが、一方では革命の世紀でもあり、社会主義革命こそ進歩と発展の道標だと多くの知識人に信じられてきました。しかし、それは決定的な誤りで、この点では先ほどのカーも予測を大きく間違えました。あるいは社会主義の理想は正しかったとしても、ソ連や東欧などの社会主義諸国の現実は、その非効率や非人間性によって結局は行き詰まってしまっていたのです。

そのことがまさに九〇年代初頭からはっきりしてきて、あの磐石な、巨大な存在として世界を動かしていたと思われた社会主義大国のソ連、あるいはソビエト帝国が、九一年末にはあっという間に崩壊してしまいました。私自身はそのことを自分の著作などではかなり以前から考えてきたつもりですが、その歴史の大きな転換点から今年はちょうど一〇年目なんです。

ベルリンの壁についても、私もゼミ旅行で学生諸君と一緒に、壁の崩壊の直前に東側と西側からそれを見て、その直後に壁が崩壊したという経験をしています。

さらに六月には、中国で衝撃的な「六・四天安門事件」が起きています。

天安門事件については、この一月にアメリカで、『天安門ペーパーズ』と題する単行本も出版され、真相が徐々に明らかになりつつありますが、少なくともあの当時、民主化運動にかけた趙紫陽《ちょうしよう》さんが中国共産党のトップ、総書記でしたから、彼が鄧小平さんや当時の李鵬首相を拘束してしまったとしたら、中国の共産体制はソ連や東欧に先駆けて崩壊し、一挙に民主化していたかもしれません。そうした体制的危機のゆえに、首都北京には戒厳令が布《し》かれ、次いで民主化を求めた学生や市民を武力制圧して、天安門広場のあの「血の日曜日」の事件が起きたのです。この中国の悲劇を代償にして、逆に東欧諸国やソ連の社会主義体制はほとんど犠牲を伴わずに急激に崩壊したのだと思います。

このような状況を経て、国際社会は大きく変わりました。つまり、米ソ対立を軸にした東西冷戦体制が崩壊したのですが、残念ながら、アジアにはまだ冷戦体制が残っています。

冷戦とはそもそも社会主義、共産主義と、資本主義、自由主義との間のいわば非戦闘の戦いですから、心理戦としても情報戦としても国際政治の舞台であらゆる駆け引きが展開されました。その極みが六二年のキューバ・ミサイル危機で、ひょっとすると世界が全滅するかもしれないという一歩手前まで行きました。ところが今日では、そうした東西冷戦期の状況から大きく変わって、急速に世界が一つになりつつあります。しかし、同時に、中国や北朝鮮などが共産党の一党独裁体制をとっている限り、アジアにはまだ冷戦体制が残っていることも、決して忘れてはなりません。

この点についての認識の如何は、中国情勢や朝鮮半島情勢、さらには台湾海峡の両岸関係、米中関係、日中関係を考える際に決定的に重要で、同時多発自爆テロ以降の世界的な危機によって、いま、短期的に米中は一緒になって協調している側面もありますが、中・長期的には米中新冷戦、「ニュー・コールド・ウォー（New Cold War）」が当面のアジアの国際政治の基本構造だといっていいと私は考えています。

ネーションからエスニシティへ

私は国際関係論の立場からアジアの情勢をこのように見ているわけですが、全世界的に国際社会を展望すれば、東西冷戦時代とは違うさまざまな現象が国際社会に起こってきています。あるいは冷戦体制のときには潜在していて見えなかったものが表面に出てきたのであって、今回の同時多発自爆テロや、タリバーンの動き自体がそのことを物語っています。

このようにして表面化した重要な要素の一つは、地域的、社会的なアイデンティティ（Identity）です。自分たちの生存空間の個性なり特徴、あるいは多様性というものであり、各自がそれを強く主張し始めることで、世界にはいまさまざまな問題が新しく起きています。それに応じて、国際関係論という学問も国家と国家の関係を研究する学問であるよりは、国際社会の変動の内面的な深層、あるいは脱国家的な地平を探究する学問へと変わらざるを得なくなってきていると思うのです。わかりやすくいうと、国民とか民族といった枠では括《くく》れない人間集団に関する研究が、より重要になってきていると思います。

歴史を振り返ってみますと、そもそもネーション（Nation）というのは、一つの民族的な単位でまとまった国家というものが線引きされることによって、意味を持ってきました。ヨーロッパの歴史で考えると、中世が終わった一七世紀後半くらいからいわば近代史が始まっていきますが、一つの国内統一市場ができ、交通手段も確立し、たとえばドイツとフランスという境界もだんだんできてくるわけで、それが国民国家、ネーション・ステイトといわれるような上位単位にあるわけです。そして、ヨーロピアン・ステイツ・システム（European States System）といわれるような西欧国家体系、そういう国民国家のネットワーク、それがいわば国際社会なのです。こういうものが徐々にできてきて、外交（diplomacy）が始まります。「ディプロマ（diploma）」という言葉はもともとお役人が銀板に押した証書のことを指し、それを持ち歩くところから外交という言葉ができたといわれています。

そして、フランス革命後のように、市民社会が内部から生成してくる。ですから、市民が出現し、市民社会ができ、そして国民国家がある。国民国家の間の関係を律するものが国際法である。タイラント（Tyrant＝僭主《せんしゅ》）に虐げられている隣国の市民を救うべきかどうか、これを中国はいま、人権問題、内政干渉だというのですが、こういうことに直面して、フーゴ・グロティウスは国際法ということを考え、国際法の父といわれるようになったわけです。

ところが、いまは逆で、東西冷戦体制の崩壊のあとでボーダーレスということがしきりにいわれるように、国境がますます低くなりつつあります。またいうまでもなく、コンピュータの発達によるＩＴ革命がこれに加わって、インターネットなどによる情報空間が示すように、どんどん世界が一つになっていく。その反面、それぞれの地域や民族がさまざまなアイデンティティを主張し始めているわけで、しかもアイデンティティの基礎となるのはネーションよりも、エスニシティ（Ethnicity）という状況になってきている。エスニシティのような社会的な下位単位が、より重要な国際社会の深層の単位になってきているわけです。

グローバル化の一方で、このような単位を基礎に国際社会が変動しつつあり、それを総合的に捉えるための学問が必要になってきていると思うのです。そのような学問はまだ十分に確立していません。「あえて学問の有効性を問う」という問題提起の一環も、そこにあるわけです。

国際関係論から国際社会学へ――閩南《ミンナン》語の世界

ここではその問題を、国際社会の変動を言語との関連で考えてみたいと思います。たとえば私が専門とする中国ですが、中国というものは決して一つではありません。一つでないからこそ中国の指導者は「中国は一つだ」といつも主張するわけで、放っておけば必ず分解していきます。たとえばいま、台湾の大部分の人たちからは中国人意識がほとんど消え、「自分たちは台湾人だ」という新しいアイデンティティを持ち始めています。ここに中国と台湾との大きな問題つまり中台関係の根本があるのです。

私はかつて台湾が国連から締め出された後、当時の激しい中ソ対立にも関連して、「台湾共和国は禁句か」（『諸君！』一九七四年四月号）と題する長い論文を書き、新たな「タイワニゼーション（Taiwanization＝台湾化）」が不可避の方向にあることを分析したことがありますが、最近は従来以上に台湾の将来には「台湾共和国」という選択肢しかないのではないかと考えております。しかも、その背景には、言語の存在形態の違いが色濃くかかわっているといえるのです。

台湾の人たちは、いまも一般には「教えられる言語」としての中国語、つまり北京語を話します。しかしもともと彼らの大部分は台湾語の言語空間に生きてきました。言語学的分類でいうと台湾は対岸の福建省と同じ流れですから、福建語といったほうがよいでしょうし、もう少し正確に言うと閩南（ミンナン）語という言語を台湾の本省人の大部分は母語として持っているのです。

閩南語について少し説明しますと、福建省の地図を見ていただくとよくわかりますが、上（北）のほうに省都の福州（フーチョウ）があり、下（南）のほうに大きな港湾都市の廈門（アモイ）があります。その福州のすぐ南に閩江（ミンチアン）という大きな川があります。この川は流れが速く、人の往来や文化を遮断したため、閩江の北と南では言葉が違ってしまったのです。それで閩北語と閩南語という方言上の区分ができました。台湾の場合、閩南地方から今日の台湾人の祖先が渡来してきたので、この閩南語を日常の母語として話しています。

私が学生の頃は、中国語というともっぱら北京語でした。ところが、本当に台湾のことを理解し、日常生活の心の襞《ひだ》にまで入っていくには、北京語では不十分なのです。

東京外大の中国語専攻では、昨年から、広東語と福建語を学ぶ三年次編入の学生を受け入れるかたちで教員を二名増員してもらうことができました。この増員はなかなか認められませんでしたが、文部科学省との概算要求交渉に、私の書いた『三つの中国』（日本経済新聞社、一九九三年）を持っていって説明し、係官にやっとわかってもらいました（笑）。その結果、現在は正規の学生を対象に広東語や福建語も教えています。

閩南語だけでなく、広東語圏の香港についてもそうだと思います。香港は中国に返還され、かえって経済的にもうまくいかなくなりました。社会主義の中国に回収されてしまったために、香港の大きな財産であった自由が失われてしまったからです。しかし、香港や広東一円からなる広東語の世界は、北京語とは違った大きな言語空間を今日でもしっかりと作っています。

このような事柄も、東西冷戦体制が崩壊して、地域的アイデンティティが強まる中で起こっている新しい一つの現象です。こうした国際社会の内面を捉えるには、従来の国際関係論や地域研究では不十分で、ある種の国際社会学、これは「インターナショナル・ソシオロジー（International Sociology）」というよりは、「トランスナショナル・ソシオロジー（Transnational Sociology）」といったほうがいいのかもしれませんけれども、そういう学問分野がこれから必要になってくるのではないかと思います。いずれにしましても、二一世紀にはそうした方向に国際関係論という学問がさらに発展し、国際社会の変動というものを内面から捉えるような学問が必要になろうかと思います。

そのためには何といっても「言語（languages）」が重要になる。本学ではせいぜい三〇前後の言葉を教え、五〇くらいの言葉を研究しておりますけれども、世界には数え方にもよりますが、七千近い言語がある。それを全部カバーしきれないにしても、これらの問題をより広域的、横断的に捉えるような学問分野が必要になってくるわけでありまして、この点が今後の課題ではないかと思います。

先ほどのエスニシティという言葉も、『オックスフォード大英辞典』一九七〇年版の「補遺」にようやく登場する新しい用語です。昔はネーションなどしかなかったのですが、今日ではエスニシティが重要な単位的概念になってきています。これはなかなか訳しにくい言葉ですが、「民族」と訳しても間違いではないでしょう。ただし、国家権力などとつながった民族ではなく、もう少し深く細かい単位概念であり、そこでもう一つの重要な問題は、エスニックな状況下の人々が、単に発展途上やいわゆる未開の部族という形ではなく、文化や経済や社会の変動・発展と結びついて存在していることです。そのようなエスニックなアイデンティティは、従来は独立運動へと収斂《しゅうれん》したのですが、今はもっと違った形で国境を越え、より広域的・横断的・水平的にも動いています。

アイデンティティは何と訳したらよいのでしょうか？　カタカナ英語はけしからんと言いながら、なかなか良い訳語がないので、新聞もカタカナで書いています。意訳すれば「自己証明」とか「存在証明」としてもよいと思います。

台湾では、「認同（レントン）」という言葉を当てました。こういうときには漢字は非常に便利ですね。北京語の発音で「レントン」といいますが、同一的な集団、同族の集団、つまり同じであることを認め合うことがアイデンティティなのです。

この「認同」は、大陸中国の方ではまだ使われていませんし、字引にも出ていません。大陸の方はアイデンティティが強まって、チベットはチベットだとか、広東省は広東省だとか、新疆ウイグル自治区はトルキスタンだとか、そういうアイデンティティが高まって独立傾向が強まったら困るからです。いずれにせよ、「認同」はとてもよい訳語だと思います。

このように、国際社会の同時代史的な変動を学問の世界でどのように受け止めていくべきかという課題を、いま自分の専門領域から問題提起しましたが、極めて学際的、多専門的な関心領域ですので、研究者同士の交流や大学間の連携が極めて有効な分野だと思います。そしてその大きな目的の一つは、グローバル化されつつある今日の時代の研究、教育を通じての国際貢献だというふうに考えますので、その点ではたして日本の大学がその任に耐え、国際競争力を持ちうるのかということを、今後の課題にしていただきたいと思います。

国際的視野での大学改革を

私自身、学長として六年間、精一杯の努力を重ねたつもりですが、大学改革は必ずしも思うように進捗しませんでした。とくに国立大学の改革は、中国の国有企業の改革と同様に、きわめて難しい問題だと思います。この問題については、機会を改めて私の意見を具体的に述べさせていただきたいと思っております。

しかし、議論ばかりが空転して社会と歴史の変化に対応できなかった日本の大学も、いま大転換を迫られています。特に国立大学に関しては「聖域なき構造改革」の大学版ともいえる「大学（国立大学）の構造改革の方針」（いわゆる「遠山プラン」）が、さる六月中旬に提示され、国立大学は現在、大きな衝撃と混乱のなかにあると思われます。

私もメンバーである文部科学省の調査検討会議は、「新しい『国立大学法人』像について」の中間報告を九月下旬に発表しました。今回の中間報告は、「遠山プラン」に刺激されたこともあって、当初の案よりも大きく前進していると私は考えております。

もっとも、大学運営に関しては、経営・教学両面に学外の有識者を求めるA案（評議会案）、B案（運営協議会案）、C案（役員会案）が並列されたままであり、肝心の教職員の身分についても、公務員型と非公務員が併記されているなど、まだ重要な詰めを残しています。しかし、「全学的な視点に立ったトップダウンによる意思決定の仕組みを確立することが重要」だとして、「経営責任の明確化による機動的、戦略的な大学運営の実現」を図ろうとする姿勢が示されたことは、「大学自治」「学部自治」を隠れ蓑にして一般社会では当然のことを怠ってきた国立大学も、ようやくこの段階にまできたことを示しているといえましょう。

しかし、私もしばしば強調してきたことですが、留学生比率が約一五％（約六五〇〇名）と、例外的に多い本学は別にしても、全体的にみれば留学生比率が三％前後の日本の大学が、依然として「日本人が日本人に日本語で教える」体制である限り、たとえ日本国内で分野ごとの「トップ三〇」が決まったとしても、国際的な競争力を持つ大学には到底なり得ないでしょう。

一方、ＭＩＴ（マサチューセッツ工科大学）はこの四月から授業を無料公開して、インターネットで遠隔授業を行なっています。その効果が、アジアの大学に波及しつつあり、他方ではUMAPが開発した単位互換のスキーム（UCTS）が、アジア太平洋地域に徐々に普及して、大学間の壁が国際的にも低くなろうとしています。

このような二一世紀型の大学像を展望するとき、日本の大学で四年間学んでも、外国語（特に英語）の能力さえ身につかず、国際社会で活躍する余地も小さいとなると、優秀な高校生は日本の大学を通過せずに、直接欧米やアジア有数の大学に進学することになるでしょう。これは日本の大学の空洞化にほかならず、少子化に伴う定員割れや財政難による大学倒産の危機ばかりか、国際的な市場競争の波が押し寄せてきていることの証左なのです。

日本の国立大学の設置形態について、「トップ三〇」ということが「聖域なき構造改革」の中でいわれていますが、いま申し上げたとおり、皆がMITの授業を英語のインターネットで学ぶようになれば、あえて外国語大学に来る必要があるのかどうか、こういうことが問われる時代になろうとしています。

その辺も含めて、大学をできるだけ開いていく、あるいは再編、統合ということがいわれるわけですが、中身が変わらずに旧態依然としたままで再編、統合が組織論だけでやられても、大学は本当に生まれ変わったことになりません。

私自身が責任の一端を負った東京工業大学、一橋大学、東京医科歯科大学と本学との「四大学連合」は、統合して総合大学化するのではなくて、単科大学の個性を生かして機動的に連携し、国際競争力を持った日本の代表的な高等教育機関になることを目指したものです。その後も具体化が進んでいるようで、それは喜ばしいことですが、その場合でも、国際水準に合致する授業内容の改善、カリキュラムの改善、あるいは大学の組織構成の改善が伴わない限り、やがて意味を失うかもしれません。

私が希求しているのは、日本の大学が全体として光り輝くことであり、この千載一遇の機会を逃せば、単に大学の衰退のみならず、日本全体の沈没にもなりかねないと思われるだけに、本学の教職員の皆さんには更なる奮闘を期待したいと思います。

その際、忘れてならないことは、常に学生の目線に立って考えていただきたいということです。そうすれば学内の意見の不一致も自ずと解消して、よりよい意思決定がなされるはずであるということを、最後に申し上げ、お願いして、私の最終講義にさせていただきたいと思います。

永い間ほんとうにありがとうございました。

二〇〇一年（平成一三）一〇月三一日　東京外国語大学マルチメディアホール

看護の心と使命

日野原重明

［概説］戦前には唯一の看護専門学校であった聖路加看護大学で長年教鞭をとってきた医師である日野原が、日本の医学と看護の歴史を振り返る。医学の基礎にはサイエンスが必要だが、患者に接するうえで必要なのはアートであると言う。医療と看護は、もともと別々のものではない。病人とそれを世話する人というホリスティックな（体も心も全体として人間を見る）ケアがまずあった。その後の発展を見れば、確かに医学の基礎にはサイエンスがなくてはならないが、患者と接するときには、やはり病む人々の世話をする技術としてのアートや、その実践としてのケアが不可欠となる。特定の臓器に対してサイエンスによる治療医学（キュア）は成り立つが、医療とはあくまでも「人間」に対してケアが行われるべきものであって、この両者は同時に始められるべきなのだ。また、現場において、ウィリアム・オスラーやナイチンゲールのいう天職、つまり仕事であると同時に使命であるという考え方は、医学と同様、看護にもまったく同じことが言える。聖路加看護大学の基礎となる診療所を開院したルドルフ・B・トイスラー自身、お金やモノからではなく、まず荒木いよやアリス・セントジョンといった人間を中心に引き立てて学校を発足させている。人間を中心に据える考え方は、常に日本の看護教育のパイオニアとしてのリーダーシップをとってきた同校の歩みにも通底するものとなっている。

本日は、聖路加看護大学創立記念の式、そしてまた看護大学の学生諸君への私の学長としての最後の講演に、このように多くの方にお集まりいただいたことを心から感謝いたします。

今日の講演のテーマは、「学生の知らない聖路加の歴史を二十一世紀の大学の夢につなぐ」といたしました。実は、「学生の知らない聖路加の歴史」という次に、カッコして「教員までもが知らない」という言葉を入れたいくらいなのですが、それはともかく、これが私の現職学長としての最後のメッセージとなるわけです。

医学・看護の歴史は、二千五百年前のヒポクラテスの時代にまでさかのぼりますが、本日は、日本の医学・看護の歴史を振りかえる意味も込めて、この聖路加看護大学の歩みを大まかにたどってみたいと思います。

聖路加病院という名称でこの病院が当地明石町で発足したのは一九〇二年（その後の再調査により一九〇一年創立）のことです。その二年前に来日されたルドルフ・B・トイスラー先生が同じく聖路加病院の名称で開院した小さな有床診療所がその基礎になっています。この病院では当初から看護婦の役割を重視していたため、一九二〇年には付属の高等看護婦学校を開設し、看護婦の養成に取り組み始めました。当時の日本の看護教育は六年間の尋常小学校修了後、二年の高等小学校を出た女子で、看護の講習を受けた者に看護婦の資格が与えられたのです。ところが聖路加では高等女学校を出た人だけを入学させるという、非常に大胆な制度をとりました。その七年後の一九二七年には、日本で最初の、そして戦前の日本では唯一の看護専門学校となりました。これは今の女子大学にあたると言えるでしょう。

第二次大戦の敗戦と同時に、病院も大学も連合軍に陸軍病院として接収されました。しばらくの間は、病院の裏の東京市所属の有床診療所を借りて診療活動を続けました。学校は校舎を失ない、晴天の日は隅田川畔の聖ルカガーデンでの青空教室、時々は向かいの中央保健館の講堂を借りて授業を続けました。私は、内科医として病院で仕事をしながら、看護学校では、解剖生理から臨床医学はもちろん、語学を、はては音楽までを教えるという多忙な生活を続けていました。

しかし、このままではいけないということで、今の日赤中央病院に付属する看護学校と聖路加が協力して、日本の看護教育のモデルを作ろうという動きが、進駐軍の司令部からの指導で起こり、一九四六年、東京看護教育模範学院ができました。八年後の一九五四年には、校舎が返還されたのに伴い、聖路加はまた独立して三年コースの看護短期大学、それに一年の専攻科コースを加え、さらに一九六四年、私立では初めての四年制看護大学となり、一九八〇年には大学院の修士課程、一九八八年には博士課程もできました。

このような聖路加看護大学の歩みを振り返る時、聖路加は常に、日本の看護教育のパイオニアとしてのリーダーシップを取ってきました。その背景にあるのは、聖路加病院を興されたトイスラー先生の先見性であります。私たちが何か新しいことをする時にはいつも、それをやる人間がまずあってこそ、そのプロジェクトが成し遂げられるのです。お金があるから、モノがあるからできるというわけではありません。そして新しいことに向けて行動できる人材を選んで、その人に学習をさせることにより、物事のスタートがあるのです。トイスラー先生は、来日されるとすぐに、東京で働いているナースの中で、将来指導性があろうと見なされた荒木いよさんを選んで、まずアメリカに二年間留学して看護を学んでもらい、その帰国後の看護婦さんに病院での看護教育を任せ、一九二〇年になっていよいよ本格的な学校として発足するために、米国からアリス・セントジョンさんを招いたのです。物事を成し遂げるためにはまず人間あってこそ、という考え方を、ぜひ皆さんにも継いでいただきたいと思います。

さて、こうした看護教育の歴史を踏まえた上で、日本における看護のありかた、これから進むべき方向を、お話しします。

医学と看護というのは、もともと別々のものではありませんでした。病人がいて、その世話をする人が必要だったということです。最初はそういうホリスティックな

（体も心も全体として人間を見る）ケアであったのが、そこから医学、医療、看護が分かれて発展していったわけです。現在、医学はサイエンス（科学）であるとされていますが、ジョンズ・ホプキンズ大学に医学部を作ったウィリアム・オスラーという私が尊敬する医師が言っているように、確かに医学の基礎にはサイエンスがなくてはなりません。しかし患者に接する時には、サイエンスばかりではなくアートが必要なのです。

アートというのは、病む人々の世話をする術を言うのです。患者さんを慰めたり、痛みを緩めたり、睡眠をとらせたり、食べられるようにする。そういう技術のことをアートと言い、その実践をケアと言うのです。ですから「ケアをする」という場合には、特定の臓器のケアというものはなく、あるのは臓器の病気を持った「人間」のケアなのです。サイエンスは疾病そのものを対象としていますから、臓器だけを取り出して見て、そして一応回復したとかしないとか言えばよい。それがサイエンスによる治療医学（キュア）の目的です。しかし、我々人間すべては、最後にはキュアができない状態になって死ぬわけですから、その時にはもう臓器を対象にしたサイエンスはその使命を発揮できず、ケアに切り換えていかなければならないのです。ところが、病状がいよいよ絶望的になって、死が迫った時になってようやくケアを始めるのではなくて、臓器が病み始めたその時からケアは始められるべきなのです。

そういったケアの現場において、看護婦がどういう役割を担うのでしょうか。十九世紀の半ばにナイチンゲールが現れるまでは、看護婦の仕事はプロフェッション（職業）としては扱われておらず、医師がケアも含めてすべて一人で総括していました。看護婦は独立した存在ではなかったわけです。ウィリアム・オスラーは、『平静の心』という講演集の中で、ジョンズ・ホプキンズ病院の看護学校の第一期の卒業生に、こういう意味のことを言っています。「卒業生の皆さん、看護婦と医師の二つの職業を比べてみると、現在は医師のほうが世の関心と尊敬を多く受けている。だが、歴史的には看護職のほうが古くからあるのである。あなたがたナースは医師よりも名誉ある天職に就いていると考えてほしい」と。

この講演は一八九一年になされたものです。一世紀以上も前に、ナースの役割は医療のスタートと同時にあったこと、それが非常に尊ぶべき仕事であるということを、勇気を持って発言したオスラー教授のような医師がいたからこそ、アメリカの看護はその後ますます発展することができました。けれども日本では看護婦の地位や役割は見過ごされてきたために、現在に至っても米国に比べて非常に立ち後れた状況と言わざるを得ません。

ナイチンゲールは一九一〇年に亡くなりましたが、先にもお話ししたように百五十年前に彼女が看護のプロフェッションを主張して、世に問うたのです。ナイチンゲールは四十歳の時、すなわち一八六〇年に、次のような文章を書いています。「病む者は時として歪んだ判断をする」――看護婦に対しても病人は間違った判断をすると言うのです。「病人だから仕方ない。『あのナースは悪い』と、時に非難の声を浴びることがあるにせよ、多かれ少なかれ世の人々に恩恵を与えうる存在とナースは考えられている。たしかにあなた方は医師を援助し、医療の実践を容易にしてきた。熱のある患者にとっては、看護婦というのは、かつての二時間ごとの解熱剤にも優る存在である。そんなに薬を与えなくても、看護の力の影響力はもっと大きいということを皆さんは自覚してほしい」と。

皆さんには、看護の業はプロフェッションだということをぜひ自覚してほしいと思います。職業（vocation）という言葉は、原語のラテン語では、神のお召しを受けるということです。神さまの「いらっしゃい、あなたはこういう仕事にいらっしゃい」という呼びかけに応じたお召しということです。vocationというのは、仕事であると同時に使命なのです。ですから本当のプロフェッションというのは、人々に尽くすために選ばれた人の職業を言うのです。そういう職業意識を、皆さんも心に持ち続けてほしいのです。ただし、神さまの呼びかけに応えるためには、私たちの心、魂の窓が開いていないと不可能なのです。そこで、私たちの精神のありかたが問われてきます。

オスラーはまたこう述べています。「医療はアートであって、商いではない」。医療は神さまのお召しに応じたものであって、ビジネスではない。「コーリングとしての仕事の中で、あなたの頭も心も、ともに十分錬磨されるであろう。心や体、知恵、感性が磨かれてこそ、その人は成長する」と。こういったコーリングとしての意義、専門性は、医学と同様、看護にもまったく同じことが言えるのです。

ウィリアム・オスラーは、看護婦はどういうことに努めればよいかと聞かれた時に、実にいい返事をしています。「あなたがたナースは七つの徳を持たなければならない」。どういう徳かというと、「一番最初に明るさ、そして凛々しさ、優しさ、微笑み、暖かさ、清潔、寡黙……。その七つのものをまとめるものが、慈しみある愛の心である」と。

看護婦の仕事には、この七つの徳が具現されなければなりません。たとえば、どういう態度で患者さんの訴えを聞くか。患者さんの言葉を「あっ、そう」と適当に聞き流すのではなく、本当に耳を傾ける。そして、言葉にならない言葉をも聞きとらなければいけません。しかしまたオスラーは、寡黙ということも大切だと言っています。「言葉の間《ま》を大切にしなさい」という意味でもありましょう。会話をする時の間を大事にする、そうすることで心が触れ合うことができるのです。

いよいよ終末期となって、もう治療の施しようがない患者に対しては、医師は何の術もないと言うかもしれません。しかしナースは違います。たとえて言えば、野球で「もうこの試合は負ける」という場面になっても、最後の締めをする投手が出て来ますね。負けるかもしれないが全力で投げる。それが最後の一投であっても全力投球する選手の闘志に似たもの、そして普段の努力が、もっとも優しく表現されるのが、終末期におけるナースのケアなのです。これはナースに与えられた、医師以上の特権です。

死に臨んだ人間、終末期の患者さんというのは、生きることの意味を問わずにはいられません。しかし、これまでサイエンスとしての医学は、意味とか価値を切り離したところで発展してきました。これからは、医学・看護は、意味と価値の体系の中に踏み込まざるを得なくなっていきます。自然科学ではなく、人間への応用科学、人間学が重視されてきているのです。サイエンスからアートへ、医学・看護が大転換をはかる時期が二十世紀の末に来ています。

一九九八年（平成一〇）一月二三日　聖路加看護大学（現　聖路加国際大学）

著者略歴

桑原武夫（くわばら　たけお）

フランス文学者、評論家。一九〇四年（明治三七）福井県生まれ。京都帝国大学文学部仏文科卒業。アランやスタンダールの研究・翻訳で知られる一方、四六年「第二芸術論」で俳壇・歌壇に論争を巻き起こすなど、戦後近代主義のオピニオンリーダーとして大きな役割を果たす。東北大学助教授を経て、四八年より京都大学人文科学研究所教授（のち所長）。『ルソー研究』（第五回毎日出版文化賞）、『フランス革命の研究』等、学際的共同研究を積極的に推進し、多数の若手研究者を育成した。また、京都大学学士山岳会の隊長として、五八年パキスタン領のチョゴリザ山への登頂を成功に導く等、多方面で活躍した。七四年勲二等瑞宝章、八七年文化勲章、同年レジオン・ド・ヌール勲章受章。七四年度朝日賞受賞。七九年文化功労者顕彰。主著に『文学入門』『日本文化の考え方』『登山の文化史』等がある。八八年（昭和六三）没。

貝塚茂樹（かいづか　しげき）

中国史学者。一九〇四年（明治三七）東京生まれ。地質・地理学者の小川琢治を父に、工学者の小川芳樹を兄に、物理学者の湯川秀樹と中国文学者の小川環樹を弟にもつ。京都帝国大学文学部東洋史学科卒業後、三二年東方文化学院京都研究所（現・京都大学人文科学研究所）に入所。甲骨文字、金石文の研究等に大きな業績を残し、中国史の幅広い実証的研究で知られた。京都大学人文科学研究所教授、同所長を歴任。七四年勲二等瑞宝章受章。七六年文化功労者顕彰。八四年文化勲章受章。主著に『京都大学人文科学研究所蔵甲骨文字』、『中国古代史学の発展』（四七年度朝日文化賞）、『諸子百家』（第一六回毎日出版文化賞）、『中国の古代国家』『孔子』『孫文と日本』『中国の歴史』等がある。八七年（昭和六二）没。

清水幾太郎（しみず　いくたろう）

社会学者。一九〇七年（明治四〇）東京生まれ。東京帝国大学文学部社会学科卒業。卒業後は同大学助手、読売新聞社論説委員、陸軍報道班員等を経て、第二次世界大戦後の四六年「二十世紀研究所」を設立・主宰。積極的な言論活動を展開した。サンフランシスコ講和条約では全面講和を主張、基地闘争や六〇年安保闘争ではリーダーとして論陣を張った。しかし安保以後、左翼陣営を離れ「現代思想研究会」を発足。マルクス主義を批判するなど、その思想転換が論議を呼ぶ。さらには戦後民主主義そのものへの批判とともに、晩年にかけては、民族や国家への回帰を求めて旺盛な研究・執筆活動を続けた。四九年学習院大学教授。主著に『流言蜚語』『論文の書き方』『私の社会観』『現代思想』『倫理学ノート』『オーギュスト・コント』等がある。八八年（昭和六三）没。

遠山　啓（とおやま　ひらく）
　数学者、教育家。一九〇九年（明治四二）熊本県生まれ。東京帝国大学理学部数学科に入学するも退学し、のち東北帝国大学理学部数学科卒業。海軍教授を経て四九年東京工業大学教授。代数関数の非アベール的理論で評価を得る。第二次世界大戦後、数学教育に関心を持ち、生活単元学習を批判。五一年に民間教育団体「数学教育協議会」を組織し、長く委員長をつとめる。「水道方式」「量の理論」等、実践に裏付けられた理論と方法を考案・提唱し、教育現場に大きな影響を与えた。また七三年教育雑誌「ひと」を創刊、戦後教育を批判する立場から市民教育運動を進めた。主著に『無限と連続』『数学入門』『現代数学入門』『代数入門』『関数を考える』等がある。一九七九年（昭和五四）没。

芦原義信（あしはら　よしのぶ）
　建築家。一九一八年（大正七）東京生まれ。東京帝国大学工学部建築学科卒業後、ハーバード大学大学院に留学。五六年芦原義信建築設計研究所（後の芦原建築設計研究所）を設立。空間構成を生かした明快かつ堅実な作品で高い評価を得た。建築作品は、中央公論ビル（六〇年日本建築学会賞）、モントリオール万国博覧会日本館（六八年芸術選奨文部大臣賞）、駒沢公園体育館・管制塔（六四年日本建築学会特別賞）、国立歴史民俗博物館（八四年日本芸術院賞）、銀座ソニービル、東京芸術劇場など多数。法政大学教授、武蔵野

美術大学教授、東京大学教授、日本建築家協会会長、日本建築学会会長等を歴任。八九年勲二等瑞宝章、九八年文化勲章受章。九一年文化功労者顕彰。主著に『街並みの美学』（第三三回毎日出版文化賞）、『外部空間の構成』『隠れた秩序』等がある。二〇〇三年（平成一五）没。

家永三郎（いえなが　さぶろう）
日本史学者。一九一三年（大正二）愛知県生まれ。東京帝国大学国史学科卒業。倭絵研究や日本思想史研究の分野で業績を残すかたわら、自著の高等学校社会科用歴史教科書《新日本史》に対する文部大臣の検定処分を違憲・違法であるとして、六五年以来三二年間にわたり、国または文部大臣を相手どって三つの訴訟を提起。検定制度の透明化・簡素化の契機をつくった。旧制新潟高等学校教授、東京高等師範学校教授、東京教育大学文学部教授、中央大学法学部教授等を歴任。主著に『上代倭絵年表』（『上代倭絵全史』と共に第三八回日本学士院賞恩賜賞）、『日本道徳思想史』『日本思想史に於ける否定の論理の発達』『植木枝盛研究』『美濃部達吉の思想史的研究』『太平洋戦争』『戦争責任』等がある。二〇〇二年（平成一四）没。

猪木正道（いのき　まさみち）
政治学者。一九一四年（大正三）京都府生まれ。三七年東京帝国大学経済学部卒業。在

学中は社会思想家の河合栄治郎に師事。戦後マルクス主義、左派リベラリズムの論調が全盛の論壇にあって、保守派の論客として反共産主義の論陣を張り注目された。三菱経済研究所を経て、四九年京都大学法学部助教授、同教授。七〇年防衛大学校校長、八〇年青山学院大教授等を歴任。七八年より平和・安全保障研究所理事長（初代）も務め、日本の安全保障政策の研究を進めた。八一年紫綬褒章、八六年勲一等瑞宝章受章。二〇〇一年文化功労者顕彰。主著に『ロシア革命史』『共産主義の系譜』『独裁の政治思想』『政治学新講』『評伝吉田茂』『軍国日本の興亡』等がある。一二年（平成二四）没。

梅棹忠夫（うめさお　ただお）
　民族学者、比較文明学者。一九二〇年（大正九）京都市生まれ。四三年京都帝国大学理学部卒業。理学博士。はじめは動物学を専攻したが、内モンゴルの調査を通じて民族学に転じ、幅ひろく海外学術調査をおこなう。五七年「文明の生態史観」を発表。日本文明は西欧文明と平行的に進化し発展したとして、おおきな反響をよぶ。大阪市立大学理工学部助教授、京都大学人文科学研究所助教授、同大学教授。国立民族学博物館の創設に尽力し、七四年から九三年まで同館初代館長をつとめたのち顧問、名誉教授。京都大学名誉教授。八七年度朝日賞、九一年文化功労者、九四年文化勲章等をうける。主著に『モゴール族探検記』『文明の生態史観』『知的生産の技術』『情報の文明学』など多数。いずれも「梅棹忠夫著作集」（全二二巻　別巻一）に収録されている。二〇一〇年（平成二二）没。

江藤　淳（えとう　じゅん）
文芸評論家。一九三二年（昭和七）東京生まれ。本名、江頭淳夫。慶應義塾大学英文科卒業。大学在学中に『夏目漱石』で文壇にデビュー、新鋭の批評家として一躍脚光を浴びる。以後、戦後日本における代表的な文芸評論家の一人として活躍。東京工業大学教授、慶應義塾大学教授、大正大学教授、日本文藝家協会理事長等を歴任。また、日本文学大賞、文學界新人賞、群像新人文学賞、文藝賞、三島由紀夫賞などの選考委員を務めた。七六年第三二回日本芸術院賞、九七年正論大賞受賞。主著に『小林秀雄』（新潮社文学賞）、『漱石とその時代』（菊池寛賞、野間文芸賞）、『作家は行動する』『アメリカと私』『成熟と喪失』『一族再会』『自由と禁忌』『海は甦える』『忘れたことと忘れさせられたこと』『妻と私』等がある。九九年（平成一一）没。

木田　元（きだ　げん）
哲学者。一九二八年（昭和三）山形県生まれ。海軍兵学校、山形県立農林専門学校（現山形大学農学部）を経て、五〇年東北大学文学部哲学科入学。卒業後、同大学大学院哲学科特別研究生課程に進学・修了。メルロ＝ポンティほか、現代西洋哲学者の主要著作を厳密かつ分かりやすい日本語に多数翻訳。またハイデガー、フッサールの研究でも高く評価された。東北大学文学部助手を経て、六〇年中央大学文学部哲学科専任講師。助教授の後、七二年より同大学文学部哲学科教授（九九年退官）。主著に『現象学』『反哲学史』『現代の哲学』『ハイデガーの思想』『メルロ＝ポンティの思想』『現象学の思想』『闇屋になりそこねた哲学者』『哲学は人生の役に立つのか』『ピアノを弾くニーチェ』等がある。二〇一四年（平成二六）没。

加藤周一（かとう　しゅういち）

批評家、医学博士。一九一九年（大正八）東京生まれ。東京帝国大学医学部にて血液学専攻。「マチネ・ポエティク」同人の中村真一郎、福永武彦との共著『一九四六・文学的考察』で文壇に登場。五一年から留学生として渡仏。医学研究のかたわら西欧各国の文化を摂取したことが、日本文化の特徴を考える契機となる。該博な知識と繊細な感性、そして強靭な論理に裏打ちされた文学・芸術・政治・文化全般にわたる批評は国際的にも高い評価を得ている。上智大学教授、立命館大学国際関係学部客員教授、立命館大学国際平和ミュージアム館長等を歴任するほか、カナダ、ドイツ、アメリカ、イギリス、イタリア等の大学でも教鞭をとった。九三年度朝日賞受賞。二〇〇〇年レジオン・ド・ヌール勲章受章。主著に『日本文学史序説』（大佛次郎賞）、『文学とは何か』『雑種文化』『ある晴れた日に』『羊の歌』『高原好日』等がある。〇八年（平成二〇）没。

中嶋嶺雄（なかじま　みねお）
政治学者（現代中国政治）。一九三六年（昭和一一）長野県松本市生まれ。東京外国語大学中国語科卒業後、東京大学大学院社会学研究科国際関係論修士・博士課程修了。学生運動に没頭するも、大学院進学後、次第に革命後の現代中国と毛沢東思想の批判的研究に関心を持つようになる。六九年から一年間、外務省特別研究員として香港へ留学。当時、中国の文化大革命が日本で好意的に受け止められているなか、一貫して文革を権力闘争として位置づける論考を多数発表し注目される。東京外国語大学学長、アジア太平洋大学交流機構（UMAP）初代国際事務総長、国際教養大学学長（初代）等を歴任。中国・台湾等についての評論活動で第一九回正論大賞受賞。主著に『現代中国論』、『北京烈烈』（一九八一年サントリー学芸賞〈政治・経済〉）、『国際関係論』『日本人の教養』『学歴革命』等がある。二〇一三年（平成二五）没。

日野原重明（ひのはら　しげあき）
医師。一九一一年（明治四四）山口県生まれ。京都帝国大学医学部卒業。早くから予防医学の重要性を指摘し、終末期医療の普及、医学・看護教育に尽力。成人病とよばれていた病気について「生活習慣病」という概念を提唱するなど、日本の医療の先端を走る。一〇〇歳を過ぎても現役医師として、講演・執筆をふくめ多彩な活動を続けた。四一年聖路加国際病院の内科医となって以降、聖路加看護大学（現・聖路加国際大学）学長、聖路加国際病院院長、国際基督教大学教授、国際内科学会会長、一般財団法人ライフ・プランニング・センター理事長等を歴任。九八年東京都名誉都民、九九年文化功労者顕彰。二〇〇五年文化勲章受章。主著に『生き方上手』『命をみつめて』『十歳のきみへ』等がある。二〇一七年（平成二九）没。

底本一覧

桑原武夫／『桑原武夫集7』（岩波書店、一九八〇年一〇月）
貝塚茂樹／『貝塚茂樹著作集　第二巻』（中央公論社、一九七七年五月）
清水幾太郎／『清水幾太郎著作集11』（講談社、一九九三年一月）
遠山　啓／「数学セミナー」（日本評論社、一九七〇年八月号）
芦原義信／『最終講義』（実業之日本社、一九九七年一二月）
家永三郎／『家永三郎集　第十六巻』（岩波書店、一九九九年三月）
猪木正道／「青山国際政経論集」第18号　猪木正道教授退任記念号（青山学院大学国際政治経済学会、一九九〇年一〇月）
梅棹忠夫／「月刊　みんぱく」6月号　第一七巻第六号通巻一八九号（財団法人千里文化財団、一九九三年六月）
江藤　淳／「Ｖｏｉｃｅ」一九九七年四月号　第二三二号（ＰＨＰ研究所、一九九七年三月）
木田　元／『木田元の最終講義　反哲学としての哲学』（ＫＡＤＯＫＡＷＡ、角川ソフィア文庫、二〇〇八年五月）
加藤周一／『加藤周一講演集　Ⅲ　常識と非常識』（かもがわ出版、二〇〇三年一〇月）

中嶋嶺雄／『歴史と未来』第26号（中嶋ゼミの会、二〇〇三年三月）
日野原重明／「春秋」一九九八年一一月号　第四〇三号（春秋社、一九九八年一〇月）

本書は、二〇二二年に小社より刊行した『増補普及版
日本の最終講義』を分冊の上、文庫化したものである。

最終講義《さいしゅうこうぎ》

挑戦《ちょうせん》の果《は》て

桑原武夫《くわばらたけお》、貝塚茂樹《かいづかしげき》、清水幾太郎《しみずいくたろう》、遠山《とおやま》 啓《ひらく》、
芦原義信《あしはらよしのぶ》、家永三郎《いえながさぶろう》、猪木正道《いのきまさみち》、梅棹忠夫《うめさおただお》、
江藤《えとう》 淳《じゅん》、木田《きだ》 元《げん》、加藤周一《かとうしゅういち》、中嶋嶺雄《なかじまみねお》、日野原重明《ひのはらしげあき》

令和6年 5月25日　初版発行

発行者●山下直久

発行●株式会社KADOKAWA
〒102-8177　東京都千代田区富士見2-13-3
電話　0570-002-301（ナビダイヤル）

角川文庫 24179

印刷所●株式会社暁印刷
製本所●本間製本株式会社

表紙画●和田三造

●お問い合わせ
https://www.kadokawa.co.jp/（「お問い合わせ」へお進みください）
※内容によっては、お答えできない場合があります。
※サポートは日本国内のみとさせていただきます。
※Japanese text only

Printed in Japan
ISBN 978-4-04-400823-9　C0195

◇◇◇

角川文庫発刊に際して

角　川　源　義

第二次世界大戦の敗北は、軍事力の敗北であった以上に、私たちの若い文化力の敗退であった。私たちの文化が戦争に対して如何に無力であり、単なるあだ花に過ぎなかったかを、私たちは身を以て体験し痛感した。西洋近代文化の摂取にとって、明治以後八十年の歳月は決して短かすぎたとは言えない。にもかかわらず、近代文化の伝統を確立し、自由な批判と柔軟な良識に富む文化層として自らを形成することに私たちは失敗して来た。そしてこれは、各層への文化の普及滲透を任務とする出版人の責任でもあった。

一九四五年以来、私たちは再び振出しに戻り、第一歩から踏み出すことを余儀なくされた。これは大きな不幸ではあるが、反面、これまでの混沌・未熟・歪曲の中にあった我が国の文化に秩序と確たる基礎を齎らすためには絶好の機会でもある。角川書店は、このような祖国の文化的危機にあたり、微力をも顧みず再建の礎石たるべき抱負と決意とをもって出発したが、ここに創立以来の念願を果すべく角川文庫を発刊する。これまで刊行されたあらゆる全集叢書文庫類の長所と短所とを検討し、古今東西の不朽の典籍を、良心的編集のもとに、廉価に、そして書架にふさわしい美本として、多くのひとびとに提供しようとする。しかし私たちは徒らに百科全書的な知識のジレッタントを作ることを目的とせず、あくまで祖国の文化に秩序と再建への道を示し、この文庫を角川書店の栄ある事業として、今後永久に継続発展せしめ、学芸と教養との殿堂として大成せんことを期したい。多くの読書子の愛情ある忠言と支持とによって、この希望と抱負とを完遂せしめられんことを願う。

一九四九年五月三日

角川ソフィア文庫ベストセラー